태권도
신체 운용법

1968

· 태권도 수련생을 가르치는 지도자 매뉴얼 ·

박종범 저

상아기획
Sanga Corporation

태권도 신체운용법

저 자 _ 박종범
발 행 인 _ 문상필
초판발행 _ 2025년 9월 9일
발 행 처 _ 도서출판 상아기획
편집디자인 _ 권태궁
일러스트 _ 이태진
모 델 _ 이홍원, 주지헌(길라잡이), 김하일, 박영세(고수회), 김민승(가천대)
사진·동영상 촬영 _ 에이블 스튜디오 박인규
주 소 _ 서울 영등포구 경인로81길 3-4, (센터플러스 715호)
대표전화 _ (02)2164-2700
팩 스 _ (02)2164-2999
출판등록번호 _ 제318-1997-000041호

- -

도서출판 상아기획 www.tkdsanga.com

ISBN 979-11-86196-50-2 13690

책값 33,000원
연락처 _ jb1907@hanmail.net

■ 저자소개 ■

박 종 범
朴鍾範 · Park Jong-beom

- 1972년 국기원 태권도 초단을 취득한 이래, 지속적인 수련과 지도 활동을 통해 국기원 태권도 9단에 승단하였다.

- 태권도 길라잡이 지도자로서 태권도의 정신, 기술, 행정 및 정책 분야에서 활동해왔으며, 특히 태권도 5대 기관을 비롯하여 국립경찰대학교, 육군사관학교 등에서 교육 및 연구 활동을 수행하였다.

- 2018년부터 2020년까지는 국기원 세계태권도아카데미(WTA) 사범 교육과정 개발에 집필 책임자로 총 24과목의 교재를 편찬하였으며, 2021년부터 2024년까지는 국기원 태권도 교본의 국문, 영문, 중문판 편찬을 연구소장으로서 총괄하였다.

- 이와 같은 집필 및 편찬 활동은 태권도 교육의 체계화와 세계화에 기여한 중요한 성과로 평가받고 있다.

- 현재에도 태권도 관련 활동가로 지속하고 있으며, 다양한 국내외 대회에서 선수 및 지도자, 대표팀 관계자로서 활약한 바 있다. 주요 활동 이력은 다음과 같다:

- 국제청소년새오픈대회 대한민국 대표팀 코치
- 제1회 코리아오픈국제태권도대회 대한민국 대표 선수
- 제1회 세계품새선수권대회 대한민국 대표팀 선수 및 코치
- 제2회 세계품새선수권대회 대한민국 대표 선수
- 제1회 아시아주니어품새선수권대회 대한민국 대표팀 부단장
- 제2회 아시아주니어품새선수권대회 대한민국 대표팀 감독을 역임하였으며, 태권도품새지도자협의회의 창설자로서 태권도 품새 지도자들의 역량 강화와 네트워크 구축을 위한 기틀을 마련하는 데도 기여하였다.

- 논저 다수

추 천 사

『태권도 신체운용법』의 출간을 세계 각국의 태권도 수련자들과 함께 진심으로 축하드립니다.

태권도의 신체운용법은 단지 기술을 익히는 데 그치지 않고, 그 기술을 통해 자기 자신을 수양하며, 인류와 조화롭게 공존하기 위한 철학적 수련의 한 방식입니다.

수련을 통해 체득하는 예의·극기·존중의 덕목은, 신체적 단련과 정신적 수양이 함께 이뤄질 때 비로소 완성되며, 태권도인은 이를 바탕으로 육체와 정신이 균형 잡힌 국제적 감각을 지닌 인재로 성장해 갑니다.

이 저작은 단순한 격투 기술을 가르치는 데 그치지 않고, '사람답게 살아가는 길'을 신체를 통해 배우는 여정을 안내합니다. 기술을 넘어선 이 수련은 수련자의 철학적 사유와 도덕적 성찰을 동반하며, 평화롭고 조화로운 공동체를 형성하는 데 기여합니다. 태권도는 이제 국경을 넘어 다양한 문화 속에서 수련되며, 문화 간 경계를 잇는 세계적 무예로 자리 잡았습니다.

이러한 흐름 속에서 이 저작은, 태권도가 지닌 인류애와 세계 평화라는 보편적 가치를 실천하는 실질적 길잡이가 될 것입니다. 특히, 인종·언어·문화가 다른 사람들과 상호 존중의 자세를 갖도록 이끌며, 문화 간 이해와 평화로운 공존을 가능케 합니다.

이와 함께, 국기원과 세계태권도연맹(WT) 등 국제기구들이 이룩한 글로벌 네트워크는, 태권도 수련자들에게 세계 공동체의 구성원으로 자각을 심어주며, 지구촌 공동체 의식을 고취시켜 왔습니다.

결국 태권도는 무예를 넘어, 인류의 이해와 배려, 평화와 조화를 실현하는 실천적 철학입니다. 『태권도 신체운용법』은 그 철학을 몸으로 익히고 삶으로 확장시켜 나가는 데 실질적인 도움을 줄 귀중한 저작입니다. 저자의 깊은 통찰과 현장 경험이 어우러진 이 책은, 세계 태권도 수련자들에게 태권도 길라잡이가 되어 줄 것입니다.

국기원 원장 / 20대 국회의원 이 동 섭

목 차

▌머리말

머리말

오래전, 한 태권도 사범님의 초청으로 방문한 태권도장 구석에서, 수련생 한 명이 약을 복용하는 모습을 보았다. 처음에는 별다르게 생각하지 않았지만 수련이 끝난 후, 여러 명의 수련생들이 약봉지에서 약을 꺼내 물과 함께 삼키는 광경이 반복적으로 눈에 띄기 시작했다.

궁금한 마음에 어떤 약을 복용하고 있는지 물어보자, 수련생은 관절에 도움을 주는 약이라고 대답했다. 그들은 미성년자였지만, 이미 선수로서의 본능을 갖고 있었다. 자신이 수련한 만큼 기술을 발휘하고, 더 나은 성적을 거두고자 하는 갈망이 분명했다. 하지만 실제 경기에 나서기에는 신체적 무리가 있었고, 결국 이른 나이에 약물에 의존하는 선택을 하게 되었던 것이다.

그러한 모습은 안타까우면서도, 한편으로는 과거의 내 모습이 겹쳐져 아이러니함을 느꼈다. 만약 내가 그 나이였다면 같은 선택을 하지 않았을까 하는 복합적 감정이 밀려왔다. 결국, 이 문제는 대수롭지 않게 넘길 사안이 아니라는 것을 깨달았고, 반드시 방치해서는 안 된다는 자각이 들었다.

도대체 어떻게 하면 태권도 수련 중 신체에 부상을 입지 않을 수 있을까?

어떻게 해야 올바른 신체 운용을 통해 인체 상해를 예방할 수 있을까?

건강한 정신과 튼튼한 체력을 유지하며 태권도를 수련하는 것. 그것이야말로 태권도의 지혜이자 비전이며, 앞으로 우리가 함께 해결해야 할 과제라고 확신하게 되었다.

이 글은 '태권도 신체운용법'에 관한 시론(時論)으로, 완성된 이론은 아니다. 미흡한 점이 많지만, 태권도 수련생들의 현실을 마주하면서 지금이라도 이 문제를 진지하게 고민하고, 이야기해야 할 때라고 생각하여 글을 쓰게 되었다.

"어제는 스승님께 배우고, 오늘은 여러분께 배운다."

-질문과 비판을 통해-

가르침과 배움에서 얻어진 태권도의 본질은, 어제와 오늘을 통해 미래를 바라보게 한다. 우리가 마주한 현실 과제를 인식하고, 태권도의 목표와 방향성을 재정립할 수 있는 기반이 되는 것이다.

태권도는 단순한 무술(武術)를 넘어, 삶의 철학이며 정신 수양의 길이다. 수련을 통해 육체는 단련되고, 정신은 성장하며, 인간은 스스로의 한계를 넘어설 수 있게 된다. 태권도는 온몸을 사용하는 전신 운동으로써, 신체 각 부위의 뼈·근육·관절·내장 기관까지 아우른다. 동시에 철학적 측면에서는 싸우지 않고 극기하며, 도덕적 본질을 구현하는 무도이기도 하다.

현대 태권도는 단순한 심동적 영역을 넘어 인지적·정의적 영역까지 포함하는 전인교육의 방향으로 나아가고 있다. 과거에는 신체 단련의 수단으로 여겨졌던 태권도가, 오늘날에는 신체를 통한 교육의 도구로 자리매김하고 있으며, 이는 태권도 수련의 가치를 보다 확장시키고 있다.

진정한 태권도는 올바른 신체운용법을 통해 그 의미와 가치를 실현할 수 있다. 하지만 현실에서는 여전히 품새·겨루기·격파 등 태권도 수련의 각 요소가 수련자의 특성과 무관하게 지도되는 경우가 많다. 그저 보여주고 따라 하게 하는 방식, 일명 주먹구구식 수련이 반복되고 있는 것이다. 이는 태권도 수련이 지닌 교육적 중요성에 대한 깊은 인식이 부족하기 때문이다.

수십 년간 태권도를 수련해왔지만 기술 향상이 더디고, 동작의 자기화에 이르지 못하는 이유는 바로 '신체 운용'의 원리를 제대로 이해하지 못했기 때문이다. 외형만을 모방하고, 내부의 원리를 간과한 채 반복되는 수련은, 효율성을 떨어뜨릴 뿐 아니라, 부상의 위험도 높인다. 결국 시간만 낭비한 채 원하는 성과를 얻지 못하게 되는 것이다.

따라서 올바른 신체운용법을 익히는 것은 기술 향상과 내면화된 동작의 실현을 위한 전제 조건이다. 이러한 문제의식에서 출발하여, 태권도 수련에 있어서 신체 운용의 중요성을 체계적으로 다루고자 한다.

필자는 오랫동안 태권도를 수련하고 지도하면서, 품새·겨루기·격파 등 모든 수련 요소에 어떤 '원리'가 내재되어야 하는지를 지속적으로 고민해왔다. 그 고민의 결과로, 움직임을 분석하고 기록하는 방식에 관심을 가지게 되었고, 오늘날 『태권도 신체운용법』이라는 이름의 체계적 지침서를 만들게 되었다.

이 지침서는 단순한 기술 교본이 아니다. 인체의 구조에 대한 깊은 이해와 올바른 신체 운용을 바탕으로 수련의 깊이를 더해가는 전인적 수련 체계이다. 이 책은 태권도 동작의 본질을 이해하고, 효과적인 수련과 지도를 위한 이론적 기반과 실천적 방법을 제시한다.

제1장. 태권도의 역사와 정체성에서는 태권도의 형성과 발전 과정을 역사적으로 조망하고, 이를 통해 현대 태권도의 정체성과 철학적 기반을 탐구한다. 일제강점기 무술 수련의 양상과 그 한계를 비롯해, 전통 무예에서 현대 태권도로의 변화, 공교육 내 제도화 과정, 그리고 태권도 발전에 기여한 요인을 살펴본다. 또한 태권도의 정의와 정신, 그리고 '바른마음-바른생활-바른사람'으로 이어지는 철학적 가치를 통해 태권도의 본질을 이해하는 데 초점을 둔다.

제2장. 태권도 수련에서는 태권도 수련의 목적과 핵심 요소, 효과적인 수련 방법과 그 조화에 대해 설명한다. 특히 태권도 기술 향상을 위해 필수적인 신체운용법의 필요성을 강조하며, 신체의 핵심 요소와 부위, 관절의 기능적 이해를 바탕으로 실제 수련에 적용하는 방법을 구체적으로 제시한다. 기본 동작·품새·겨루기·격파를 통해 신체운용법을 실천하는 방안과 함께, 수련을 통해 태권도가 내면화되는 자기화 과정을 다룬다.

제3장. 인체의 구조와 기능에서는 태권도 동작의 기초가 되는 인체의 생리학적 메커니즘을 다룬다. 뼈·관절·근육·혈액·신경 등 기본적인 인체 구성 요소를 소개하며, 신체를 세 가지 큰 단위인 3절(3節: 머리·몸통·다리)로 나누고, 이를 4치(4治: 눈·몸통·팔·다리), 8관절(8關節: 목·어깨·팔꿈치·손목·척추허리·고관절·무릎·발목)로 세분화하여 각각의 기능과 상호작용을 이해할 수 있도록 한다. 이를 통해 보다 안전하고 효율적인 태권도 수련을 가능하게 한다.

제4장. 신체운용법 실제는 수련자가 자신의 신체를 바르게 인식하고 효과적으로 운용하는 방법을 익히도록 구성되었다. 신체 각 부위의 기능을 자율적이고 효율적으로 활용함으로써, 개인의 신체 조건에 맞는 자세와 동작을 구사할 수 있다. 이러한 반복 수련을 통해 동작은 '근육 기억'으로 저장되며, 감각기관(눈)과 운동기관(몸통·팔·다리)의 협응력이 향상된다. 본 장에서는 3절과 4치를 중심으로 기능 분화와 통합을 제시하고, 8관절의 조화로운 활용을 통해 태권도 동작의 기초 원리를 실천하는 방법을 강조한다. 여기서 '치(治)'는 '다스리다'라는 의미를 가지며, 자신의 신체를 완전히 조절하고 표현하는 능력의 중요성을 나타낸다.

제5장. 기(氣)와 호흡, 기합은 태권도의 내면 에너지인 '기(氣)'의 개념과 운용법을 다루며, 신체

조절과 동작 완성을 위한 기의 흐름과 집중, 표현 방식을 설명한다. 또한 태식·복식·흉식·후식 등 단계별 호흡법과 복식호흡의 원리·수련법을 통해 기와 호흡의 조화를 추구한다. 나아가 기합의 원리와 효과, 유성·무성기합의 활용법을 통해 수련의 몰입과 기운 발산의 실천적 기술을 제시한다.

제6장. 태권도 동작의 원리와 완성은 태권도 동작의 기초에서 기술 동작으로의 확장을 통해 무의식적 수행에 이르는 과정을 설명한다. 실제 동작 수행 과정에서 신체 각 부위를 어떻게 움직여야 하는지를 구체적으로 설명한다. 대표적으로 걷기 원리·박수 원리·동그라미 원리 등의 개념을 제시하고, 동작 수행 시 전신의 기(氣)를 효과적으로 발휘하기 위한 기화식(氣和式)의 적용 방식을 다룬다.

제7장. 철학과 상징은 태권도의 철학적 기반인, 태극(太極)과 음양(陰陽) 사상이 동작 수행의 원리와 어떻게 연결되는지를 설명한다. 또한 눈·몸통·팔·다리를 각각 매·고양이·원숭이·호랑이, 사수일심(四獸一心) 이론과 결합하여 각기 다른 특성을 지닌, 네 동물의 상징이 하나의 흐름으로 조화를 이루는 수련 방식으로 발전시킨다. 이는 신체 어느 한 부분이 움직일 때 전신이 함께 반응하는 통합적 움직임을 목표로 한다.

제8장. 태권도 수련생을 위한 지도법은 현대적 지도자의 역할과 지도 전략을 제시한다. 단순한 기술 전달을 넘어, 수련자가 스스로 신체 움직임의 원리를 체험하고 응용할 수 있도록 돕는 교수법이 강조된다. 지도자는 수련자의 발달 단계, 신체 조건, 수련 스타일 등을 고려한 맞춤형 접근을 통해 효과적이고 지속적인 수련 환경을 조성해야 하며, 이를 위해 교육 철학과 심리적 공감 능력을 바탕으로 한 상호작용 중심의 지도 방식을 실천해야 한다.

이와 같은 체계적인 이론과 실천적 지도법을 통해 태권도 수련의 깊이와 효과를 함께 향상시킬 수 있을 것이다.

이 책은 태권도 수련의 체계적 이해와 실천을 위한 유용한 지침서로써, 수련자와 지도자 모두에게 깊이 있는 통찰과 실질적인 도움을 제공할 것이다.

이 글이 결코 완전하지 않다는 사실을 스스로 잘 알고 있다. 앞으로 더 많은 질문과 비판, 토론이 이어지기를 희망한다. 이러한 과정을 통해 태권도 수련 방법의 수정과 보완이 이루어지고, 보다 바람직한 미래의 수련 방식이 정립되기를 바란다.

태권도 수련자 모두가 공감하고, 함께 만들어가는 비전과 목표로 자리 잡을 수 있기를 진심으로 희망한다.

필자는 수십 년간 태권도장과 5대 태권도 기관, 대학교에서 다양한 형태로 태권도를 지도해왔다. 노년에 접어든 지금, 그간 지도하고 발표했던 편린들을 모아 한 권의 책으로 엮어서 많은 분들과 공유하고자 한다.

스승님과 선배, 동료들에게 배운 것들을 정리하다 보니, 수년 전 태권도 연구 노트에 메모했던 짧은 글귀 하나하나가 여전히 오늘날의 현실과 맞닿아 있다는 것을 실감하게 된다. 이는 태권도의 수련 방식이 아직도 크게 달라지지 않았다는 반증이기도 하다.

이 책에 담긴 내용은 철저히 필자의 경험과 사유(思惟)에서 비롯된 것으로써, 독자의 견해와 다를 수도 있고, 동의하지 못하는 분들도 계실 수 있다. 다만 한 시대를 함께 살아가는 태권도 지도자의 한 사람으로서, 너그럽게 받아들여주시길 바란다.

이 책을 펴내는 데 있어, 여러 태권도 사범님들의 격려와 권유가 결정적이었다. 특히, 오늘의 내가 있기까지 늘 글과 말씀을 전해 주신 태권도 스승님이신 김승선 사범님께 깊이 감사드린다. 아울러 이 책의 완성도를 높이는 데 고견을 주신 이종관 사범님께 진심으로 감사드린다.

책의 집필과 검수에 많은 도움을 주신 국기원 연구소 남상석 수석연구원, 이미연 연구원, 대한태권도협회 이송학 품새심판위원장, 제자 이홍원, 아들 명수, 태권도 길라잡이와 고수회, 사범님들께도 진심으로 감사드린다. 끝으로 이 책의 출판을 흔쾌히 맡아준 상아기획 문상필 사장님과 임직원 여러분께도 깊은 감사를 전한다.

이 부족한 책이 태권도를 수련하는 전 세계 모든 분들의 정신적·육체적 건강에 조금이라도 도움이 되기를 소망한다.

2025. 7.

저자 **박 종 범**

역사와 정체성

1968

1장. 태권도의 역사와 정체성

1. 태권도의 역사적 발전

1) 일제강점기 한국인의 중국 우슈(武術) 및 일본 카라테(からて, 空手) 수련

1910년부터 1945년까지 이어진 일제강점기는 한국인들에게 정치적 · 사회적으로 억압받는 시기였지만, 동시에 새로운 문물과 문화를 접할 수 있는 기회가 되기도 했다. 이 시기에 많은 한국인들이 생계나 교육 등의 이유로 만주와 일본으로 이주하였고, 그 과정에서 중국과 일본의 전통 무술을 경험하게 되었다.

만주에 이주한 일부 한국인들은 현지에서 전해지는 다양한 중국 우슈(武術)을 접하며 수련에 몰두했다. 대표적으로 윤병인과 황기는 단권형 · 장권형 · 태극권형 등 중국 무술의 형식을 익혔다. 이들 무술은 주먹과 손바닥을 이용한 공격과 방어 기술이 발달해 있었으며, 이는 태권도 초기 형성과 기술적 기초에 중요한 영향을 미쳤다.

중국 무술에서 전수받은 다양한 주먹 기술과 발기술은, 후에 태권도의 기술 체계 속에 자연스럽게 흡수되어 그 기반이 되었다.

한편, 일제강점기 후반에 접어들며 이원국 · 노병직 · 윤병인 · 전상섭 등 다수의 한국인 청년들이 유학을 위해 일본으로 건너갔다. 그들은 일본에서 오키나와를 기원으로 하는 카라테(からて)를 접했고, 이를 수년간 체계적으로 수련하였다.

카라테는 손기술과 주먹 공격에 중점을 둔 무술로, 정교한 기술뿐 아니라 무도의 정신적인 측면도 강조되었다. 이러한 수련 경험은 이들에게 깊은 영향을 주었고, 한국으로 돌아온 후 태권도 창시 및 발전 과정에 큰 기여를 하게 되었다.

2) 일제강점기 태권도 수련의 특징과 한계

일제강점기 초기 태권도 수련은 주로 주먹·손날·팔꿈치 등 팔을 활용한 기술 중심으로 이루어졌으며, 기술의 위력을 높이는 데 중점을 두고 있었다. 당시 수련 방식은 미리 정해진 동작에 따라 방어와 공격을 주고받는, 형식적이고 고전적인 무술 양식에 가까웠다. 이러한 방식은 무도적 품격을 유지하는 데는 도움이 되었지만, 실제 상황에서의 실전성은 떨어지는 한계를 지니고 있었다.

또한, 발기술에 있어서도 제약이 많았다. 특히 발을 옆구리 이상의 높이로 차는 것이 제한되었고, 낮은 자세에서 온몸을 경직시켜 취하는 공격 자세는 일시적인 위력을 확보하는 데는 효과적이었으나, 동작이 느리고 유연성이 부족해 실전 대응에 있어서 불리한 면이 있었다.

이처럼 기술의 제한성과 실전 적용의 어려움은 당시 태권도 수련의 주요 한계로 작용했다. 이를 극복하기 위해서는 보다 유연하고 실전적인 기술 개발과 수련 방식의 변화가 요구되었으며, 이후 태권도는 이러한 한계를 딛고 새로운 전환점을 맞이하게 되었다.

3) 전통 무예에서 현대 태권도로의 전환

전통적으로 태권도 수련은 단련·격파·품새 중심으로 이루어져 왔다. 이러한 방식은 기술의 정형화와 정신 수양에 중점을 두었으나, 실제 겨루기(對鍊) 상황에서는 그 실효성에 한계를 보였다. 특히 수련자들이 상대와의 실전에 효과적으로 대응하기 어려웠다는 점에서, 보다 실전적이고 역동적인 기술의 필요성이 점차 제기되었다.

이러한 요구에 따라 태권도 수련 방식에도 변화의 움직임이 나타나기 시작했다. 기존의 형식에 머물렀던 단련·격파·품새 위주의 수련에서 벗어나, 막기·치기·차기 등 보다 다양한 기술이 새롭게 개발되고 도입되었다. 이러한 기술들은 단순히 기술의 다양성에 그치지 않고, 수련자 각자의 신체적 특성과 재능에 맞게 응용, 발전되면서 실전성과 효율성을 동시에 높이는 데 기여하였다.

이를테면, 유연성이 뛰어나거나 민첩한 수련자는 머리 차기, 회전 차기 등 고난도의 화려한 기술을 구사할 수 있었으며, 반대로 체력이 우수하고 힘이 강한 수련자는 지르기, 뒤차기 등 파괴력이 강한 기술에 집중함으로써 자신의 장점을 극대화할 수 있었다.

이처럼 다양한 신기술의 도입은 단지 수련 내용의 확대에 그치지 않고, 심사 · 겨루기 · 시범 등의 실전적 요소에서 적극적으로 활용되며, 태권도 수련의 방향 자체를 보다 실용적이고 다채로운 무예 중심으로 전환시키는 계기가 되었다. 결국 이러한 변화는 태권도가 전통적 무도에서, 현대적 스포츠 무술로 발전하는 중요한 전환점이 되었다.

4) 공교육 체계 내 태권도 제도화

1973년, 정부는 태권도를 초등학교 · 중학교 · 고등학교의 체육 교과목으로 공식 채택하였다. 이는 우리 고유의 무예인 태권도를 체계적으로 보존하고 발전시키기 위한 동시에, 어린이와 청소년들에게 건전한 체육 활동의 기회를 제공하고자 한 정책적 조치였다. 이에 따라 체육 교과서에는 태권도의 개요를 비롯하여 품새 · 겨루기 등 실기 중심의 수련법이 포함되었고, 이론과 실기를 아우르는 수업이 가능해졌다.

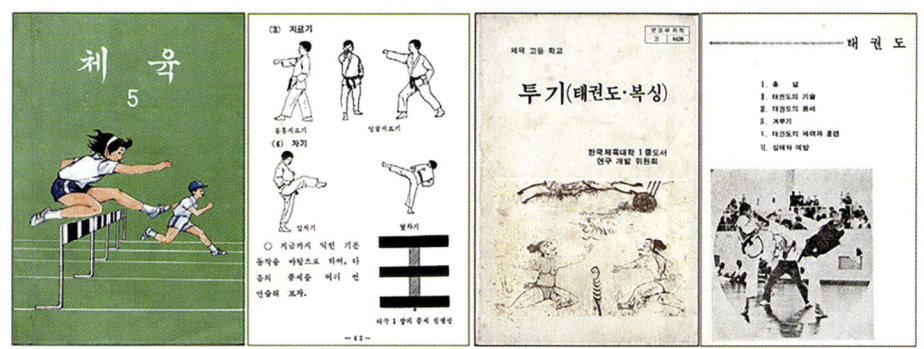

-출처: 국기원-

태권도의 공교육 채택은 우리 전통 무예의 계승과 발전에 중대한 전기를 마련하였다. 학생들은 교육과정에 따라 기본 동작과 품새를 단계적으로 배우면서, 무술에 대한 체계적인 이해를 바탕으로 수련에 임할 수 있었다. 이 과정에서 태권도는 단순한 신체 활동을 넘어, 청소년들의 체력 향상은 물론 정신 수양의 수단으로 자리매김하게 되었다.

특히, 태권도 수련을 통해 학생들은 전통 무예가 지닌 철학과 가치를 자연스럽게 체득할 수 있었다. 품새와 겨루기 과정을 통해 인내심과 자신감, 존중과 배려의 태도를 기를 수 있었으며, 이는 인성 교육 측면에서도 긍정적인 효과를 가져왔다.

어린 시절부터 공교육을 통해 태권도를 체계적으로 접한 학생들은 성장 과정 속에서 태권도에 대한 이해와 애정을 깊이 쌓아갈 수 있었다. 이러한 경험은 태권도를 생활체육으로 확산시키는 데 중요한 밑거름이 되었으며, 전 국민적 차원의 대중화에도 크게 기여하였다. 결국 공교육을 통한 태권도 제도화는 무예의 보존을 넘어, 태권도를 한국 사회에 깊숙이 뿌리내리게 하는 데 결정적인 역할을 하였다.

5) 한류의 원조 태권도 발전의 요인

태권도가 전 세계적으로 보급되고 주목받게 된 데에는 여러 요인이 복합적으로 작용하였다. 우선, 태권도는 체계적이고 과학적인 교육 시스템을 바탕으로 한 대중화 전략을 통해 세계인의 관심을 끌 수 있었다.

-출처: 국기원-

여기에 국기원의 개원, 세계태권도연맹(WT)의 설립, 그리고 각종 국제 태권도 대회의 정례적 개최는 태권도의 세계화에 결정적인 역할을 하였다. 이러한 제도적 기반과 함께, 대한민국 정부의 적극적인 보급 정책 또한 태권도가 한국을 대표하는, 전통 무예로 자리 잡는 데 큰 힘이 되었다.

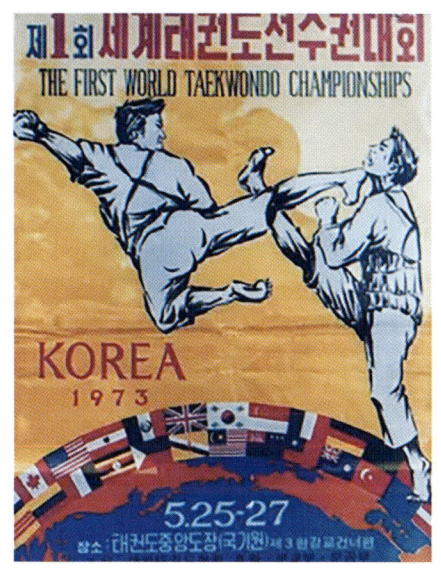

태권도는 K-드라마, 영화, K-팝에 앞서 전 세계에 한류(韓流)의 물결을 일으킨 원조라 할 수 있다. 세계인들이 '대한민국'이라는 나라조차 잘 알지 못하던 시기, 태권도는 세계 곳곳에서 '코리아(Korea, Corea)'라는 이름을 알리며 문화적 교류의 물꼬를 튼 대표적인 한류 콘텐츠였다.

태권도 세계화는 초창기에 소수 태권도인들의 자발적인 노력과 민간 차원에서의 개별적인 활동으로 시작되었다. 그러나 이후 대한태권도협회와 국기원의 설립을 계기로, 국가 차원의 파견 형식이 정착되면서 태권도의 해외 보급은 급속히 확대되었다. 현재 전 세계 213개국에서 수많은 사람들이 태권도를 수련하고 있다는 사실만으로도, '한류의 원조는 태권도'라는 표현은 매우 적확하다.

오늘날 웬만한 국가에는 태권도 사범이 파견되어 있으며, 태권도장이 활발히 운영되고 있다. 특히 1994년, 태권도가 올림픽 정식 종목으로 채택된 것은 태권도 세계화에 불을 붙인 결정적인 계기가 되었으며, 한국의 전통 무예를 전 세계인의 공인 스포츠로 끌어올린 상징적인 쾌거였다.

이처럼 태권도는 본래 무예로 시작되었지만, 남녀노소 누구나 부담 없이 수련할 수 있다는 특성 덕분에 전 세계로 빠르게 확산되었다. 그 과정에서 태권도는 단순한 무예의 범주를 넘어, 다양한 진화를 통해 독자적인 생태계를 형성하였다. 건강과 체력 관리를 위한 생활체육 태권도가 만들어졌고, 장애인을 위한 태권도가 개발·보급되면서 수련의 폭이 넓어졌다.

국적, 피부색, 언어는 달라도 태권도 수련 앞에서는 모두가 하나가 된다. 전 세계 수련 자들의 사례는 태권도의 가치와 위상을 더욱 높였고, 태권도가 정신과 육체를 아우르는 전인적 수련법으로 자리매김하는 데 중요한 역할을 했다. 오늘날 태권도는 명실상부한 세계적 무예이자, 인간의 조화로운 성장을 이끄는 문화적 자산으로 평가받고 있다.

2. 태권도의 정체성과 철학

1) 태권도의 정의

태권도는 본질적으로 격투기적인 맨몸 호신 무술이며, 도덕적인 무도로써 심신수양을 쌓아 정신과 육체적 건강을 이루는 무예이다.

다양하게 활성화되어 있는 태권도의 소개는, 공격과 방어적 인식은 겨루기와 현실을 가르는 담장을 막 넘고 있는 듯하다. 태권도(跆拳道)의 '도(道)'는 공격과 방어의 영역이 아니다. 태권도는 주관적인 호신술이나 양생법의 고양을 가져올 뿐 아니라, 태권도의 정신을 깃들일 수 있는 수행법으로서 수준을 변화시킨다는 입증도 보여진다.

단순한 신체 기술의 연마를 넘어서, 태권도는 수련을 통해 개인의 정신력과 인격을 함께 갈고 닦는 것을 궁극적인 목표로 삼는다.

이러한 목적을 실현하기 위해 태권도는 예의·극기와 같은 도덕적 가치의 실천을 강조하며, 건강한 정신은 건전한 신체에서 비롯된다는 원칙 아래 육체와 정신의 조화로운 균형을 추구한다.

결국 태권도는 기술적 수련을 기반으로, 심신의 조화와 인간적 성숙을 도모하는 종합적인 무도 수련 체계라 할 수 있으며, 이러한 철학적·문화적 바탕은, 태권도의 정체성

2장. 태권도 수련

1. 수련의 핵심 요소

태권도는 수련자의 삶의 태도와 행동 원칙을 규정하는 철학적 원리와 정신적 가치관을 내포하고 있다. 그 핵심에는 상호 존중·극기 정신·평화주의와 같은 중요한 원칙들이 자리하고 있으며, 이러한 원리들은 기술을 활용하는 데 있어 윤리적 지침이 된다. 이를테면, 태권도 수련자는 상대방을 존중하고 무분별한 폭력을 자제하며, 갈등 상황에서는 평화적인 해결을 우선적으로 모색해야 한다.

이러한 정신적 수련은 기술 향상에 도움을 줄 뿐만 아니라, 수련자 개인의 인격 수양과 삶의 태도에 깊은 영향을 미친다. 극기 정신을 통해 수련자는 어려움을 극복하고, 집중력을 기반으로 일상생활의 질과 효율을 높여갈 수 있다. 즉, 태권도 수련은 단순한 체력 단련이나 기술 숙달의 차원을 넘어, 정신적 성장과 인격의 성숙을 동반한 전인적 수련 과정인 것이다.

태권도를 수련한 세계 각국의 저명 인사들 스페인 국왕이나 미국 및 남미 국가의 대통령들은, 기술 습득을 넘어서 태권도를 통해 정신력과 인성을 함께 함양한 사례들로 잘 알려져 있다. 이는 태권도가 지닌 내면적 가치와 수련의 깊이를 보여주는 중요한 증거이다.

결과적으로 태권도는 무술이자 철학이며, 전인적 인간 형성을 위한 실천적 수련 체계라 할 수 있다. 태권도 수련은 수련자 개인의 내적 성장을 이끄는 동시에, 공동체와 사회 속에서 평화를 실현하는 삶의 방향을 제시한다.

1) 태권도 수련의 목적과 핵심

태권도의 본질은 단련된 격투 기술에 기반을 두고 있으며, 이는 궁극적으로 정신 수양과 인격 함양으로 이어지는 수련의 목적이다. 태권도의 팔 기술·다리 기술·그리고 다양한 공격 및 방어 기술은 모두 실전 상황에 대비한 실용적인 기술로 구성되어 있으며, 수련을 통해 신체의 균형 감각·민첩성·순발력 등을 효과적으로 향상시킬 수 있다.

그러나 태권도 수련의 진정한 핵심은 외형적 기술의 숙련에만 있지 않다. 기술 수련과 병행하여 예의·인내·극기와 같은 정신적 가치의 내면화가 무엇보다 중요하다. 수련자는 반복적이고 엄격한 수련 과정을 통해 자신을 다스리는 힘을 기르게 되며, 이는 곧 강인한 정신력으로 발현되어 실전 상황에서도 침착함과 평정심을 유지할 수 있도록 한다.

태권도의 이러한 특성은 수련자가 육체와 정신의 균형 있는 성장을 이루는 전인적 수련을 가능하게 한다. 단순히 신체적 능력만을 키우는 것이 아니라, 인격과 도덕성을 함께 발전시켜 나가는 종합적인 수련 체계인 것이다.

그 결과 태권도 수련자는 건전한 신체와 함께 건강한 정신을 갖춘 성숙한 인간으로 성장할 수 있으며, 이는 일상생활은 물론 사회의 다양한 영역에서도 자신의 역량을 효과적으로 발휘할 수 있는 핵심이라 할 수 있다.

결국 태권도의 수련은 무예를 넘어 삶의 질을 향상시키는 수양의 길이며, 기술과 정신이 조화를 이루는 진정한 무도 수련의 이상을 실현하는 목적이라 할 수 있다.

2) 태권도 수련의 방법

태권도의 '도(道)'는 인간과 자연, 개인과 우주가 하나의 조화로운 원리 속에 존재한다는 철학적 개념에 바탕을 둔다. 태권도 수련은 이러한 철학을 실천하는 과정으로, 신체와 정신의 조화를 추구하며, 개인과 사회가 함께 성장할 수 있는 조화로운 수련법이다. 다시 말해, 태권도는 인간 삶의 본질을 성찰하고 내면을 단련하는 정신 수양의 체계이자, 전인격적 성장을 지향하는 무예이다.

태권도 수련은 신체적 건강 증진과 정신적 성숙을 동시에 이끌어낸다는 점에서 그 가치를 지닌다.

먼저 신체적으로, 태권도는 유연성·근력·균형감각·지구력 등 전반적인 체력 향상에 탁월한 효과가 있다. 다양한 기술 동작과 반복적인 수련을 통해 신체 전반의 근육을 고루 단련할 수 있으며, 올바른 호흡법과 자세는 건강한 생활 습관 형성에도 긍정적인 영향을 미친다.

특히 초고령 사회로 접어든 현대에 있어, 태권도와 같은 전통 무예는 노년기의 신체 활력 유지와 균형감각 향상에 매우 유익하다.

정신적으로도, 태권도 수련은 집중력·인내심·자율성과 같은 내적 자질을 기르는 데 효과적이다. 기술을 익히고 승품·단에 도전하는 과정 속에서, 수련자는 자신의 한계에 도전하며 자제력과 자신감을 키우게 된다. 이와 함께 태권도의 예절 교육을 통해 타인에 대한 존중과 배려의 중요성을 배우며, 공동체 안에서의 책임감을 자연스럽게 내면화하게 된다. 이는 곧 건강한 인성과 사회적 리더십 형성으로 이어진다.

이처럼 태권도 수련은 신체와 정신이 조화를 이루는 전인교육의 한 방법으로써, 개인의 건강한 삶을 뒷받침할 뿐 아니라, 타인을 배려하고 예의를 갖춘 사회적 시민으로 성장하는 데 기여한다. 태권도는 단순한 무술이 아니라, 자아를 발견하고 공동체 속에서 함께 살아가는 지혜를 배우는 교육적 수단으로 기능할 수 있다.

결론적으로, 태권도는 개인의 조화로운 성장과 사회의 발전을 동시에 도모할 수 있는 수련법이다. 빠르게 변화하는 현대 사회에서 태권도는 참된 자아를 발견하고, 균형 잡힌 삶을 실천할 수 있는 길을 제시해주는 귀중한 인문적 자산이자 실천적 철학이 될 것이다.

3) 태권도 수련의 조화

태권도 수련의 궁극적인 목표는 외적인 기술력과 내적인 정신력을 조화롭게 발전시켜, 건강한 육체와 성숙한 정신을 함께 갖춘 전인(全人)으로 성장하는 데 있다.

이를 위해서는 기술 수련과 정신 수양이 병행되어야 하며, 두 요소가 균형을 이루는 것이 매우 중요하다.

태권도의 다양한 기술 막기·치기·차기 등은 단순한 신체적 동작이 아니라, 올바른 정신적 자세가 뒷받침되어야 비로소 그 의미를 온전히 발휘할 수 있다. 즉, 기술의 습득과 활용에는 반드시 도덕적이고 철학적인 지침이 함께 따라야 한다.

이를테면, 태권도 기술은 자기방어를 위한 수단으로만 사용해야 하며, 공격이나 위협의 도구로 오용되어서는 안 된다. 또한, 기술을 실행할 때에도 상대방에 대한 존중과 사랑, 배려의 자세를 잊지 않는 것이 기본적인 태권도 정신이다.

이처럼 태권도 수련에는 단순한 신체 수련을 넘어, 인간됨을 성찰하고 인격을 수양하는 정신적 가르침이 깊이 내포되어 있다. 수련자는 기술과 함께 이러한 정신을 체득해야 하며, 그것이 진정한 태권도 수련의 본질이라 할 수 있다.

결국 태권도를 온전히 수련하기 위해서는 기술적 완성도와 함께, 예의 · 인내와 같은 정신적 덕목을 함께 기르는 노력이 필요하다. 기술과 정신이 조화를 이룰 때, 수련자는 비로소 태권도의 진수를 경험할 수 있으며, 그 가치를 삶 속에서 실천할 수 있게 된다.

4) 태권도 수련의 효과

태권도 수련은 신체적 건강과 정신적 안정을 동시에 증진시키는 전인적 수련법으로서, 수련자에게 다양한 긍정적인 효과를 제공한다.

먼저 신체적인 측면에서, 태권도는 전신을 활용하는 무예이기 때문에 기본 동작은 물론 품새 · 격파 · 겨루기 등 다양한 수련 활동은 근육을 고르게 단련시키며, 올바른 자세와 호흡 조절은 건강한 신체 습관 형성에도 도움이 된다. 특히 유연성과 순발력을 기르는 과정은 성장기 청소년뿐 아니라 고령자에게도 유익하여, 전 생애 주기에 걸쳐 실질적인 건강 효과를 제공한다.

정신적인 측면에서도 태권도는 매우 효과적인 수련법이다. 반복적인 기술 연습과 고도의 집중력과 자기 절제는, 스트레스 해소와 정서 안정에 도움이 된다.

태권도 정신이 강조하는 예의 · 인내 · 극기 등의 덕목은 건전한 마음가짐과 자율적 사고를 기르는 데 기여한다. 수련자는 자신의 한계를 극복하는 경험을 통해 자신감과 자존감을 키우고, 삶의 다양한 도전에 보다 유연하고 단단하게 대응할 수 있는 내면의 힘을 갖추게 된다.

무엇보다 태권도 수련은 성격 형성과 인격 수양에도 긍정적인 영향을 미친다. 수련 과정에서 겪는 육체적 고통과 정신적 갈등은, 인내심과 끈기를 키우는 자산이 되며, 이를 극복하는 과정에서 강인한 의지와 책임감, 타인에 대한 존중과 배려의 태도를 자연스럽게 습득하게 된다. 이는 결국 수련자의 전인적 성장으로 이어지며, 사회 속에서의 올바른 시민성과 공동체 의식 함양에도 기여한다.

태권도는 신체 단련과 정신 수양을 통한 인격 형성을 동시에 실현하는 종합적인 수련법이다. 단순한 무예나 스포츠가 아닌, 인간의 육체와 정신을 균형 있게 성장시키는 삶의 철학이자 실천적 교육이다.

오늘날 태권도가 전 세계적으로 사랑받는 이유 역시, 이러한 신체적 · 정신적 · 사회적 가치가 조화롭게 융합된 무예이기 때문이다. 따라서 태권도 수련은 단순한 운동이나 취미 활동을 넘어, 성숙한 삶을 살아가기 위한 삶의 한 방식으로 자리매김할 수 있다. 수련자는 태권도를 통해 자신의 내면과 외면을 동시에 단련하며, 조화롭고 건강한 삶을 실현할 수 있게 된다.

2. 신체운용법의 필요성

1) 태권도 신체 3대 핵심 요소

태권도에서 신체운용법을 습득하는 것은 단순한 기술의 반복을 넘어서, 효과적이고 정확한 동작 수행을 위한 필수적인 과정이다. 신체 각 부위의 기능과 역할을 이해하고 이를 조화롭게 활용함으로써, 기술의 완성도는 물론 수련 효율성도 크게 향상될 수 있다.

특히 태권도에서는 신체를 크게 상절(上節) · 중절(中節) ·하절(下節)로 구분하여 각각의 기능을 체계적으로 익히는 것이 중요하다.

: 상절(머리부위)

머리 부위는 신체운용의 핵심 요소 중 하나로써, 머리의 위치와 방향은 수련자의 시야를 결정짓고 상대방의 움직임을 정확히 파악하며, 이에 효과적으로 대응하는데에 중요한 역할을 한다. 또한 머리는 신체의 균형을 유지하는 중심축 역할을 하며, 자세의 안정성과 연결되어 전체 동작의 정밀도를 높이는 데 기여한다.

시선의 집중과 머리의 움직임은 기술의 정확성에도 직접적인 영향을 미치기 때문에, 상절의 올바른 운용은 태권도 전반에 걸쳐 매우 중요한 의미를 가진다.

이처럼 신체운용법의 체계적인 습득은 각 부위의 역할을 정확히 이해하고 이를 실전에서 효과적으로 활용하는 데 기반이 되며, 이는 곧 태권도 수련의 질을 높이고 기술적 완성도를 끌어올리는 핵심 요소라고 할 수 있다.

: 중절(몸통부위)

몸통 부위는 태권도의 동작 수행에서 에너지 생성과 전달의 중심 역할을 한다. 몸통은 상체와 하체를 연결하는 축으로서, 기술의 힘을 만들어내는 기반이 된다.

특히 허리의 회전력은 지르기나 차기 등 공격 기술에 강한 회전력을 부여해, 기술의 위력을 극대화한다. 이는 곧 상대방에게 더욱 강력한 타격을 가할 수 있게 한다.

또한, 중절의 근력은 방어 상황에서도 중요한 역할을 한다. 단단한 중심과 몸통의 안정성은 상대의 공격에 대한 저항력을 높이며, 방어 동작의 효과성을 끌어올린다. 따라서 중절의 정확한 운용은 공격과 방어 양 측면에서 모두 기술의 완성도와 실전 적용력을 높이는 핵심이라 할 수 있다.

이처럼 중절의 기능을 이해하고 효과적으로 운용하는 능력은 태권도 수련자에게 반드시 요구되는 기본 역량이며, 이는 곧 전체적인 신체운용법 습득의 중요한 한 축을 이룬다.

: 하절(다리부위)

다리 부위는 신체의 이동력을 담당하여, 공격과 방어를 위한 기초적인 움직임을 가능하게 한다. 발을 이용한 이동은 거리 조절과 위치 선점에 결정적인 영향을 미치며, 이를 통해 효과적인 기술 구사와 방어 동작이 이루어진다. 또한 하절은 전신의 무게를 지탱하며, 안정된 자세를 유지하는 데 기여함으로써 기술의 균형과 정확도를 높여준다.

특히 차기와 같은 주요 기술에서는, 하절이 지렛대 역할을 하여 회전력과 타격력을 극대화한다. 다리 근력과 정확한 축 유지가 더해지면, 기술의 힘과 속도·정확성도 모두 향상된다. 이처럼 하절의 기능을 충분히 활용할 수 있을 때, 기술의 효율성과 실전 운용 능력 또한 크게 향상될 수 있다.

결과적으로 하절의 올바른 운용은 태권도 기술의 근간을 이루며, 이를 포함한 전체 신체운용법의 습득은 수련자에게 필수적인 성장 요소라 할 수 있다.

2) 태권도 신체 4대 부위 이해와 활용

태권도 수련에 있어서 신체운용법의 습득은 전신의 조화로운 사용을 통해 무술의 잠재력을 극대화하고, 기술 수행의 효율성과 연계성을 향상시키는 데 핵심적인 요소이다. 이를 위해서는 신체를 구성하는 주요 4대 부위인 눈(치안)·몸통(치신)·팔(치완)·다리(치각)에 대한 명확한 이해가 선행되어야 한다. 각 부위는 독립적으로 기능하면서도 유기적으로 연결되어 있으며, 올바르게 운용할 때 기술의 위력과 정확도는 물론, 전체적인 수련 수준 또한 크게 향상된다.

눈(치안)은 시야를 확보하고 주변 상황을 빠르게 인지하는 데 결정적인 역할을 한다. 상대방의 움직임을 정확히 포착함으로써 기술 수행의 타이밍을 맞출 수 있으며, 공격과 방어를 위한 즉각적인 판단과 반응을 가능하게 한다. 즉, 눈은 태권도 수련에 있어서 전술적 사고와 기민한 대응의 출발점이라 할 수 있다.

몸통(치신)은 근력 발휘와 회전력 생성의 중심이다. 몸통의 회전은 지르기나 차기와 같은 주요 기술에 강한 힘과 속도를 더하며, 특히 허리의 회전은 기술의 파괴력을 극대화하는 데 핵심적인 역할을 한다. 또한 몸통은 상체와 하체를 연결하는 중심부로써, 안정적인 자세 유지와 방어 기술 수행에서도 중추적인 기능을 한다.

팔(치완)은 태권도에서 주요 공격과 방어 기술을 수행하는 핵심 수단이다. 주먹·손날

·팔꿈치 등 다양한 부위를 활용하여 다양한 형태의 공격과 방어를 구현할 수 있으며, 팔의 각 관절 특히, 팔꿈치와 손목을 얼마나 정교하게 활용하느냐에 따라 기술의 정확성과 효율성이 크게 달라진다.

다리(치각)는 전신 이동의 동력이자 기술 수행의 안정성을 제공하는 기반이다. 이동 동작을 통해 거리 조절과 유리한 위치 선점이 가능하며, 정확한 중심 이동은 기술의 균형과 성공률을 높인다. 특히 차기 기술에서는 다리가 지렛대 역할을 하여 회전력과 타격력을 극대화하는 핵심 역할을 하며, 이는 태권도의 대표적인 기술 특성과도 직결된다.

결국 이 네 가지 신체 부위를 정확히 이해하고 유기적으로 운용하는 것은, 태권도의 전반적인 기술 완성도와 실전 대응 능력을 높이는 데 결정적인 역할을 한다. 따라서 신체운용법의 체계적인 습득은 태권도 수련의 핵심 기반이라 할 수 있다.

3) 태권도 신체 8대 관절 기능적 이해

태권도는 전신을 활용하는 종합적인 무도이자 스포츠로, 기술의 정확성·속도·힘·균형을 모두 갖추기 위해서는, 신체 각 부위의 유기적인 운용이 필수적이다. 그중에서도 신체를 구성하는 주요 8대 관절인 목·어깨·팔꿈치·손목, 척추 허리·고관절·무릎·발목에 대한 이해와 활용은, 동작의 완성도를 결정짓는 핵심 요소이다. 이들 관절의 구조적 특성과 기능을 바르게 인식하고, 이를 효과적으로 사용하는 능력은 태권도 수련자의 기술 수행 능력을 극대화하는 데 직접적인 영향을 미친다.

목과 어깨 관절은 상체의 균형과 유연성을 조절하는 데 중요한 역할을 한다. 목은 시야 확보와 머리의 안정성을 통해 전신 균형 유지에 기여하며, 어깨 관절은 팔의 자유로운 움직임을 가능하게 하여 다양한 공격과 방어 기술이 원활히 이루어지도록 돕는다.

팔꿈치와 손목 관절은 가격 기술의 힘과 정확성을 좌우한다. 팔꿈치는 공격 시 직선적이고 강한 힘을 전달할 수 있게 하며, 손목은 미세한 방향 조절과 기술의 정밀도를 조율하는 기능을 수행한다. 이 두 관절의 조화로운 운용은 지르기·막기 등 팔 기술의 완성도에 직접적인 영향을 미친다.

척추와 허리 관절은 상체 회전력의 중심으로써, 기술에 힘과 속도를 더해주는 원동력이다. 척추의 유연성과 허리의 회전력은 차기와 지르기에서 몸의 이동을 자연스럽게 만들어 주며, 전신 균형을 유지하는 데에도 필수적이다.

고관절·무릎·발목 관절은 하체의 움직임과 차기 기술의 핵심 요소다. 고관절은 다리의 회전과 들어 올리는 동작에 관여하며, 무릎은 차기의 각도와 궤적을 조절하는 기능을 한다. 발목은 지면과의 접촉을 통해 전체 자세의 안정성을 확보하고, 가격 시 힘의 전달을 돕는다. 이 세 관절의 유기적인 협응은 이동·자세 유지·차기의 정확성과 위력을 결정짓는다.

이처럼 신체 8대 관절의 기능을 정확히 이해하고, 상황에 맞게 조절하고 활용하는 능력은 태권도 기술의 질적 향상을 가능하게 하며, 동작 간의 연계성과 전체적인 수련 효율성까지 높여준다. 따라서 8대 관절의 체계적인 운용법을 습득하는 것은 태권도 수련의 핵심이자, 기술 완성도를 높이기 위한 중요한 기반이라 할 수 있다.

4) 태권도 기술 향상을 위한 신체운용법

(1) 신체 이해와 기술 동작의 정교화

태권도 기술 향상을 위한 목표는 자신의 신체를 완벽하게 인식하고 조절할 수 있는 능력을 기르는 데 있다. 이를 실현하기 위해서는 태권도의 기본 구조인 신체 3대 요소(상절·중절·하절)와 신체 4대 부위(눈·몸통·팔·다리), 그리고 이와 연계된 신체 8대 주요 관절의 기능을 정확히 이해하고, 이를 통합적으로 운용하는 신체운용법의 습득이 필수적이다.

태권도 기술을 정확하고 효율적으로 구사하기 위해서는 각 신체 부위의 역할과 움직임을 세밀하게 이해하고 자유롭게 조절할 수 있어야 한다.

신체운용법은 기술 수행 능력을 극대화하는 핵심 도구로 작용한다. 이를테면, 팔꿈치와 무릎의 각도를 정교하게 조절하면 막기·치기·차기 등의 기술에서 힘과 정확도를 크게 높일 수 있다. 또한 허리와 고관절의 회전력을 효과적으로 활용하면 차기 동작의 회전력과 속도와 균형이 극대화되어 기술의 완성도가 한층 향상된다.

이뿐만 아니라, 신체운용법은 부상 예방에도 중요한 역할을 한다. 잘못된 자세나 관절의 과도한 사용은 부상의 직접적인 원인이 될 수 있다. 예컨대 허리나 무릎을 과도하게 비트는 동작이나, 차기 시 다리를 과하게 펴는 행위는 관절에 부담을 주어 부상으로 이어질 수 있다. 하지만 신체운용법을 통해 신체 구조에 맞는 올바른 움직임을 습득한다면, 기술 수행 중 불필요한 긴장과 무리를 줄여 부상 위험을 크게 낮출 수 있다.

　결국 신체운용법의 습득은 태권도 수련자의 기술력 향상은 물론, 신체의 효율적인 사용과 부상 방지를 가능케 하는 핵심 수련 요소이다. 신체 각 부위와 관절의 기능을 정확히 이해하고 이를 유기적으로 연결하여 움직임을 조절할 수 있을 때, 태권도의 진정한 기량이 발휘될 수 있다.

(2) 신체운용법의 실천 방안

　신체운용법의 체득은 기술 향상과 동작 완성의 핵심 요소이다. 신체의 주요 부위와 관절을 효율적으로 활용할 수 있을 때, 태권도 기술은 비로소 정확성과 위력을 갖추게 되며, 이는 수련자의 실력을 근본적으로 끌어올리는 기반이 된다.

　신체운용법에 대한 깊은 이해는, 단순히 기존 기술을 잘 수행하는 데에 그치지 않고, 이를 바탕으로 기술의 정교함을 한층 발전시키거나, 새로운 기술을 창의적으로 고안해내는 데에도 크게 기여한다. 즉, 몸의 움직임에 대한 창조적인 접근은 태권도 기술의 혁신과 발전을 가능하게 하는 원동력이 되는 것이다.

　수련을 통해 자신의 신체 구조와 각 부위의 기능에 대한 이해를 점차 높여가야 하며, 이를 바탕으로 동작을 반복 연마하여 효율적인 기술 수행으로 연결해야 한다. 이러한 과정은 단기간에 끝나는 것이 아니라, 꾸준한 반복과 관찰을 통해 완성되어야 한다.

　또한, 일상생활 속에서도 몸을 유연하고 창의적으로 사용하는 습관을 기르는 것이 중요하다. 예컨대 평소에 걷는 자세, 물건을 집는 동작, 균형을 유지하는 방식 등에서도 자신만의 신체 활용 방식을 고민하고 적용해보는 습관은 태권도 기술에 자연스럽게 반영된다. 이처럼 생활 속 작은 실천들이 결국 수련장에서의 큰 성과로 이어진다.

　결과적으로 신체운용법을 꾸준히 익혀나간다면, 태권도 기본기뿐만 아니라 고급 기술까지도 완성도 있게 수행할 수 있으며, 더 나아가 기술적 창의성과 개성을 바탕으로 새로운 기술을 창조하는 데에도 기여할 수 있다. 따라서 수련자는 신체운용법의 중요성을 인식하고, 이를 자신의 수련에 적극적으로 반영하며, 몸과 기술의 조화를 이루는 완성된 태권도 수련자가 되기를 지향해야 한다.

① 신체운용법의 실천: 기본 동작 및 품새

태권도의 수련에서 신체운용법을 올바르게 적용하는 것은 기술의 완성도와 수련의 질을 결정짓는 중요한 요소이다. 특히 기본 동작과 품새는 태권도의 기초이자 핵심 수련 과정으로써, 이 단계에서부터 정확한 신체운용 원리를 실천하는 것이 필수적이다.

기본 동작은 태권도의 모든 기술의 기초가 되며, 이때부터 올바른 신체 사용을 익히는 것이 중요하다. 이를테면 앞굽이·뒷굽이와 같은 서기 동작에서는 자세를 낮추고 균형을 유지하는 것이 핵심이다. 이때 호흡과 동작을 일치시켜 리듬감 있게 수련하면, 더욱 안정적이고 민첩한 동작 수행이 가능해진다.

기본 차기에서는 몸의 이동과 균형 유지가 중요하다. 발을 차는 순간, 반대쪽 발바닥에 몸을 실어야 균형이 무너지지 않으며, 동시에 몸을 앞쪽으로 자연스럽게 이동시키면 차기에 보다 큰 힘을 실을 수 있다. 이 과정에서 불필요한 상체 근육의 사용은 억제하고, 호흡을 적절히 활용하면 보다 강력하고 효율적인 차기를 구현할 수 있다.

품새 수련에서도 신체운용법은 필수적으로 작용한다. 품새는 일련의 동작이 연속적으로 연결되어 흐름을 이루어야 하므로, 동작 간의 연결에서 몸의 이동과 근육 사용을 세심하게 조절하는 능력이 요구된다. 각 동작마다 필요한 근육만을 적절히 수축하고, 다음 동작으로 넘어갈 때는 이완시키는 등 몸의 긴장과 이완을 조율해야 한다. 여기에 복식호흡을 함께 사용하면 품새의 리듬감과 집중력을 더욱 높일 수 있다.

이처럼 기본 동작과 품새 수련에서 신체운용법의 원리를 꾸준히 실천한다면, 동작의 정확성·힘·유연성이 크게 향상된다.

결국 신체운용법의 꾸준한 실천은 태권도의 진수를 이해하고 표현해내는 가장 확실한 길이라 할 수 있다.

② 신체운용법의 실천: 겨루기

태권도의 겨루기는 단순한 기술의 나열이 아닌, 순간적인 판단력과 정교한 신체운용을 바탕으로 한 실전 응용이다. 이 과정에서 신체운용법의 원리를 얼마나 잘 이해하고 활용하느냐가 공격과 방어의 성패를 가르는 핵심 요소로 작용한다.

겨루기 상황에서는 끊임없이 변화하는 상대의 움직임에 능동적으로 반응해야 하며, 이를 위해서는 몸의 균형 유지, 이동 능력, 근육 조절, 호흡 조절 등이 유기적으로 이루어져야 한다.

이를테면, 상대가 돌려차기를 시도할 경우, 몸통을 뒤로 젖히면서 동시에 몸을 낮추고 균형을 유지하면서 상대방의 차기를 회피할 수 있다. 이때 호흡을 내쉬고 상체 근육을 이완시키면 동작이 더욱 유연하고 부드러워져서, 피하는 속도와 반응성이 향상된다. 상대의 공격이 지나간 직후에는 발바닥을 이용해 중심을 빠르게 앞으로 이동시킴으로써, 즉각적인 반격 기회를 포착할 수 있다. 이러한 신체 운용의 타이밍과 조절 능력이 겨루기의 핵심 대응 전략이 된다.

공격 시에도 신체운용법은 결정적인 역할을 한다. 효과적인 가격을 위해서는 단순한 힘이 아닌, 몸의 이동을 통한 탄력과 타이밍이 중요하다. 차기 동작에서는 반대쪽 발바닥에 중심을 실어 안정감을 유지하고, 발을 차는 순간에는 몸을 앞으로 이동시켜서 타격에 힘을 실어야 한다. 여기에 동작의 리듬을 유지하고, 필요한 근육만 선택적으로 수축했다가 이완하면 보다 강력하고 효율적인 공격이 가능하다.

결국 겨루기에서는 상황에 따라 균형을 조정하고, 몸을 유연하게 이동시키며, 호흡과 근육을 적절히 조절하는 능력이 승부를 결정한다.

신체운용법을 제대로 익히고 적용할 수 있다면, 공격과 방어 모두에서 주도권을 획득할 수 있으며, 실전에서의 반응 속도와 기술 정확성 또한 한층 향상된다.

따라서 겨루기 수련에서도 신체운용법은 단순한 기초가 아니라, 실전 응용력을 결정짓는 전략적 도구이자 수련의 핵심이라 할 수 있다.

③ 신체운용법의 실천: 격파

태권도 수련에서 격파는 기술의 위력과 정확성을 객관적으로 확인할 수 있는 중요한 분야이다. 특히 위력격파와 기술격파(기예(技藝): 기술과 예술)는 각각 힘의 집중과 신체 조절 능력을 요하는 분야로, 이 과정에서 신체운용법의 원리를 정확히 적용하는 것이 필수적이다. 신체를 효율적으로 사용하는 법을 익히지 않으면 격파의 성공률은 낮아지고, 기술의 완성도 또한 떨어지게 된다.

위력격파는 단순한 힘의 사용이 아니라, 신체 각 부위의 협응을 통한 힘의 집중과 순간적인 폭발력을 요한다. 이를테면 손날격파나 주먹격파를 수행할 때는, 어깨·팔꿈치·손목이 하나의 선상에서 정확히 연결되어야 하며, 하체에서 발생한 힘이 허리를 통해 상체로 전달되어야 한다. 이때 몸통 회전·호흡 조절·근육 수축과 이완이 적절히 조화되어야 한다.

복식호흡을 통한 기합과 동시에 충격 부위에 정확한 타격을 가하면, 힘의 손실 없이 최대 위력을 발휘할 수 있다. 신체운용이 제대로 이루어지지 않으면 힘이 분산되어 격파에 실패할 가능성이 높아진다.

기술격파는 높이·거리·정확성 등 정밀한 신체 조절이 요구되는 종목으로, 더욱 섬세한 신체운용법이 필요하다. 공중회전차기·돌려차기 연속 동작 등 다양한 고난도 기술이 포함되며, 이 과정에서는 공간 감각, 몸의 균형 유지, 관절의 정확한 조절이 핵심이다. 이를테면 공중회전차기를 수행할 때는 점프를 위한 무릎과 고관절의 탄력, 공중에서의 몸통 회전력, 착지 시의 균형 감각까지 모든 동작에 유기적인 신체 운용이 이루어져야 한다. 이와 함께 불필요한 근육 사용을 억제하고, 필요한 부위만 효율적으로 사용하는 것이 기술의 정확도와 성공률을 높이는 핵심 요소가 된다.

이처럼 격파 수련에서도 신체운용법의 실천은 기술 완성을 결정짓는다. 위력격파에서는 힘의 집중과 전달에, 기술격파에서는 정밀한 조절과 공간 활용에 신체 운용이 핵심적으로 작용한다. 따라서 수련자는 각 동작에서 필요한 신체 부위의 사용법과 관절 운용의 원리를 꾸준히 익히고 연습함으로써, 격파 능력을 향상시킬 수 있다.

결국 신체운용법을 바탕으로 격파 수련을 실천한다면, 기술의 위력뿐만 아니라 정확성과 예술성까지 갖춘 완성도 높은 수련이 가능해질 것이다.

5) 태권도 수련에 따른 자기화 과정

신체운용법은 태권도의 기술을 자신의 일부로 완전히 내면화하여 자기화의 완성에 이르게 하는 것이다. 이를 실현하기 위해 가장 중요한 기초가 바로 올바른 신체운용법의 습득이다. 신체운용법은 기술 수행의 기초이자, 수련자가 자신의 몸을 이해하고 자유롭게 활용하게 하는 핵심 원리이다.

수련을 통해 신체 구조와 움직임의 원리를 올바르게 이해하게 되면, 기술 동작은 단절 없이 자연스럽고 유기적으로 연결된다. 이는 단순히 동작을 따라 하는 수준을 넘어서, 정신과 육체가 하나로 통합되는 깊은 수련의 단계로 이어진다. 바로 이 지점에서 태권도의 동작은 기계적인 반복을 넘어서 진정한 '자기화'로 나아가게 된다.

그러나 이러한 자기화는 하루아침에 이루어지는 것이 아니다. 올바른 신체운용법을 몸에 익히고 내면화하는 데에는 오랜 시간의 반복 수련과 깊은 인내심이 필요하다. 기술 하나하나가 체득되고 자연스러워지기까지는 끊임없는 연습과 스스로를 되돌아보는 자세가 요구된다. 이는 단순한 체력 수련을 넘어 자기 성찰과 성장의 과정이기도 하다.

결국 신체운용법을 바탕으로 기술을 꾸준히 단련하고 내면화해 나갈 때, 수련자는 단지 기술을 수행하는 사람이 아니라 기술 그 자체를 체화한 존재로 변화하게 된다. 이 과정에서 자신만의 움직임과 표현이 생기며, 태권도의 깊은 의미와 가치를 진정으로 이해하게 된다.

따라서 신체운용법은 기술 완성의 도구를 넘어, 자기화라는 궁극적 수련 목표에 도달하기 위한 본질적인 수단이라 할 수 있다. 오랜 시간이 걸리더라도 포기하지 않고 성실하게 수련을 이어간다면, 누구든지 태권도의 진수를 체득하고, 정신과 기술이 일치된 자기화를 이루는 경지에 이를 수 있을 것이다.

3장
인체의 구조와 기능

1968

3장. 인체의 구조와 기능

'태권도 원리의 이해는 인체의 이해로부터 시작된다.'

태권도의 원리를 깊이 있게 이해하려면, 우선 자신의 인체를 정확히 인식하고 이해하는 것이 선행되어야 한다. 이는 기술의 숙련을 넘어서, 부상 예방과 효율적인 수련을 위한 기본 조건이기도 하다.

태권도의 동작이나 기술 수행 시, 단순한 형태를 모방하는 수련이 아니라 동작의 구조와 기능적 원리를 이해하고 응용하는 것이 중요하다.

이는 기존의 고정관념에서 벗어나 올바른 자세와 운동 경로를 인식함으로써, 잘못된 수련으로 인한 통증과 상해를 효과적으로 예방할 수 있게 한다.

특히 뼈, 관절, 근육, 혈액, 신경 등의 구조에 대한 이해는, 동작 수행 시 각 부위의 움직임을 스스로 느끼고 조절할 수 있는 능력으로 이어진다. 근육이 어떤 방향으로 수축되고, 관절이 어떻게 회전하며, 그 움직임이 어떻게 힘을 만들어내는지를 자주 인식하려는 수련은 동작 감각의 민감도를 높여준다.

태권도 지도자는 단순히 기술을 가르치는 것을 넘어서, 인체에 대한 정확한 지식과 수련의 원리를 함께 전달할 수 있는 전문가적 소양을 갖추어야 한다.

인체의 명칭 및 구조, 그 기능적 의미에 대한 기본 지식을 습득해야 하며, 그 지식을 바탕으로 동작의 기능성과 관절 운용 원리를 수련생에게 자연스럽게 설명할 수 있어야 한다.

또한, 수련 중에는 신체 움직임을 관찰하고 통찰하는 명상적 접근(움직임의 명상)도 도움이 된다. 이는 수련생이 자신의 몸을 내면적으로 인식하고 기술을 보다 유기적으로 습득하는 데 기여한다.

성인 수련에 있어 의학적 소양은 필수적인 요소라 할 수 있다. 성인 수련생은 단순한 무술 기술 습득 외에도, 건강 관리, 체중 조절, 신체 기능 향상 등을 수련의 주요 목표로 삼는다.

따라서 지도자는 최소한 다음과 같은 의학적·과학적 기초 지식을 갖추어야 한다.

인체 해부학: 근육과 뼈의 구조, 관절의 운동 범위 등

운동 생리학: 에너지 대사, 유산소·무산소 운동의 차이, 회복 원리 등

한의학적 기초: 혈자리의 개념과 순환 원리

이를테면, 체중 조절을 목표로 하는 수련생에게 단순히 "운동을 많이 하라"는 식의 조언은 효과적이지 않다.

지도자는 지방이 어떤 메커니즘으로 축적되고, 어떤 과정을 통해 에너지로 전환되는지에 대한 기본 지식을 바탕으로, 보다 과학적이고 실질적인 수련 방향을 제시할 수 있어야 한다.

태권도가 무술적 수련체계로서 성인들에게 가치를 제공하기 위해서는, 지도자 스스로가 의학적 이해를 바탕으로 수련을 설계하고 지도하는 능력을 갖추어야 한다.

그럴 때 비로소 태권도의 진정한 수련 가치가 성인에게 전달되며, 이는 곧 성인 수련 인구의 확대와 활성화로 이어질 것이다.

1. 인체 기본 구조와 기능

인체란 인간의 전체적인 몸을 의미하며, 이는 뼈·관절·근육·혈액·신경 등 다양한 요소들로 구성되어 있다. 이들 각각의 요소는 서로 유기적으로 작용하며, 인간의 움직임과 생명 활동을 유지하는 데 필수적인 역할을 한다.

태권도는 치기·차기·막기 등의 동작을 통해 전신을 활용하는 무술이기 때문에, 인체의 구조와 기능에 대한 이해는 수련에 있어 매우 중요하다. 이러한 이해를 바탕으로 동작의 원리와 움직임의 흐름을 제대로 파악할 수 있으며, 이는 기술의 정확성과 효율성을 높이는 데 큰 도움이 된다.

또한, 인체의 메커니즘을 잘 알고 이를 적절히 활용할 수 있을 때, 부상 없이 보다 안전

하고 효과적인 수련이 가능해진다. 이를테면, 관절의 가동 범위나 근육의 수축 · 이완 원리를 이해하면 기술 수행 시 무리를 줄이고, 기술의 위력 또한 극대화할 수 있다.

　따라서 인체의 구조와 기능을 체계적으로 살펴보는 것은 단순한 생리학적 지식을 넘어서, 태권도 동작의 이해와 기술 숙련의 밑바탕이 된다. 결국 인체에 대한 깊은 이해는 태권도를 더 잘 수행할 수 있는 핵심 원동력이 되는 것이다.

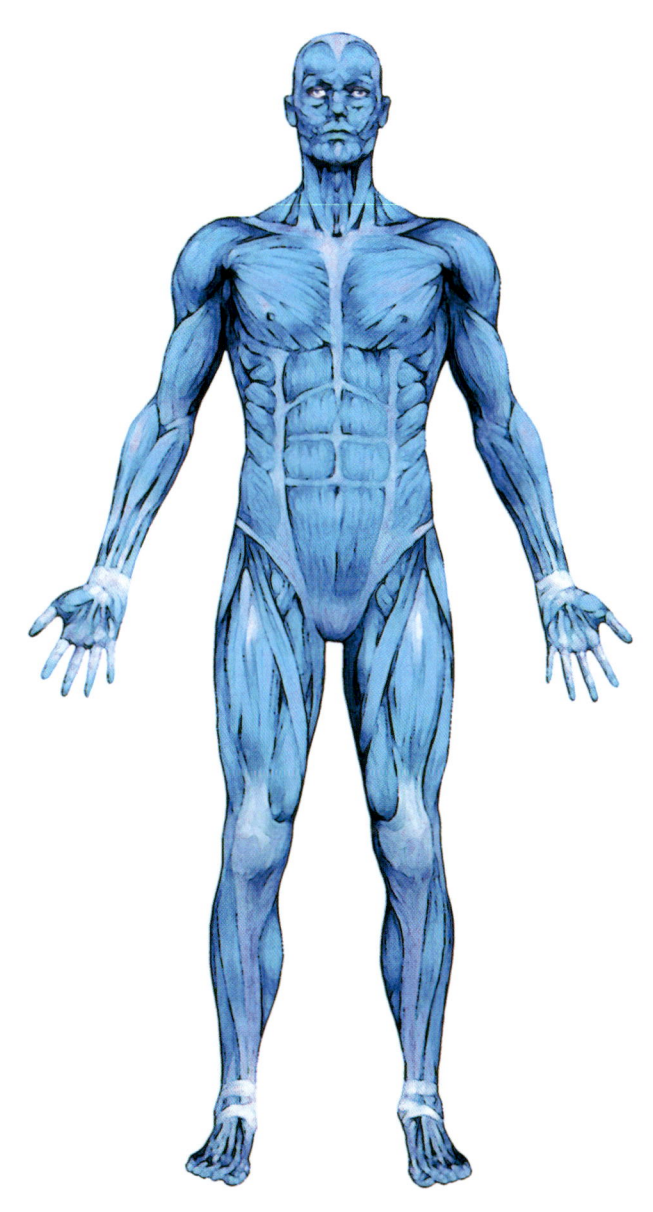

1) 뼈

인체의 뼈는 몸을 지탱하고 보호하며 움직임을 가능하게 하는, 다양한 구조와 기능을 가지고 있다.

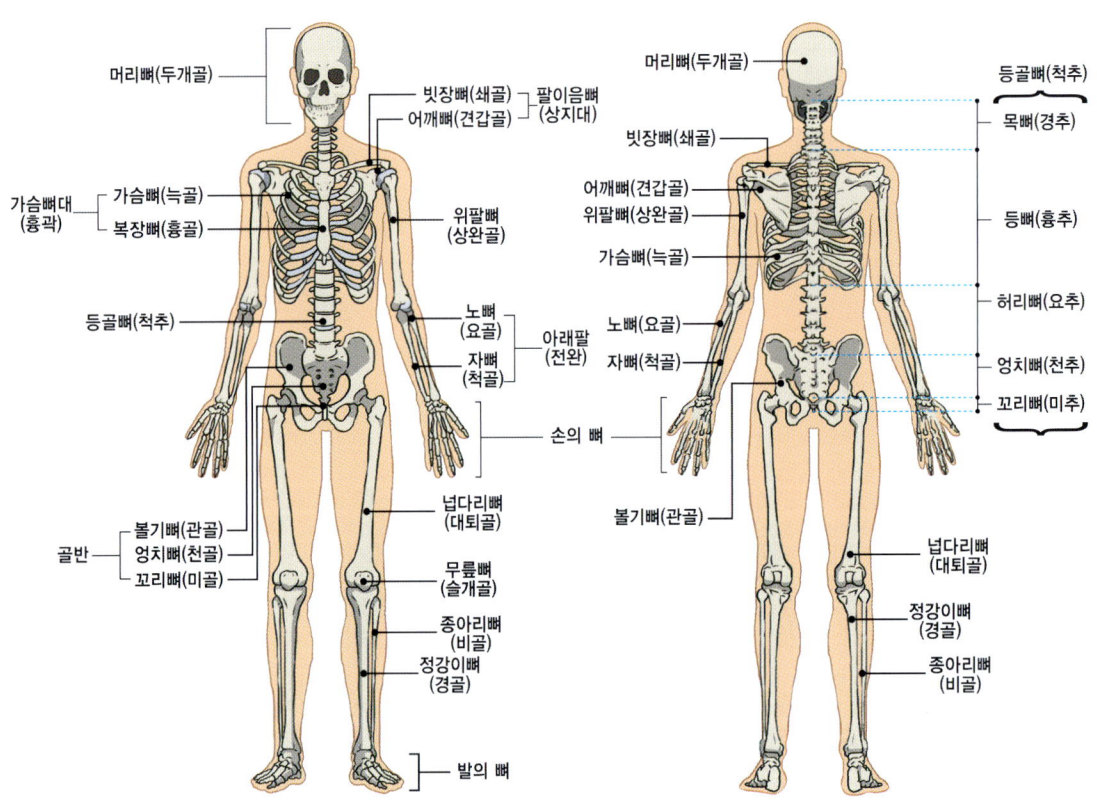

(1) 구조

인체에는 성인을 기준으로 약 206개의 뼈가 있으며, 이들은 구조적 특징을 가지고 있다.

• 장골(긴 뼈): 팔과 다리의 뼈로, 힘을 전달하고 지지 역할을 한다.

상완골

• 단골(짧은 뼈): 손목과 발목의 뼈처럼 작고 움직임을 돕는다.

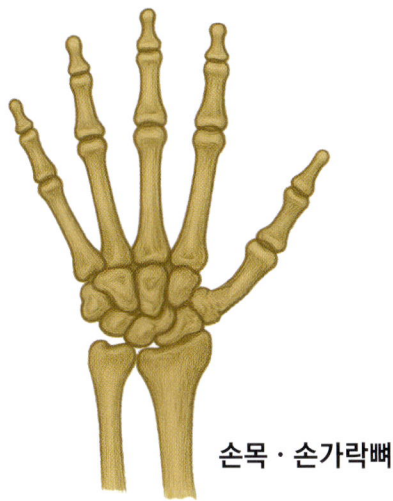

손목 · 손가락뼈

흉골(가슴뼈)

• 편평골(납작 뼈): 두개골, 흉골 등으로 내부 장기를 보호한다.

• 불규칙골: 척추와 같은 복잡한 형태의 뼈로 다양한 기능을 수행한다.

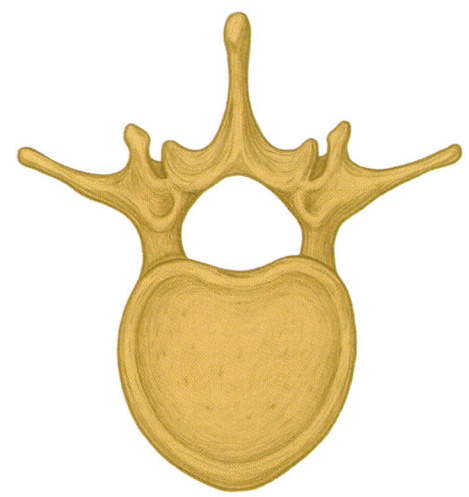

• 뼈의 다양한 층

-외부층(치밀골): 단단하고 밀도가 높은 구조로 강도를 제공한다.

-내부층(해면골): 가볍고 구멍이 많아 충격을 흡수한다.

-골수: 내부 공간에서 혈액세포를 생산하거나 지방을 저장한다.

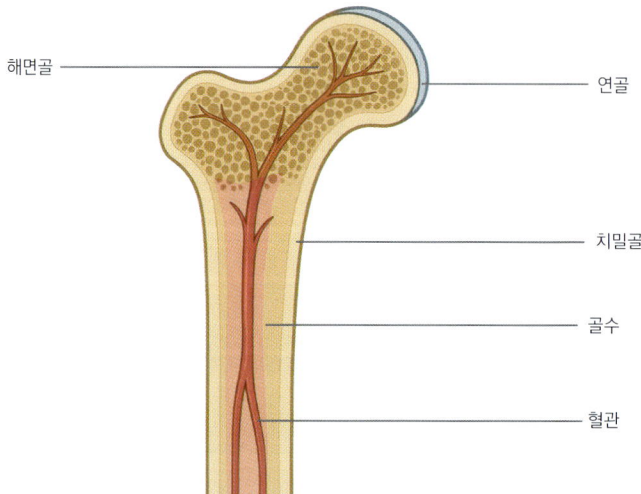

(2) 기능

• 지지: 근육과 조직을 지지하며 몸의 모양을 유지한다.

- 보호: 두개골은 뇌를, 늑골은 심장과 폐를 보호한다.

- 운동: 뼈는 근육 · 관절과 함께 작용하여 움직임을 가능하게 한다.

- 혈액세포 생산: 골수에서 적혈구 · 백혈구 · 혈소판을 생산한다.

- 미네랄 저장: 칼슘과 인 등 중요한 미네랄을 저장하여 필요 시 제공된다.

- 내분비 기능: 호르몬을 분비하여 에너지 대사에 영향을 미친다.

2) 관절

관절은 두 개 이상의 뼈가 만나는 지점으로, 걷고 · 뛰고 · 움직이는 등 기본적인 신체 활동을 수행하는 데 필수적인 역할을 한다.

관절의 구조

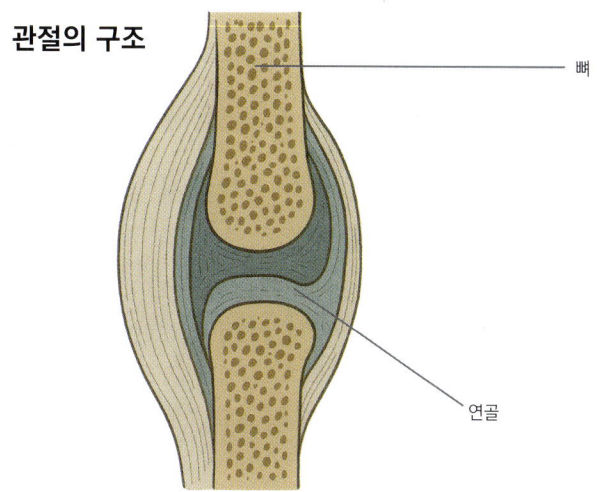

뼈

연골

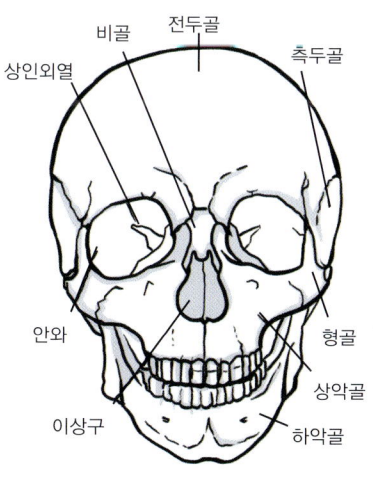

비골
전두골
상인외열
측두골
안와
형골
이상구
상악골
하악골

(1) 구조

·섬유성 관절(Fibrous Joints): 뼈와 뼈가 단단한 결합 조직으로 연결되어 있어서,거의 움직일 수 없다 (두개골의 봉합선이 이에 해당한다).

·연골성 관절(Cartilaginous Joints): 연골이 뼈를 연결하는 관절로, 부분적으로 움직일 수 있다
(척추 사이의 추간판).

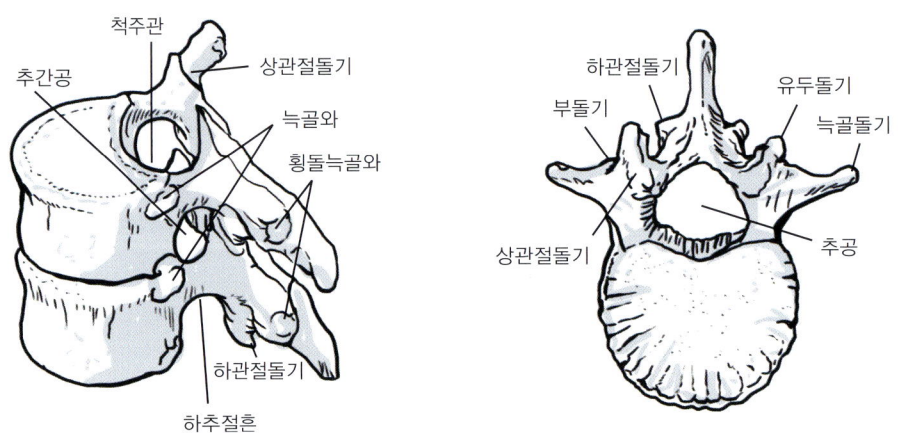

·윤활 관절(Synovial Joints): 가장 자유롭게 움직일 수 있는 관절로, 관절강(관절공간) 안에 윤
활액이 존재하여 마찰을 줄이고 원활한 움직임을 돕는다(무릎 ·
어깨 · 팔꿈치 등).

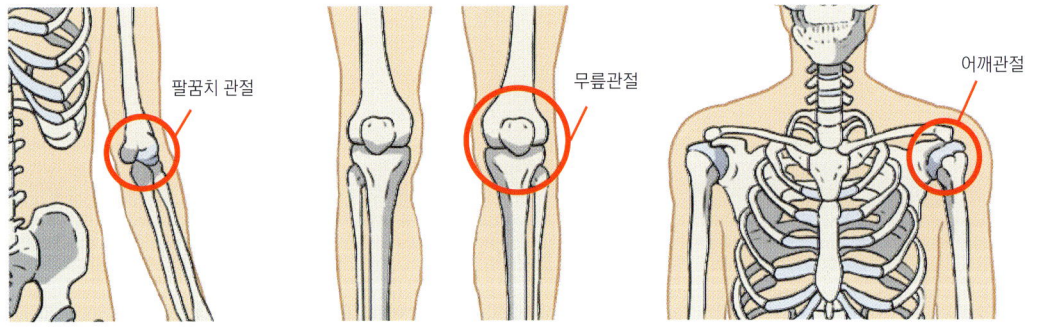

·경첩 관절(Hinge Joint): 한 방향으로만 움직이며, 팔꿈치 및 무릎이 대표적이다.

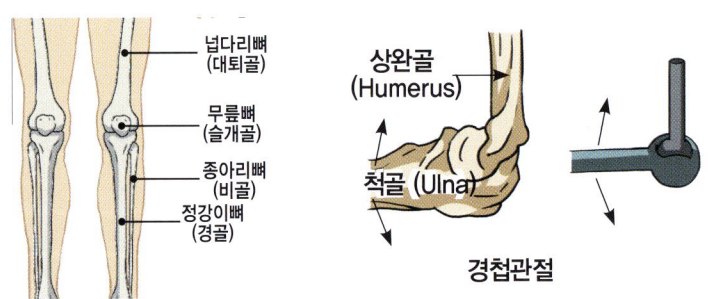

·구상 관절(Ball=and-Socket): 모든 방향으로 움직일 수 있으며, 어깨 및 고관절에서 볼 수 있다.

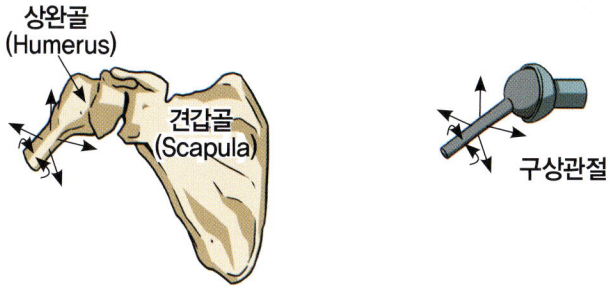

·안장 관절(Saddle Joint): 양방향 운동이 가능하며, 엄지손가락 관절이 이에 해당한다.

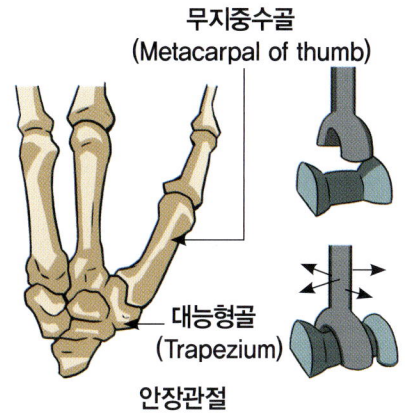

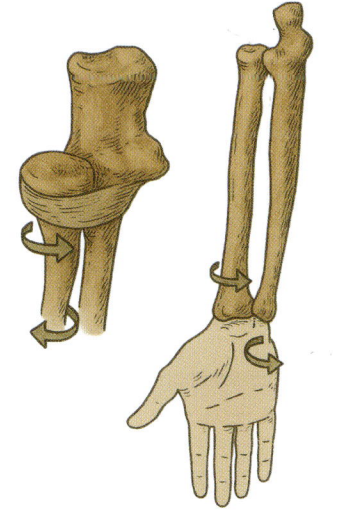

·미끄럼 관절(Gliding Joint): 뼈가 서로 미끄러지듯 움직이는 관절로, 손목 및 발목에서 볼 수 있다.

(2) 기능

·운동 기능: 관절은 다양한 운동을 가능하게 한다. 이를테면 팔꿈치 관절은 굽힘과 펴짐을, 어깨 관절은 회전 및 다방향 움직임을 제공한다.

-지지 기능: 몸을 지탱하고 충격을 완화하여 신체를 보호한다.

-연결 기능: 뼈와 뼈를 결합하여 신체 구조를 형성한다.

-윤활 및 보호 기능: 윤활액은 관절 내 마찰을 줄이고 충격을 흡수하며 관절의 원활한 기능을 돕는다.

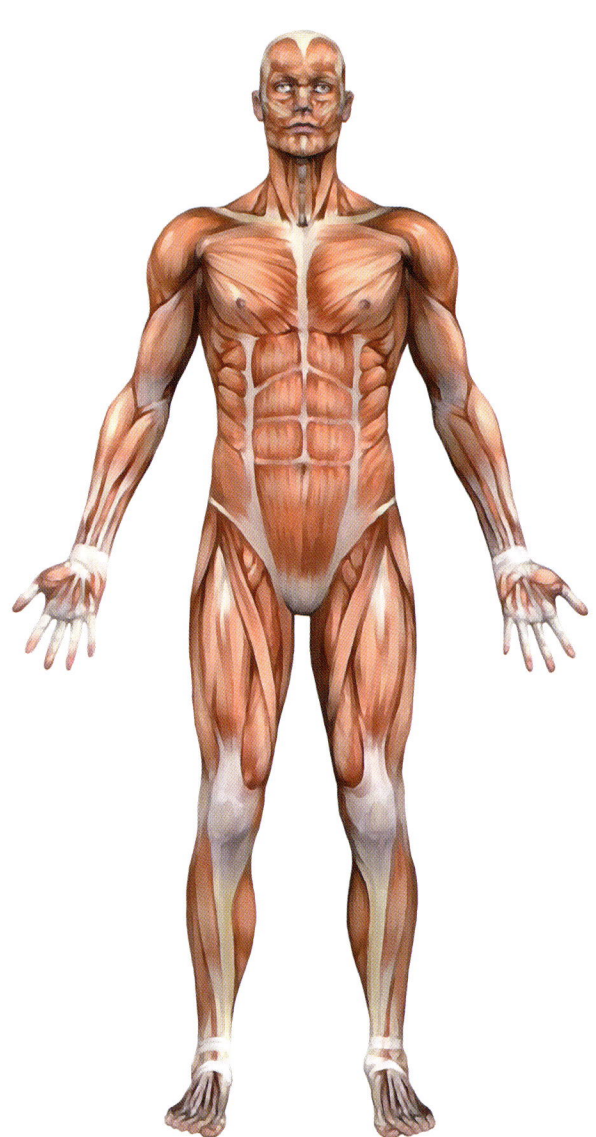

3) 근육

인체의 근육은 몸의 움직임과 자세 유지, 열 생산 등 생명을 유지하고, 활동성을 가능하게 하는 중요한 기관이다.

(1) 구조

인체에는 약 600개의 근육이 있으며, 근육은 세 가지 주요 유형으로 분류된다.

·골격근(근육 조직의 40%): 의지대로 움직일 수 있는 근육으로, 뼈와 연결되어 몸을 움직이는 데 사용된다.

-근섬유(근세포): 근섬유는 근육세포로서 수축과 이완을 통해 힘을 발휘한다.

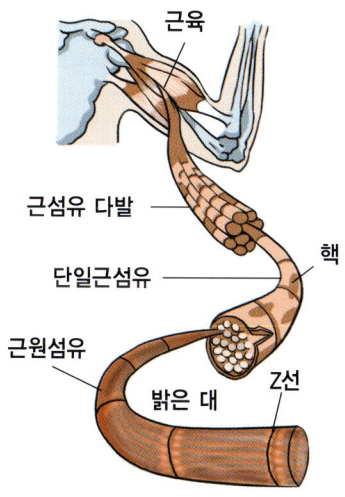

-건(힘줄): 골격근과 뼈를 연결하며, 힘 전달에 중요한 역할을 한다.

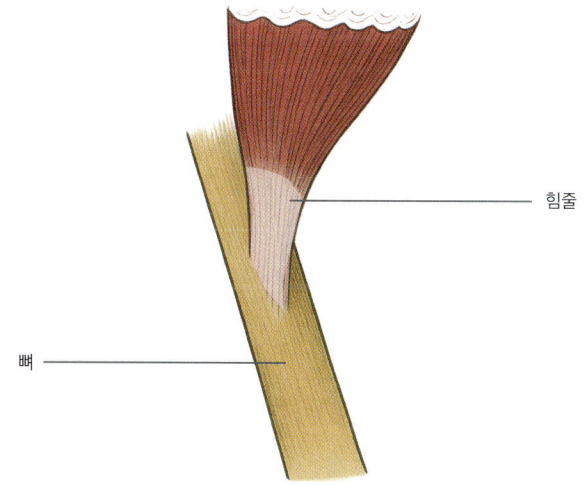

-근원섬유: 근육세포 내의 미세 구조로, 액틴과 미오신이라는 단백질로 이루어져 있다.

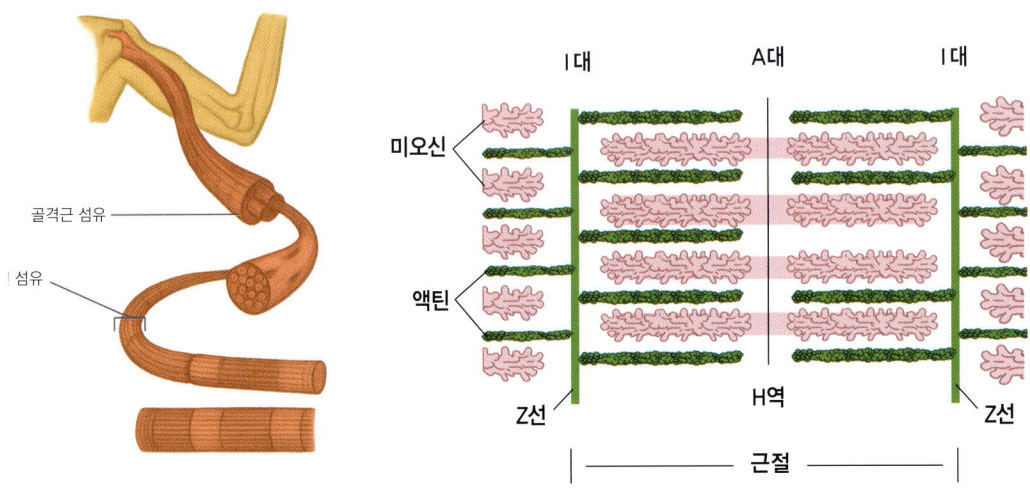

-근막: 근육을 둘러싼 조직으로써, 근육의 형태를 유지하고 보호한다.

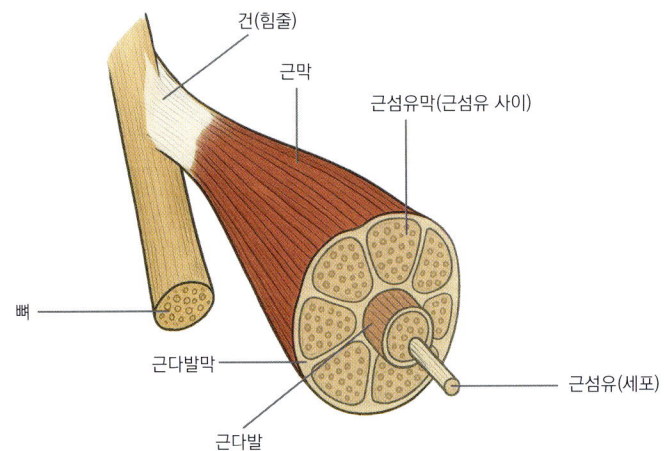

·평활근: 자율신경계에 의해 제어되며, 장기(위장 · 혈관 등)에서 발견된다.

·심장근: 심장에서만 발견되며, 지속적으로 박동하여 혈액을 순환시킨다.

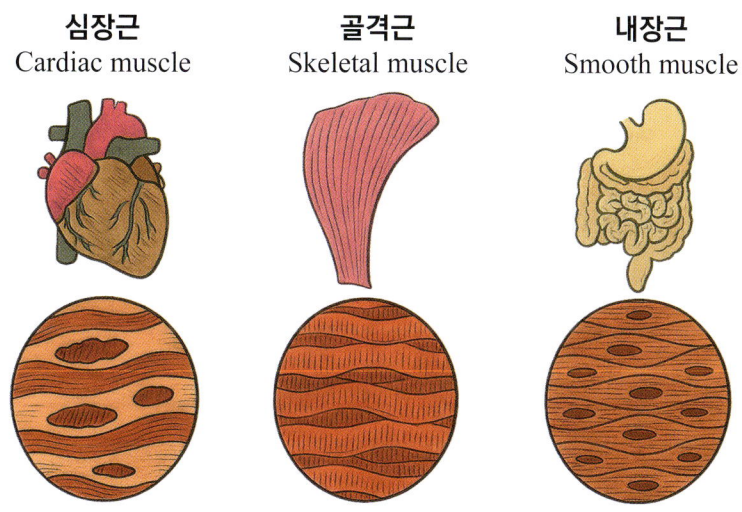

심장근	골격근	내장근
Cardiac muscle	Skeletal muscle	Smooth muscle

(2) 기능

·운동: 골격근은 관절과 뼈를 움직여 몸의 이동과 활동을 가능하게 한다.

·자세 유지: 끊임없이 긴장 상태를 유지하여 자세를 안정화한다.

·열 생산: 에너지를 사용하여 몸의 열을 생성하고 체온을 조절한다.

·내부 장기 조절: 평활근은 음식물을 소화기관으로 이동시키고 혈관을 조절한다.

·혈액 순환: 심장근은 혈액을 펌핑하여 온몸으로 산소와 영양분을 공급한다.

·방어 및 안정화: 외부 충격으로부터 장기를 보호하며 몸의 안정성을 높인다.

·신경 자극: 운동신경에서 신호가 전달되면 근육이 수축을 시작한다.

·수축과 이완: ATP 에너지를 사용하여 액틴과 미오신이 상호 작용하며, 근육이 짧아지거나 길어진다.

4) 혈액

인체 내에서 혈액은 생명 유지에 필수적인 역할을 담당한다.

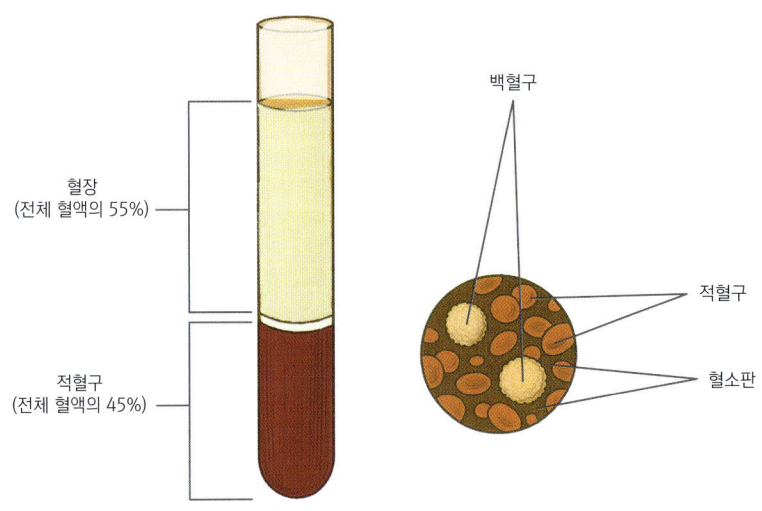

(1) 구조

혈액은 주로 액체 성분과 세포 성분으로 구성된다.

·혈장(Plasma):

　-혈액의 약 55%를 차지하는 액체 성분으로, 맑고 연한 황색이다.

　-물이 90% 이상을 차지하며, 나머지는 단백질(알부민·면역글로불린), 전해질(나트륨·칼륨), 영양소(포도당 아미노산), 호르몬, 노폐물(요소·크레아티닌) 등을 포함한다.

·세포 성분:

　-적혈구(Erythrocytes):

　　`산소를 운반하는 세포로, 헤모글로빈이라는 단백질이 포함되어 있다.

　　`혈액의 색을 붉게 만드는 주요 성분이다.

　-백혈구(Leukocytes):

`면역 방어를 담당하는 세포로, 박테리아 및 바이러스와 싸운다.

`여러 유형(림프구·호중구)으로 나뉜다.

-혈소판(Platelets): 혈액 응고를 돕는 작은 세포 조각으로, 손상된 혈관을 복구하는 데 중요하다.

(2) 기능

·운반 기능:

-산소: 적혈구는 폐에서 산소를 받아 전신 조직으로 운반한다.

-영양분: 소화된 음식물의 영양분을 필요한 곳으로 전달한다.

-노폐물: 신장과 간으로 노폐물을 이동시켜 배출한다.

-호르몬: 분비된 호르몬을 표적 기관으로 운반한다.

·면역 기능:

-백혈구와 항체가 병원체에 대항해 인체를 보호한다.

-염증 반응을 통해 손상 부위를 방어한다.

-체온 조절: 혈액은 몸 전체로 열을 분배하여 체온을 일정하게 유지한다.

-응고 기능: 혈소판과 혈액 응고 인자가 협력하여 출혈을 방지한다.

-항상성 유지: pH·전해질·수분 균형을 조절하여 생리적 안정성을 유지한다.

-순환:

`혈액은 심장·동맥 정맥·모세혈관을 따라 지속적으로 순환한다.

`폐 순환: 폐를 통해 산소와 이산화탄소의 교환이 이루어진다.

`체순환: 전신 조직으로 산소와 영양분을 전달하고, 노폐물을 제거한다.

5) 신경

인체의 신경계는 감각기관으로부터 정보를 받아들인다. 이를 처리하여 적절한 반응을 일으키는, 복잡한 과정을 통해 우리 몸을 연결하고 조율한다. 이를 통해 생존과 일상생활에 중추적인 역할을 담당한다.

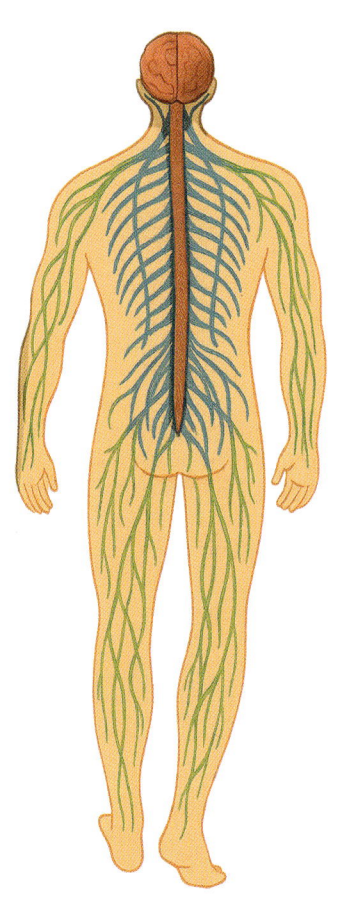

(1) 구조

신경은 중추신경계와 말초신경계로 나뉘며, 각각의 구성 요소가 독특한 역할을 수행한다.

· 중추신경계(CNS):

　-뇌:

　　`생각·기억·감정 및 신체 활동의 중심이 되는 기관이다.

　　`대뇌·소뇌·뇌간으로 구성되어 있다.

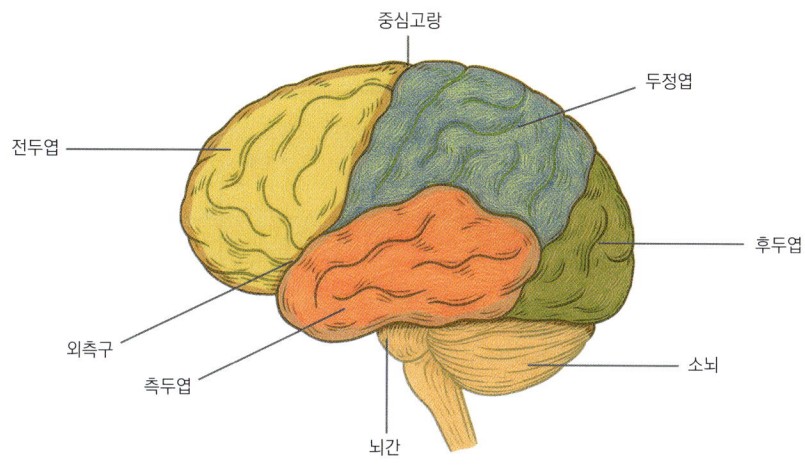

-척수: 뇌와 신체를 연결하는 신경 경로로, 반사작용과 신호 전달을 담당한다.

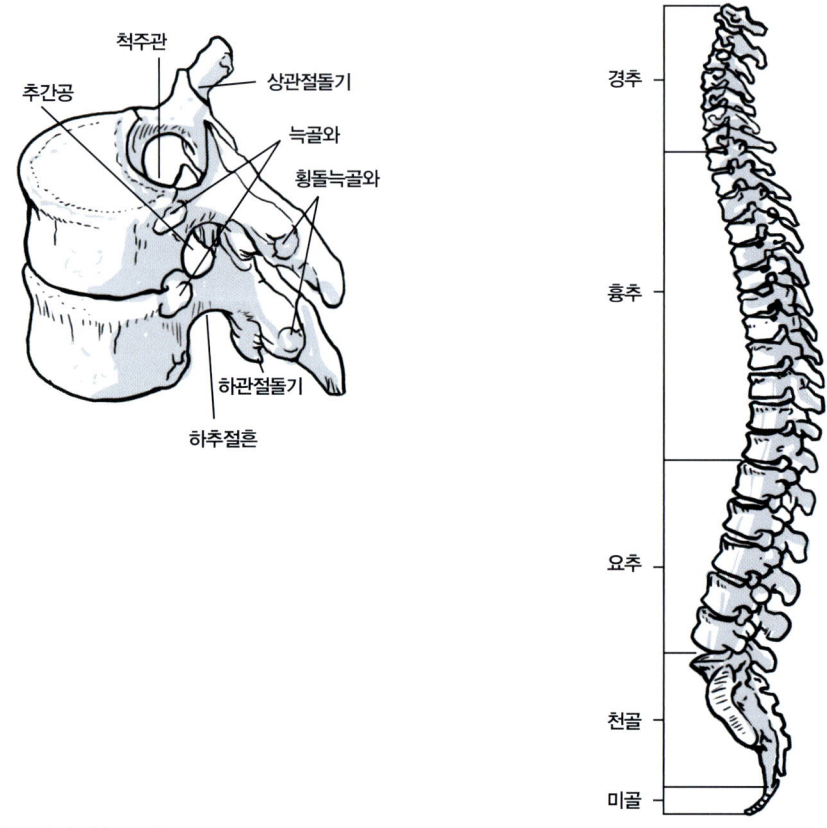

·말초신경계(PNS);

　-체성신경계: 피부·근육·관절과 연결되어 의지대로 움직이는 활동을 조율한다.

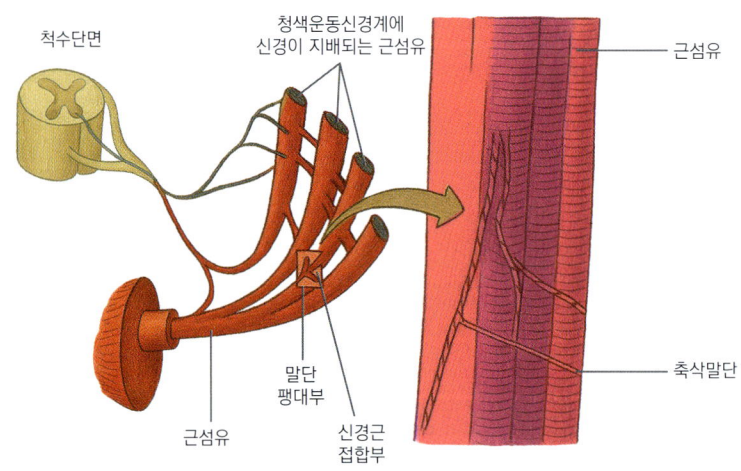

-자율신경계:

　`내부 장기를 조절하며, 교감신경과 부교감신경으로 나뉜다.

　`교감신경: 심박수를 높이고, 혈압을 증가시키는 등 인체를 항진상태로 만든다.

　`부교감신경: 휴식 상태를 촉진하고 소화를 돕는다.

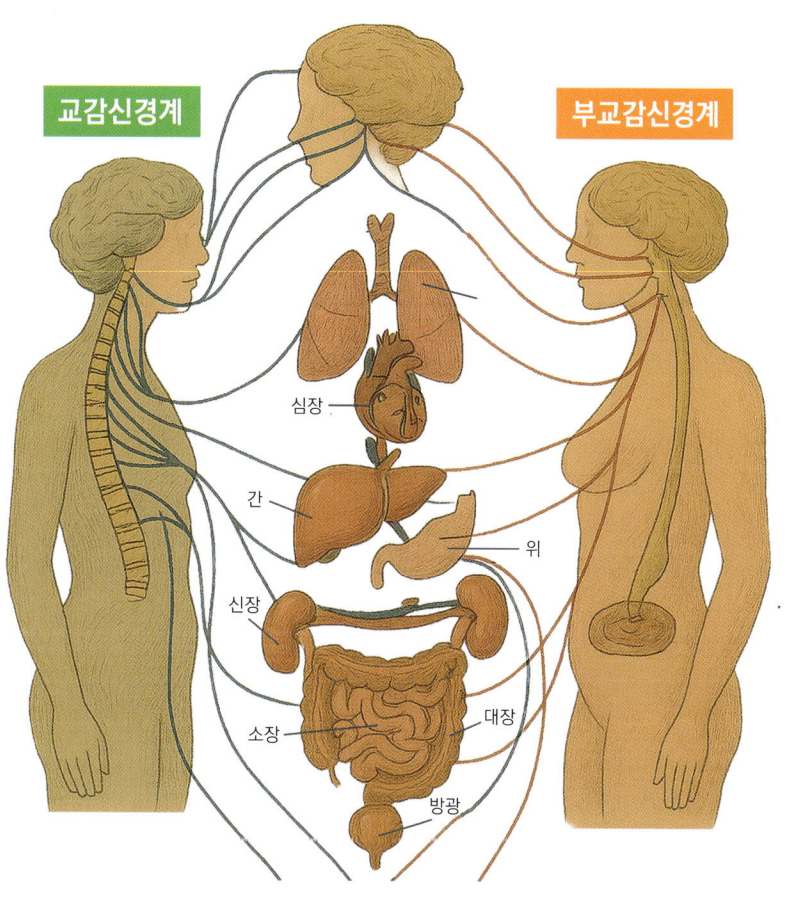

-신경 세포(뉴런):

　`신경의 기본 구성 요소로, 전기 신호를 전달하는 역할을 한다.

　`수상돌기: 신호를 받아들이는 부분.

　`축삭: 신호를 전달하는 긴 구조.

　`축삭 말단: 다른 뉴런이나 세포와 연결하여 신호를 전달한다.

`시냅스: 신경 세포가 다른 신경 세포와 연결된 지점으로써화학물질을 분비하여 신호를 전달한다.

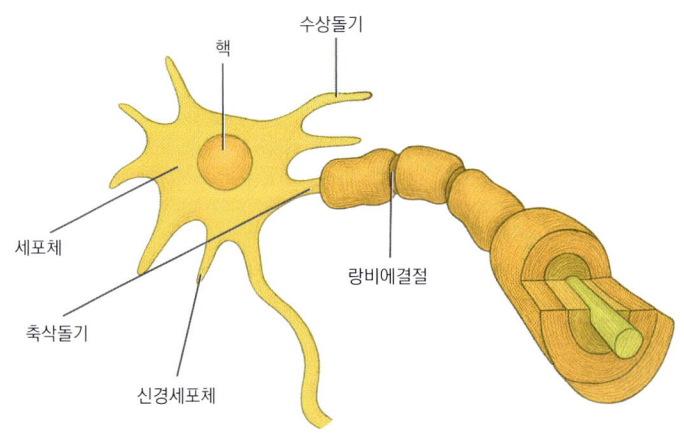

(2) 기능

신경은 다양한 방식으로 몸을 조정하며 통제한다.

·정보 전달:

-뇌에서 신체로, 신체에서 뇌로 정보를 전달한다.

-감각 신경은 시각·청각·촉각과 같은 정보를 수집한다.

-운동 신경은 근육과 뼈를 움직이도록 명령한다.

·반사작용:

-척수를 통해 빠르게 반응하여 신체를 보호한다.

 (예: 물체가 신체에 닿을 때 몸을 피한다.)

-내부 환경 조절: 혈압·심박수·소화 작용·체온 등 생명 유지에 필요한 기능을 자동으로 조절한다.

-학습과 기억: 신경 회로의 변화와 시냅스의 연결을 통해, 새로운 정보를 저장하고 활용한다.

-감정과 행동 조절: 호르몬 및 신경 전달 물질을 통해 감정·스트레스·의사결정 등을

조절한다.

-신경 신호 전달 과정: 신경은 전기적 및 화학적 신호를 통해 작동한다.

`전기 신호: 축삭(axon)을 따라 이동하며 빠르게 정보를 전달한다.

`화학 신호: 시냅스에서 신경 전달 물질을 방출해 다음 뉴런(신경세포)으로 정보를 넘긴다.

2. 신체의 3절(上節, 中節, 下節)

1) 구조와 기능

태권도에서 신체를 효과적으로 사용하는 것은 기술 숙련에 필수적이다. 이를 위해 '신체 3절' 개념이 중요한 역할을 한다.

신체 3절은 신체를 상절(머리), 중절(몸통), 하절(다리) 세 부분으로 나누어 바라보는 관점이다. 이 개념을 이해하면 각 부위의 고유한 역할과 유기적인 연계를 파악할 수 있다.

(1) 상절(上節) - 머리

머리 부위는 신체에서 가장 정교한 기관들이 모여 있는 곳으로, 각각의 구조가 상호작용하여 일상적인 기능을 가능하게 한다.

① 구조

·뇌: 뇌는 신체의 모든 기능을 조절하는, 중앙 제어 시스템으로 크게 세 부분으로 구성된다.

-대뇌: 인지·기억·감각과 운동의 조절을 담당한다.

-소뇌: 균형·자세·미세 운동 조정을 담당한다.

-뇌간: 기본적인 생명 유지 기능을 담당하며, 심박수·호흡·혈압 등을 조절한다.

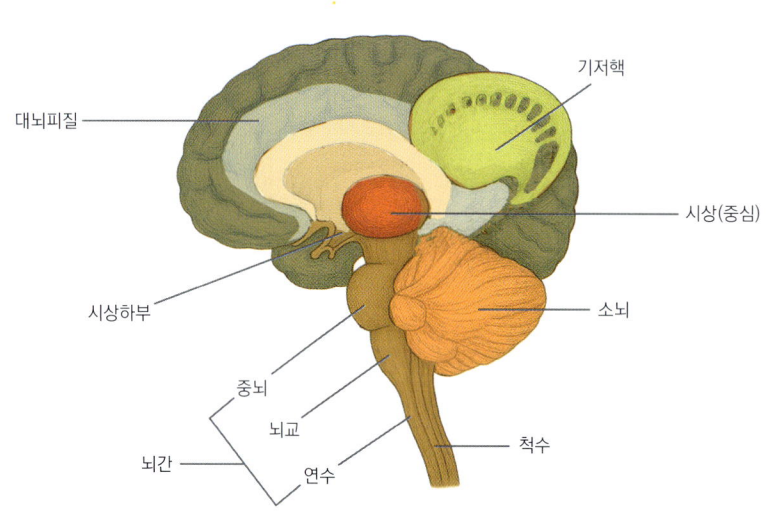

・두개골

　-뇌를 보호하는 견고한 뼈 구조로 이루어져 있다.

　-여러 개의 뼈가 결합하여 강한 보호막을 형성한다.

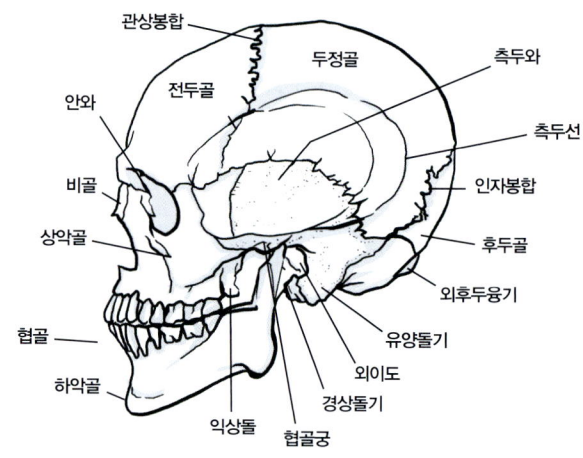

・안면부

　-눈·코·입·귀 등 감각 기관이 위치한다.

② 기능

・인지 기능: 뇌를 통해 사고·기억·감정·학습·운동 조절 등을 수행한다.

・감각 기능: 눈(시각: 외부 환경 인식), 귀(청각: 소리 인식·뇌 전달), 코(후각: 냄새·호흡), 입(미각: 음식 섭취·말하기), 피부(촉각: 체온조절·신체 보호) 등을 통해 외부자극을 감지한다.

・목과 경추:

　-머리를 지탱하며, 척추와 연결되어 신경 신호를 전달한다.

-기도·식도·혈관 등이 지나가며, 호흡과 영양 공급에 중요한 역할을 한다.

·운동 기능: 머리와 얼굴 근육을 움직여 말하기, 표정 만들기 등의 활동을 조절한다.

·생명 유지 기능: 뇌에서 호흡·심장 박동·혈압 조절 등의 생명 유기 기능을 관장 한다.

(2) 중절(中節) - 몸통

몸통과 팔 부위는 신체의 균형과 기능을 유지하는데, 핵심적인 역할을 하는 구조이다.

① 구조

-골격:

　`몸통은 척추(등뼈)·늑골(갈비뼈)·흉골(가슴뼈)로 이루어져 있다.

　`척추는 경추·흉추·요추·천추 및 미추로 나뉜다.

-근육: 복근·배근·흉근 등 다양한 근육이 몸통을 이루고 있다.

-장기: 심장·폐·간·위·소장·대장·신장 등 주요 내장이 위치해 있다.

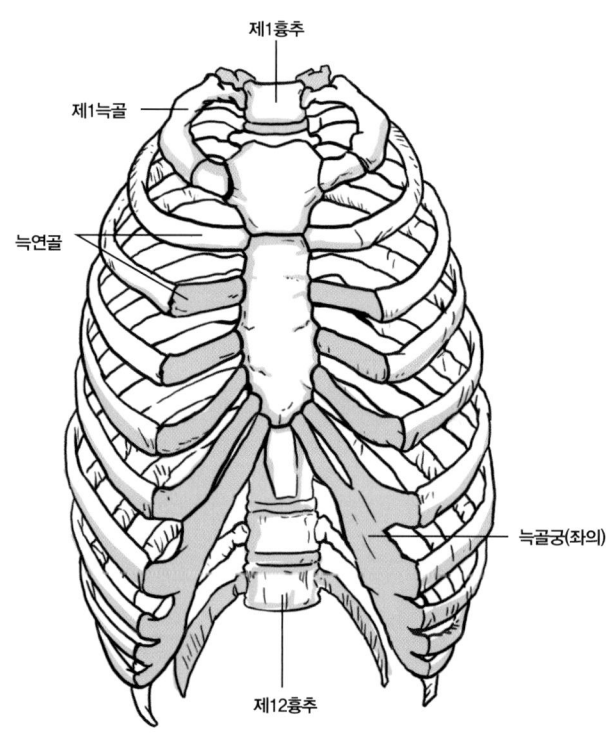

제1흉추

제1늑골

늑연골

늑골궁(좌의)

제12흉추

부유늑(제11·12늑골)

② 기능

-지지: 신체의 기본 골격으로써 안정성을 제공한다.

-보호: 갈비뼈와 흉골이 주요 장기를 외부 충격으로부터 보호한다.

-호흡: 흉부 근육과 횡격막이 호흡을 조절한다.

-운동: 복근과 등근육은 신체의 회전 및 구부림과 같은 움직임을 가능하게 한다.

(3) 하절(下節) - 다리

① 구조

-뼈(골격):

`다리에는 대퇴골(넓적다리뼈)·경골(정강이뼈)·비골(종아리뼈)·발뼈들이 포함된다.

`대퇴골은 인체에서 가장 크고 강한 뼈이다.

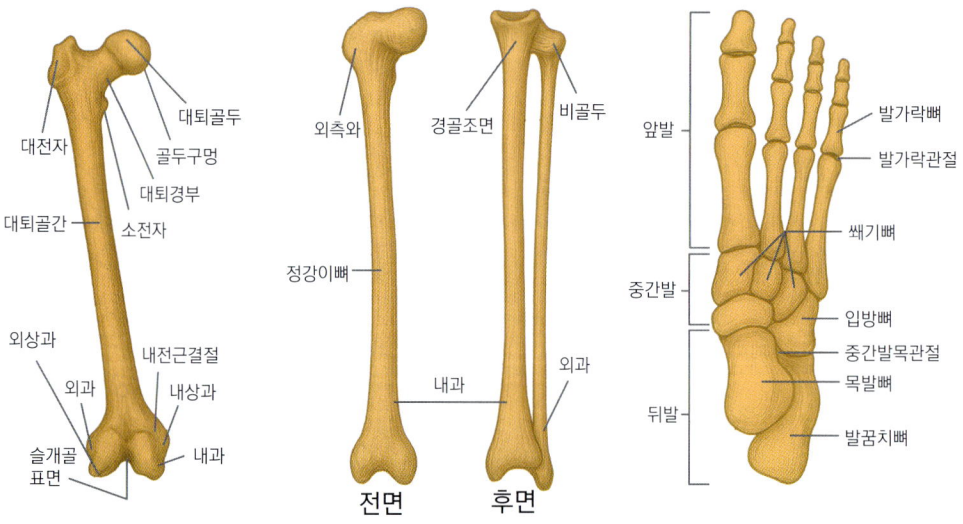

-관절:

　`주요 관절로는 고관절(엉덩관절), 무릎관절, 발목관절이 있다.

　`이 관절들은 이동성과 안정성을 제공한다.

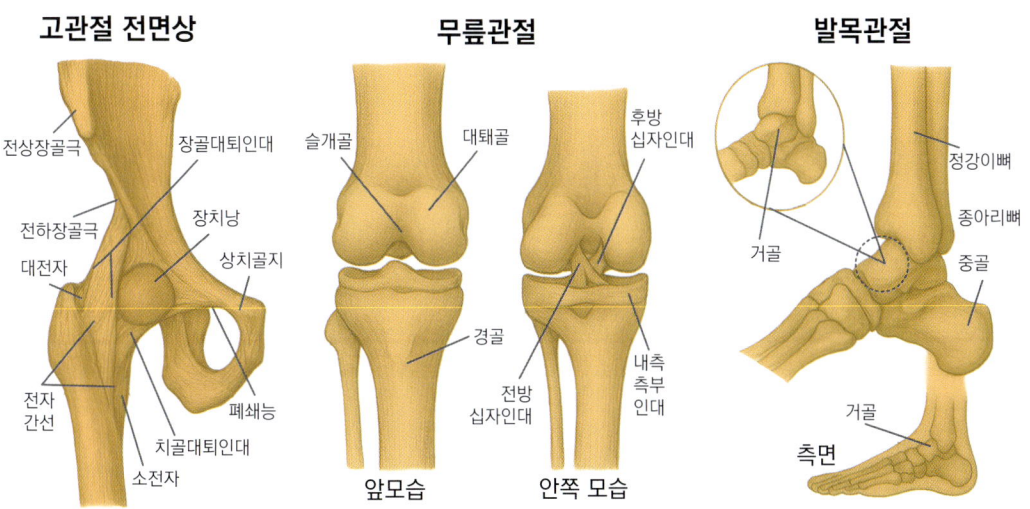

고관절 전면상

전상장골극
장골대퇴인대
전하장골극
장치낭
대전자
상치골지
전자간선
폐쇄능
치골대퇴인대
소전자

무릎관절

슬개골
대퇴골
후방십자인대
경골
전방십자인대
내측측부인대

앞모습　　안쪽 모습

발목관절

거골
정강이뼈
종아리뼈
중골
거골
측면

-근육:

　`다리 근육은 크게 앞쪽(대퇴사두근)·뒤쪽(햄스트링)·종아리 근육으로 나뉜다.

　`이들은 보행·뛰기·점프 등 다양한 동작에 관여한다.

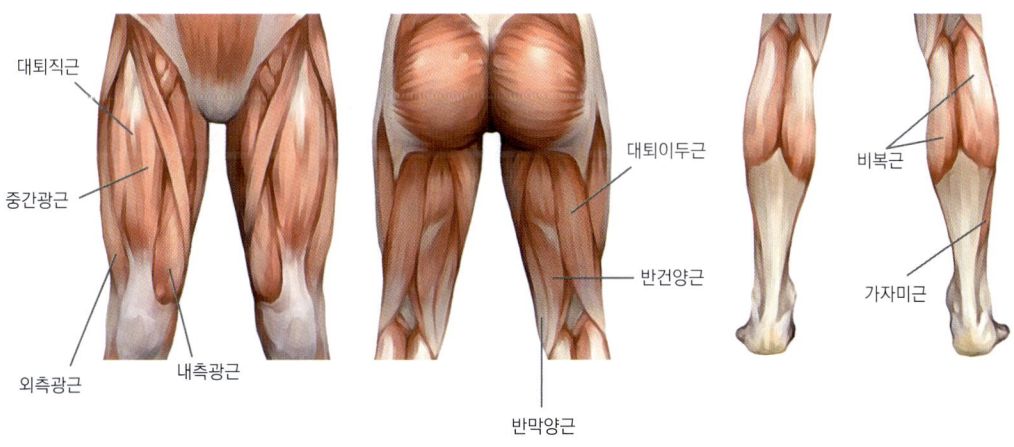

대퇴직근
중간광근
외측광근
내측광근
대퇴이두근
반건양근
반막양근
비복근
가자미근

-신경: 주요 신경으로는 좌골신경(엉덩이와 다리를 지배함)과 말초신경이 있다.

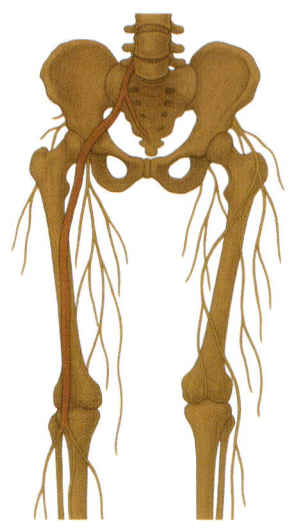

② 기능

 -걷기·뛰기·점프 등 이동을 지원한다.

 -신체의 균형을 유지하고 무게를 지탱한다.

 -충격 흡수와 안정성을 제공하여 다양한 활동을 가능하게 한다.

3. 신체의 4치(治眼, 治身, 治腕, 治脚)

1) 구조와 기능

태권도에서는 '4치(4治)'라는 개념을 강조하고 있다. 4치란 감각기관: 눈(치안(治眼)), 운동기관: 몸통(치신(治身)), 팔(치완(治腕)), 다리(치각(治脚))의 4가지 신체 부위를 의미한다.

4치를 완벽하게 활용하고 조화롭게 운용하는 것이, 태권도의 정수를 꿰뚫는 핵심 요소다. 따라서 태권도 수련자들은 4치에 대한 이해와 숙달이 필수적이며, 4치를 잘하면 더욱 효과적이고 강력한 태권도 실력을 갖출 수 있을 것으로 확신 한다.

(1) 치안(治眼) - 눈

눈은 시각을 담당하는 중요한 감각 기관으로, 여러 구조가 협력하여 빛을 감지하고 이를 신경 신호로 변환하여, 뇌에서 이미지를 해석함으로써 기능을 수행한다.

·각막(Cornea)

-눈의 가장 앞 부분에 위치하며, 투명한 돔 모양을 하고 있다.

-빛을 굴절시켜 눈 안으로 들어오게 하는, 첫 번째 통로라고 볼 수 있다.

각막의 구조

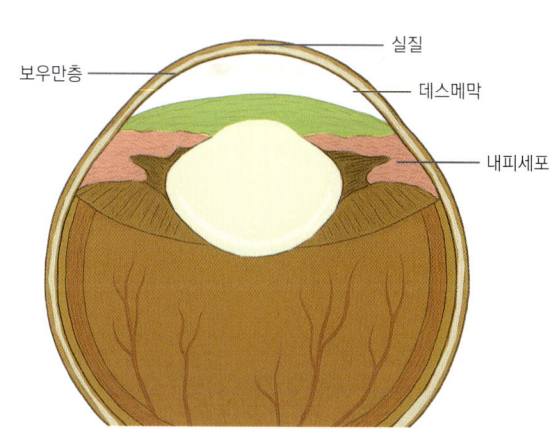

·홍채(Iris)와 동공(Pupil)

-홍채는 눈의 색을 결정하며, 동공의 크기를 조절해 들어오는 빛의 양을 조절한다.

-밝은 곳에서는 동공이 줄어들고, 어두운 곳에서는 동공이 커진다.

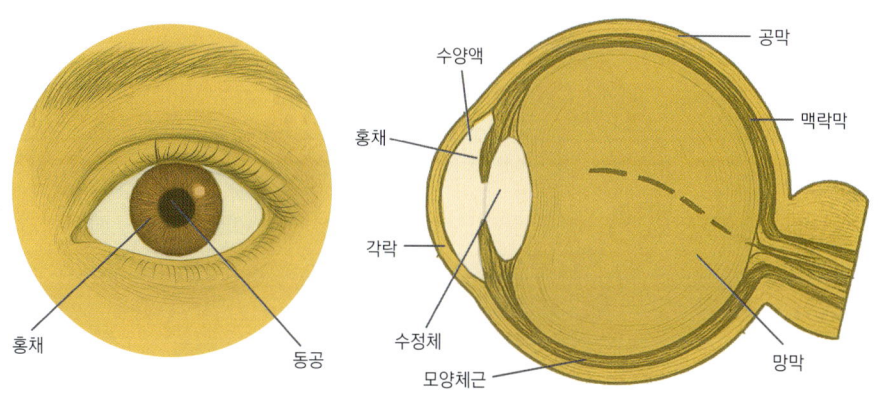

·수정체(Lens)

-수정체는 투명하고 탄력 있는 구조로, 빛을 초점에 맞추어 망막에 선명한 이미지를 형성한다.

-수정체의 굴절력을 조절하여 가까운 물체와 먼 물체를 볼 수 있게 한다.

수정체의 구조

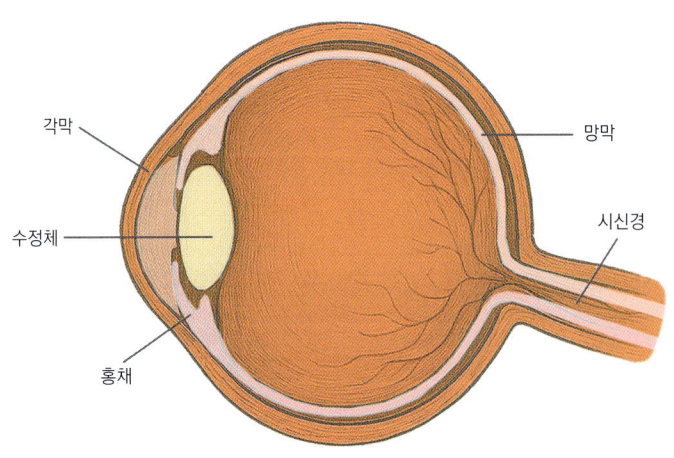

·망막(Retina)

-망막은 눈의 뒤쪽 내벽을 덮고 있는 세포층이다.

-빛을 감지하여 신경 신호로 변환한다.

-망막에는 간상체와 원추체라는 두 종류의 감광 세포가 있어 색과 밝기를 감지한다.

·시신경(Optic Nerve)

 -망막에서 생성된 신경 신호를 뇌로 전달하는 역할을 한다.

 -시신경을 통해 뇌에서 이미지를 해석하여, 사물을 인식할 수 있게 한다.

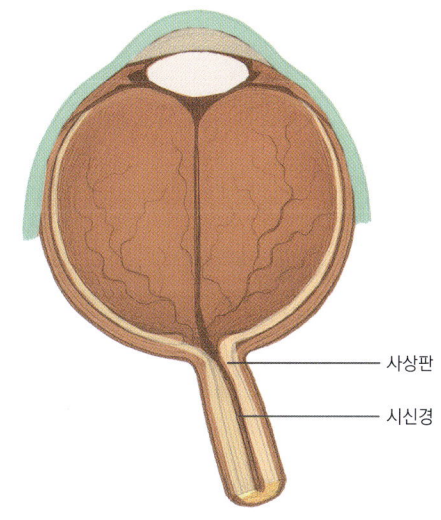

사상판

시신경

·초자체(Vitreous Body)

 -눈 내부를 채우고 있는 젤리 같은 물질로, 눈의 형태를 유지하고 빛이 망막에 도달

   하도록 돕는다.

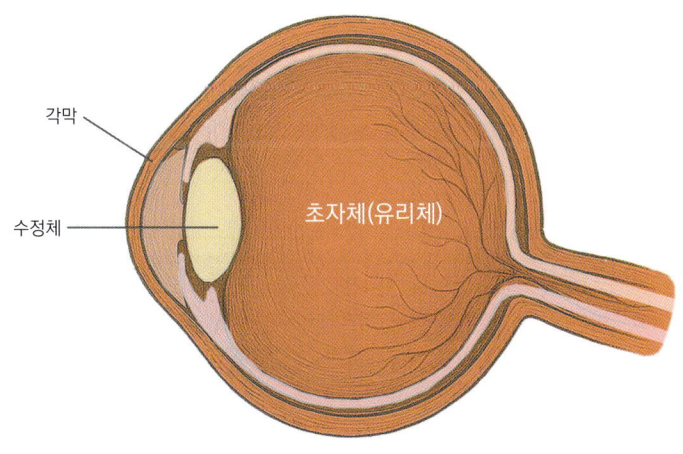

각막

수정체

초자체(유리체)

(2) 치신(治身) - 몸통

몸통은 우리 몸의 중심부로, 중요한 기관과 구조들이 포함되어 있다.

· 뼈대 구조 (Skeletal Structure)

　-척추(Spine):

　　`몸을 지지하고 보호하며, 신체의 유연성과 안정 성을 제공한다.

　　`척수를 보호하여 신경 신호를 전달한다.

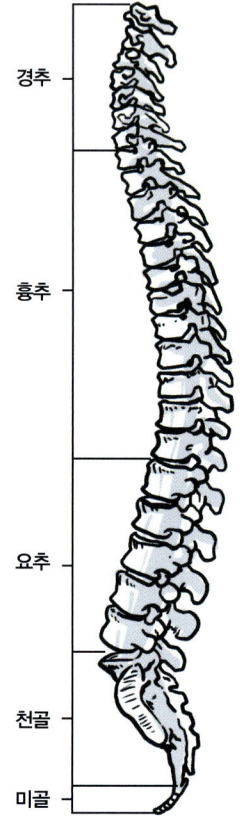

-갈비뼈(Rib Cage): 심장과 폐 같은 중요한 기관을 보호하는 동시에 호흡을 도와준다.

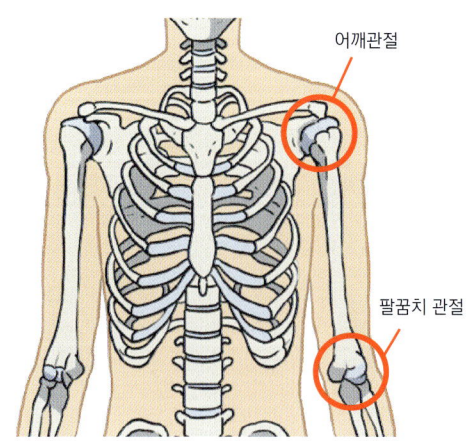

·근육(Muscles)

-복부 근육(Abdominal Muscles): 자세를 유지하고 몸을 구부리거나 비틀 때 작용한다.

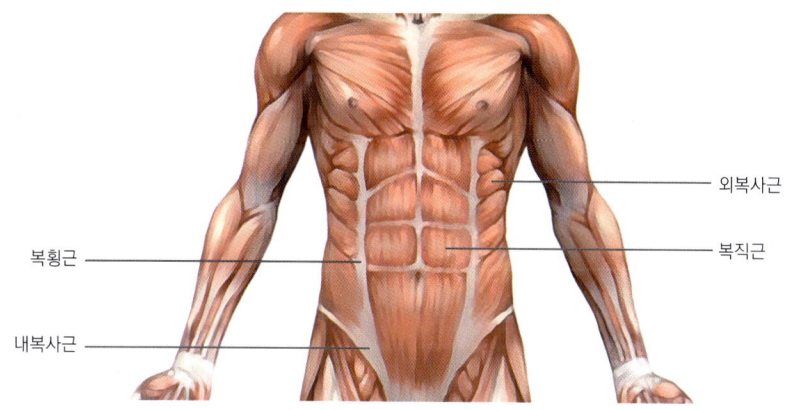

외복사근

복횡근

복직근

내복사근

-등 근육(Back Muscles): 척추를 지탱하고 상체 움직임을 돕는다.

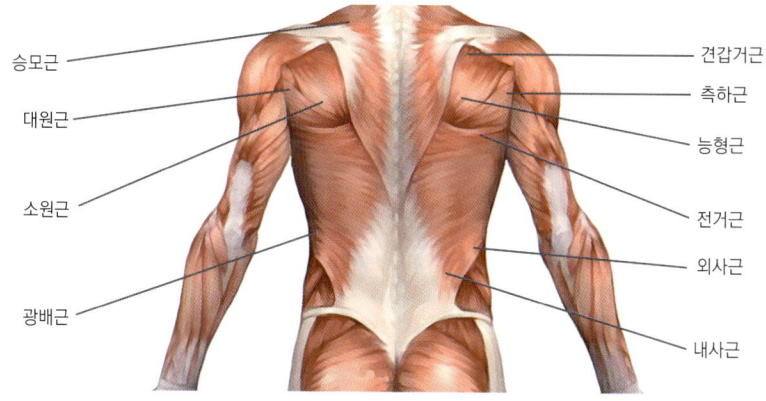

승모근

대원근

소원근

광배근

견갑거근

측하근

능형근

전거근

외사근

내사근

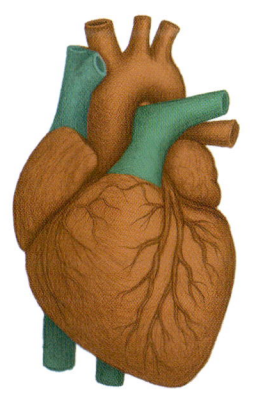

·내부 장기(Internal Organs)

-심장(Heart): 혈액을 전신으로 순환시키는 역할을
한다.

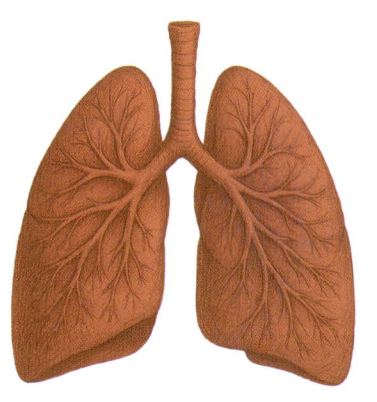

-폐(Lungs): 산소를 흡수하고 이산화탄소를 배출하는 호흡 과정을 담당한다.

-위와 소화기관(Stomach and Digestive Organs): 음식물을 소화하고 영양소를 흡수한다.

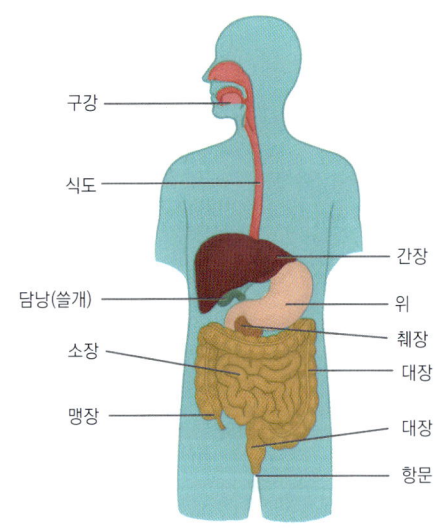

구강
식도
담낭(쓸개)
소장
맹장

간장
위
췌장
대장
대장
항문

-간과 쓸개(Liver and Gallbladder): 독소를 제거하고 소화를 돕는다.

-신장(Kidneys): 혈액을 여과하고 노폐물을 제거한다.

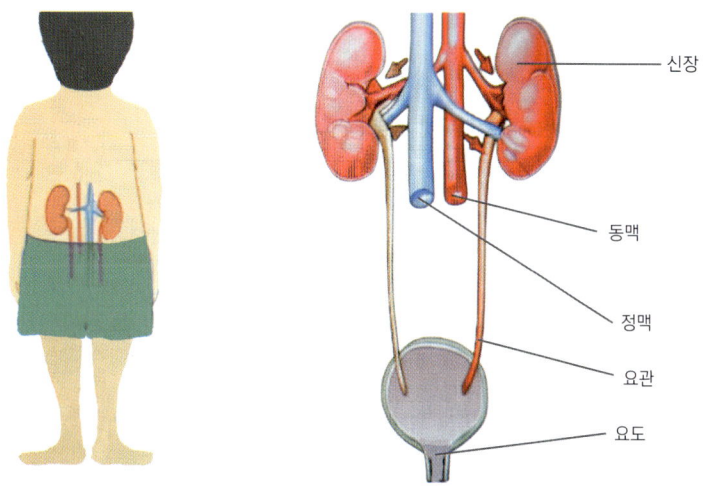

신장

동맥

정맥

요관

요도

·혈관과 신경계(Vascular and Nervous System)

-혈관(Blood Vessels): 혈액과 영양소를 신체 각 부분으로 운반한다.

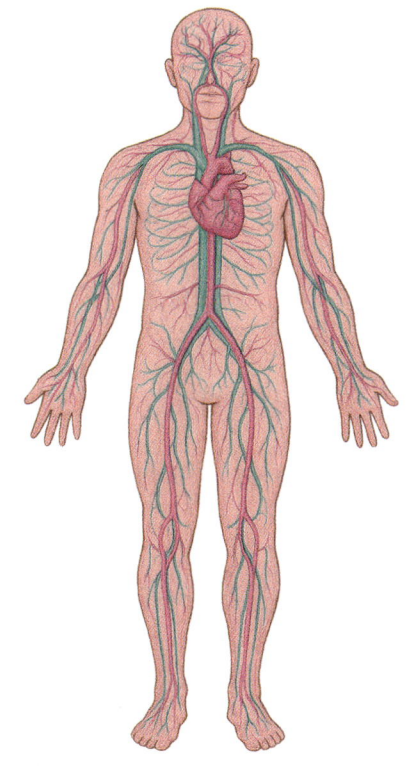

-신경(Nerves): 감각과 운동 신호를 전달하여 몸의 활동을 조절한다.

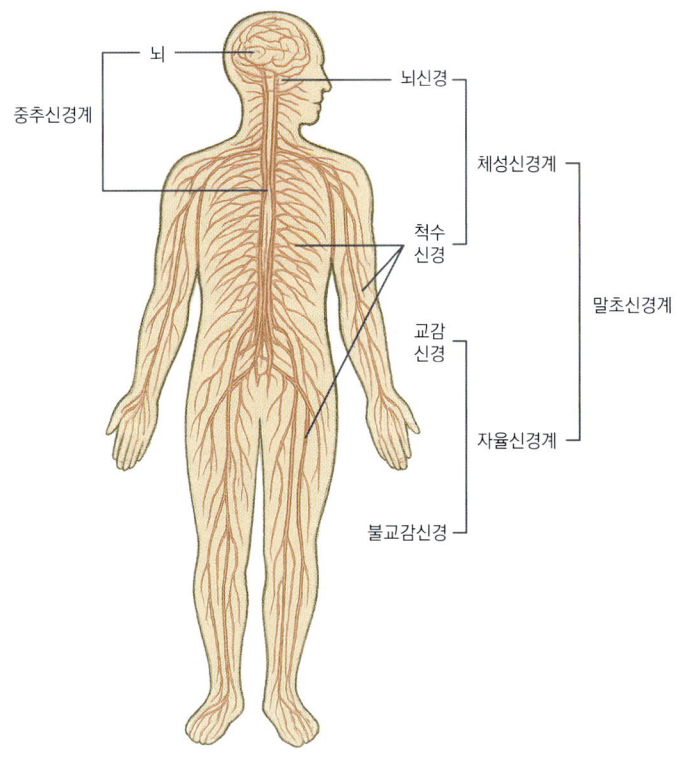

중추신경계

뇌

뇌신경

체성신경계

척수
신경

말초신경계

교감
신경

자율신경계

불교감신경

(3) 치완(治腕) - 팔

팔은 물체를 잡거나 들어올리고, 다양한 움직임을 수행하는 데 중요한 역할을 하는 신체 부분이다.

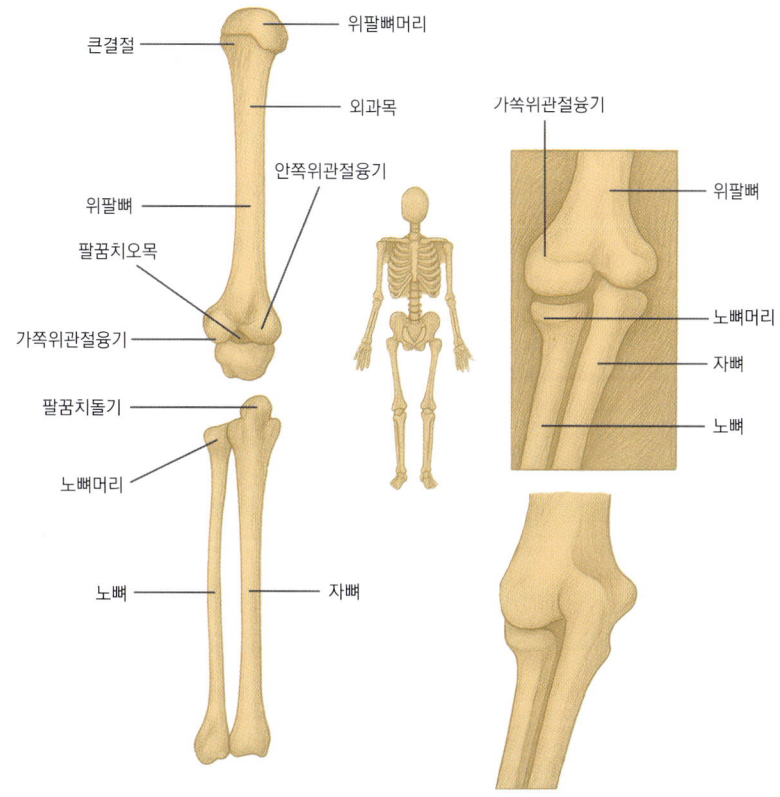

· 뼈대 구조(Skeletal Structure)

팔은 크게 상완(윗팔), 전완(아랫팔), 그리고 손으로 나뉘며, 주요 뼈는 다음과 같다.

-상완골(Humerus): 윗팔의 뼈로, 어깨와 팔꿈치 관절을 연결한다.

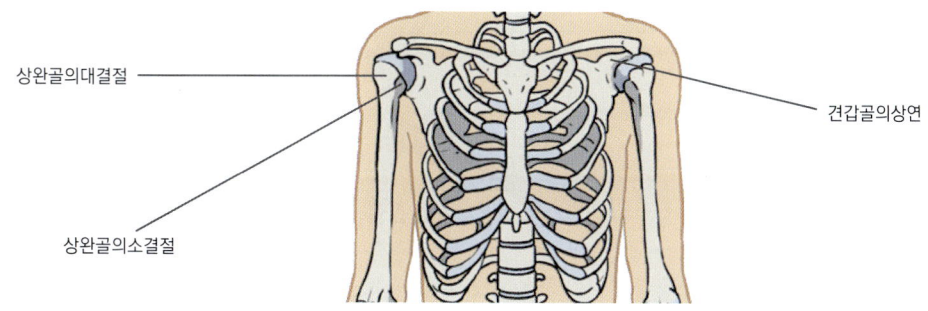

-요골(Radius)과 척골(Ulna): 아래팔의 두 뼈로 서로 평행하며, 손목 관절을 형성한다.

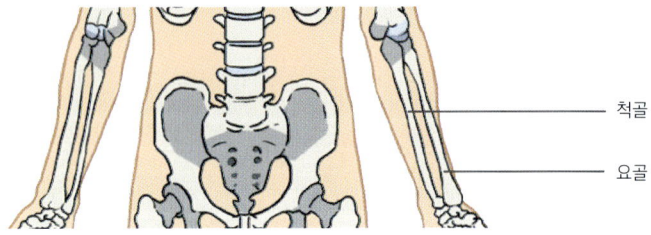

-손뼈(Carpals · Metacarpals · Phalanges): 손목·손바닥·손가락을 구성하는 여러 작은 뼈들이다.

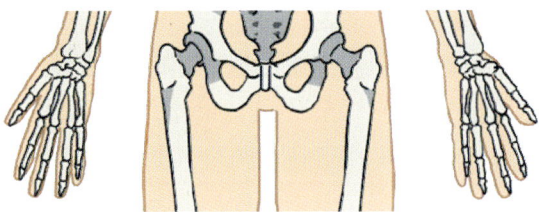

·관절(Joints)

팔의 움직임은 관절을 통해 가능해진다.

-어깨 관절: 팔을 거의 모든 방향으로 회전할 수 있게 하는 관절이다.

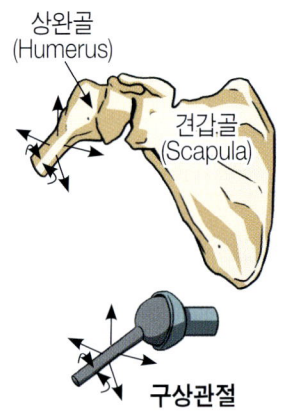

-팔꿈치 관절: 팔을 구부리고 펴는 역할을 한다.

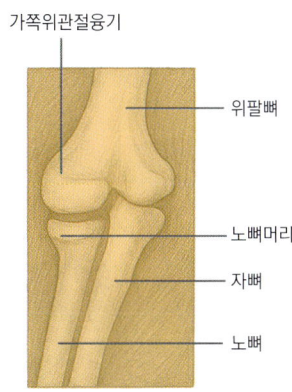

-손목 관절: 손의 복잡한 움직임을 지원한다.

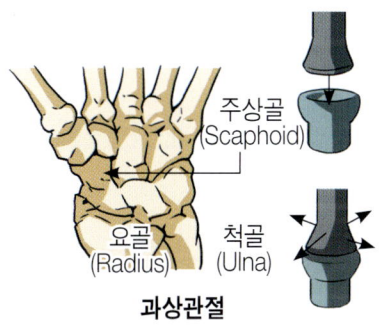

·근육(Muscles)

팔의 주요 근육은 힘과 움직임을 제공한다.

　-상완 이두근(Biceps Brachii): 팔을 구부릴 때 사용된다.

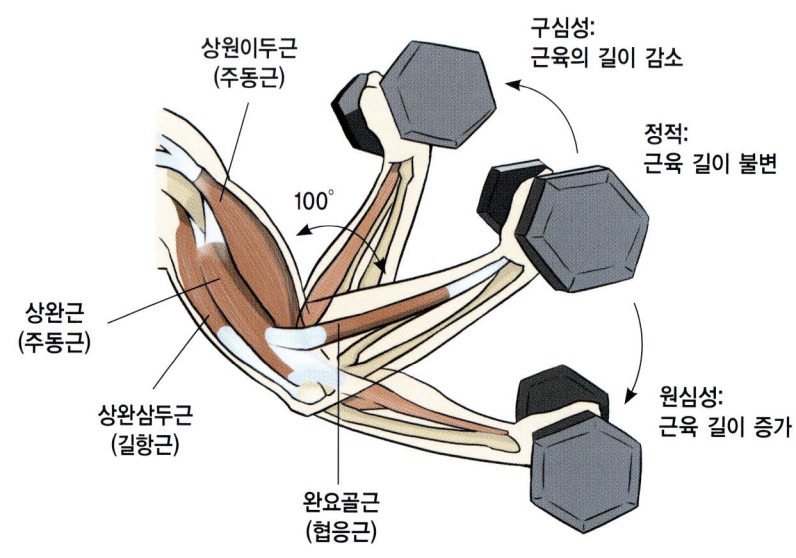

　-상완 삼두근(Triceps Brachii): 팔을 펼 때 사용된다.

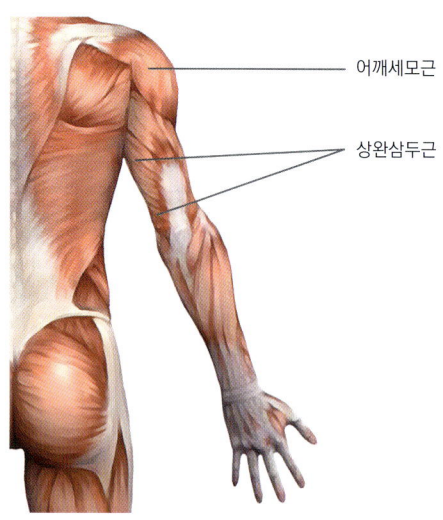

-전완 근육: 손과 손가락의 움직임을 제어하며 힘을 제공한다.

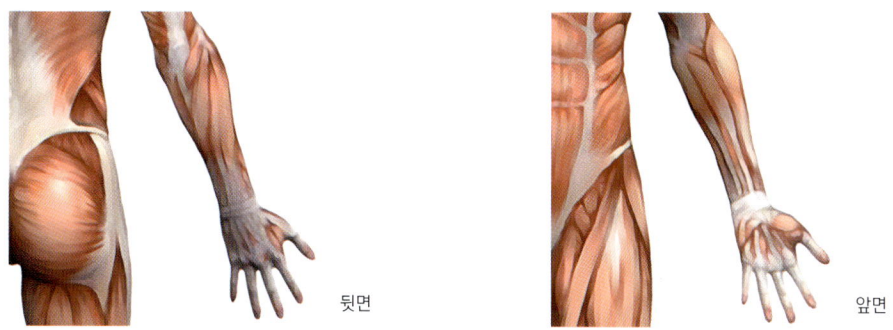

뒷면   앞면

·신경 및 혈관(Nerves and Blood Vessels)

팔의 기능을 조율하기 위해 신경과 혈관이 중요한 역할을 한다.

 -신경: 팔의 감각을 제공하고 근육을 조절하는 데 도움을 준다. 주요 신경은 요골신
　　경·척골신경·정중신경이다.

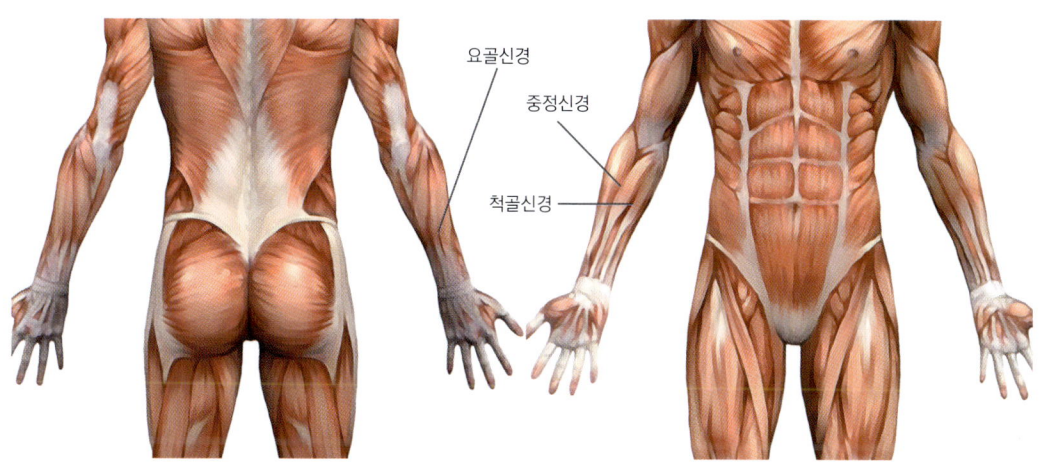

요골신경

중정신경

척골신경

-혈관: 산소와 영양소를 공급하며, 혈액을 손과 팔로 전달한다.

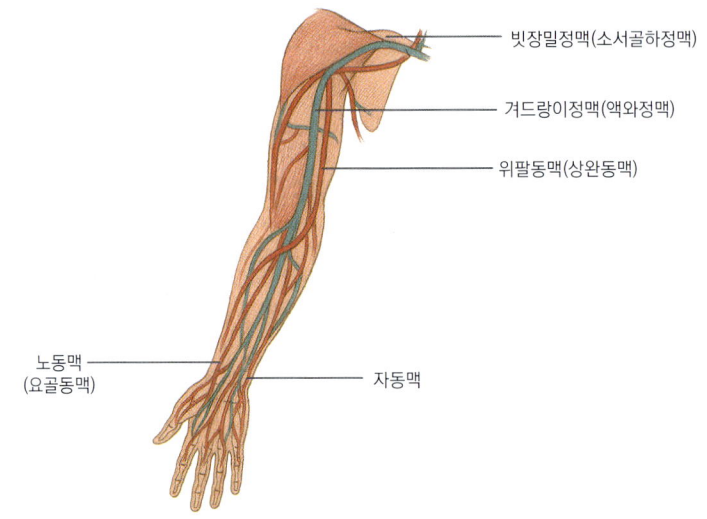

빗장밑정맥(소서골하정맥)

겨드랑이정맥(액와정맥)

위팔동맥(상완동맥)

노동맥
(요골동맥)

자동맥

(4) 치각(治脚) - 다리

다리는 신체의 하단부로, 이동과 자세 유지에 핵심적인 역할을 한다.

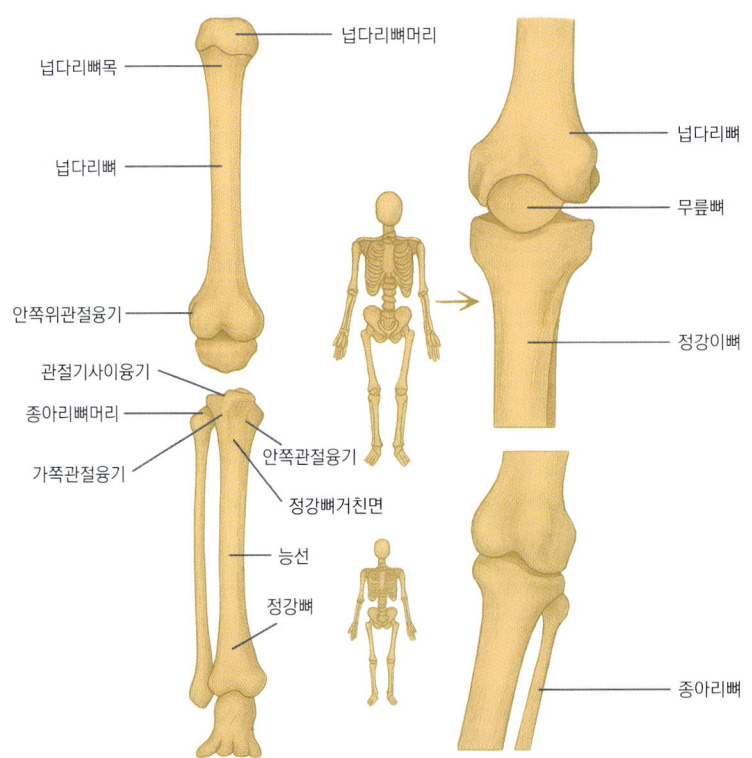

넙다리뼈머리

넙다리뼈목

넙다리뼈

안쪽위관절융기

관절기사이융기

종아리뼈머리

가쪽관절융기

안쪽관절융기

정강뼈거친면

능선

정강뼈

넙다리뼈

무릎뼈

정강이뼈

종아리뼈

·뼈대 구조(Skeletal Structure)

다리는 여러 뼈가 연결되어 강도와 유연성을 제공한다.

-대퇴골(Femur): 허벅지 부분에 위치하며, 신체에서 가장 길고 강한 뼈이다.

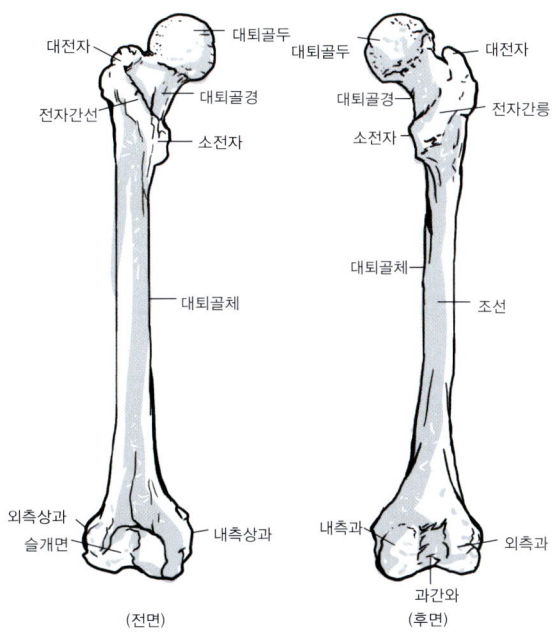

-경골(Tibia)과 비골(Fibula): 종아리에 위치한 두 개의 뼈로, 다리의 하단부를 형성한다.

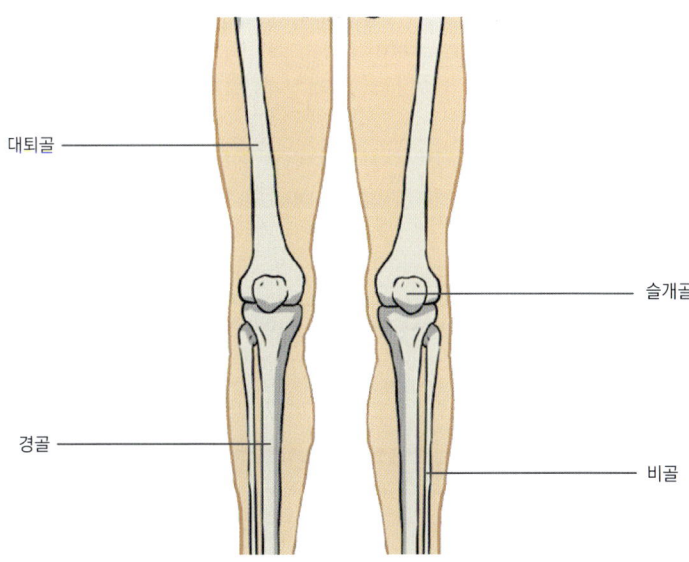

-슬개골(Patella): 무릎을 보호하는 뼈이다.

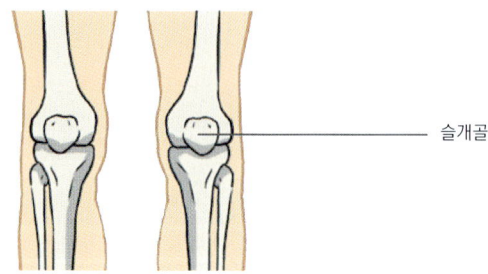

슬개골

-족근골·중족골·지골(Tarsals, Metatarsals, Phalanges): 발과 발가락을 형성하는
여러 뼈들이다.

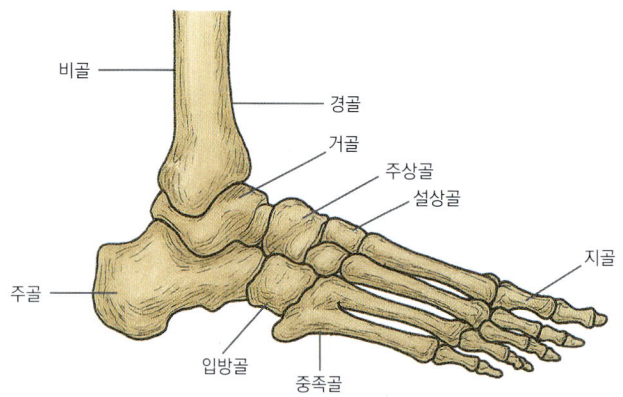

비골
경골
거골
주상골
설상골
지골
주골
입방골
중족골

·관절(Joints)

다리 관절은 움직임과 충격 완화를 제공한다.

  -엉덩이 관절: 다리와 몸통을 연결하며 회전과 굽힘이 가능하다.

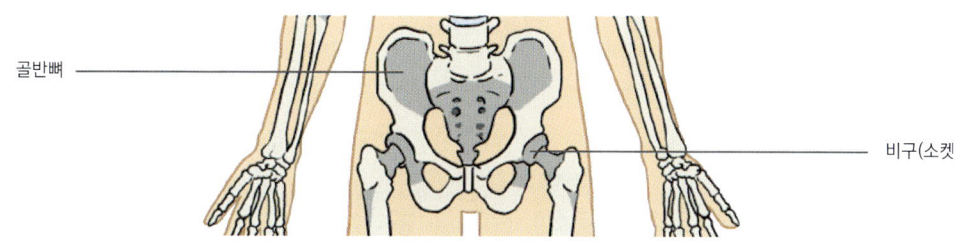

골반뼈

비구(소켓

  -무릎 관절: 다리를 구부리고 펼 수 있게 하는 관절이다.

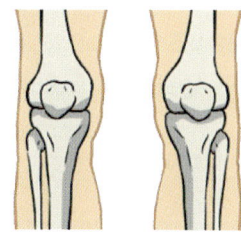

  -발목 관절: 발을 움직이며 균형을 유지하는 데 중요한 역할을 한다.

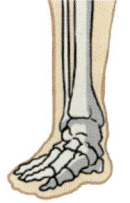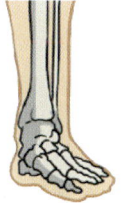

·근육(Muscles)

다리 근육은 힘을 제공하며 주요 움직임을 제어한다.

　-대퇴사두근(Quadreceps): 다리를 펴는 데 사용된다.

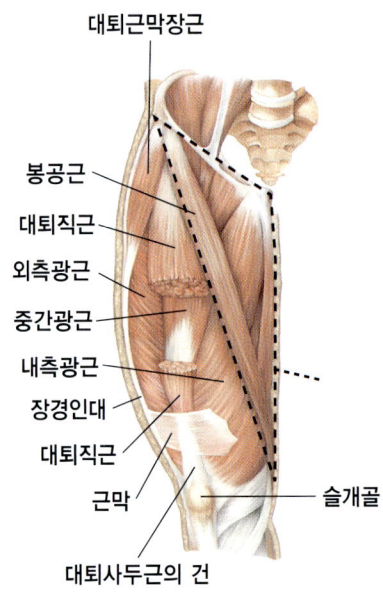

-　대퇴근막장근
-　봉공근
-　대퇴직근
-　외측광근
-　중간광근
-　내측광근
-　장경인대
-　대퇴직근
-　근막
-　대퇴사두근의 건
-　슬개골

　-햄스트링(Hamstrings); 다리를 구부리는 역할을 한다.

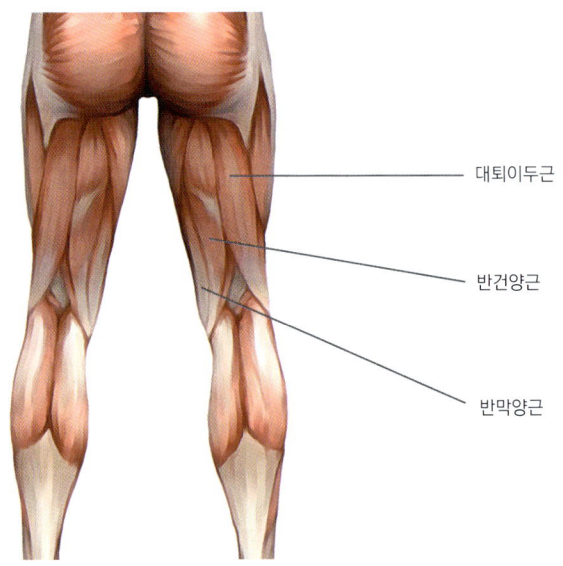

-　대퇴이두근
-　반건양근
-　반막양근

-비복근(Gastrocnemius)과 가자미근(Soleus): 종아리에 위치하여 발을 움직이고
점프와 걷기를 돕는다.

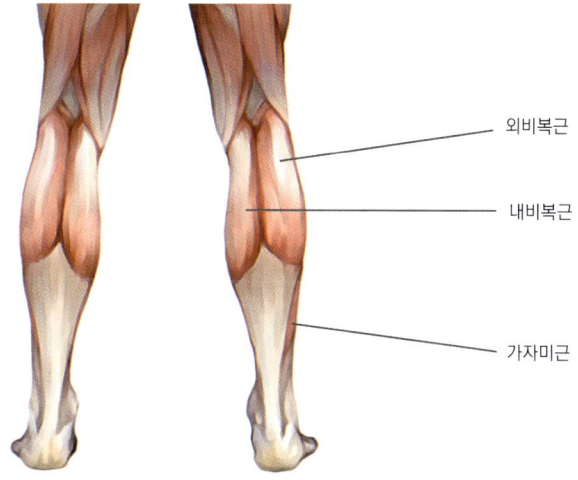

외비복근

내비복근

가자미근

· 신경 및 혈관(Nerves and Blood Vessels)

다리의 기능을 제어하고 영양을 공급하는 신경과 혈관이 포함된다.

-좌골 신경(Sciatic Nerve): 다리의 감각과 움직임을 조절하는 주요 신경이다.

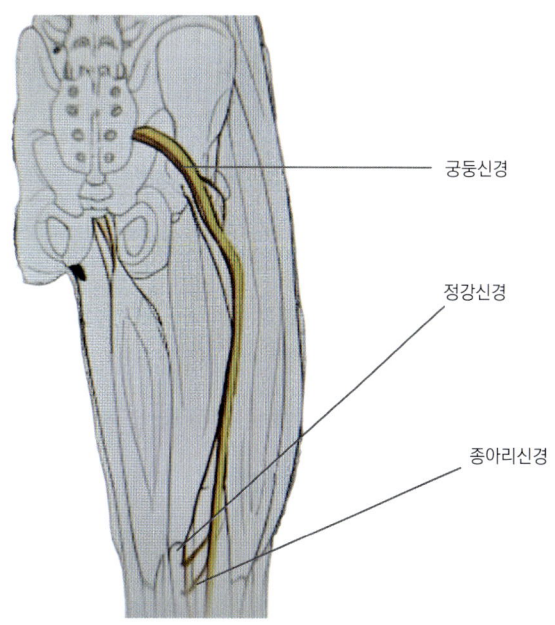

궁둥신경

정강신경

종아리신경

-동맥(Arteries): 산소와 영양소를 다리로 공급하며, 주요 동맥으로는 대퇴동맥(Femoral Artery)이 있다.

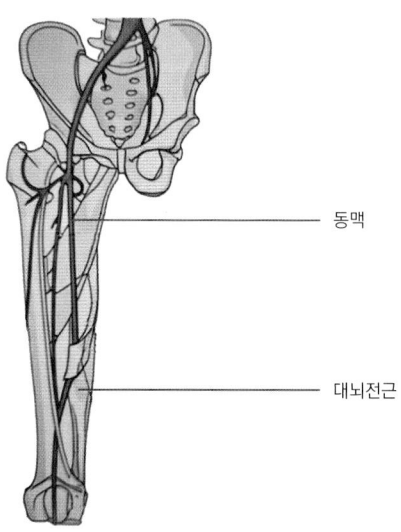

동맥

대뇌전근

4. 신체의 8관절(목 · 어깨 · 팔꿈치 · 손목 · 척추허리 · 고관절 · 무릎 · 발목關節)

1) 신체 8관절의 구조와 기능

태권도 수련에서 신체의 중요한 역할을 하는 것이 바로 8관절이다. 8관절은 목·어깨·팔꿈치·손목·척추허리·고관절·무릎·발목 신체 주요 부위의 관절을 의미한다. 유연성이 좋으면 관절의 가동 범위가 넓어져 다양한 동작을 할 수 있고, 안정성이 좋으면 부상 없이 강한 동작을 할 수 있기 때문이다. 8관절은 신체의 주요 부위를 연결하는 관절로써, 그 해부학적 구조와 기능을 이해하는 것이 중요하다.

(1) 목

목 관절은 목의 움직임을 가능하게 하고 머리를 지탱하는 중요한 역할을 한다. 주로 경추(Cervical Vertebrae)와 그 사이의 구조들로 이루어져 있다. 경추는 7개의 뼈(경추

1번에서 7번)로 구성되어 있으며, 이들 사이에는 추간판(디스크)이 있어서 뼈끼리의 마찰을 줄이고 충격을 흡수하는 역할을 한다.

① 구조

·경추뼈(Cervical Vertebrae):

–첫 번째 경추(아틀라스)는 머리를 지탱하고, 두 번째 경추(축추)는 머리의 회전 및 앞뒤 움직임을 돕는다.

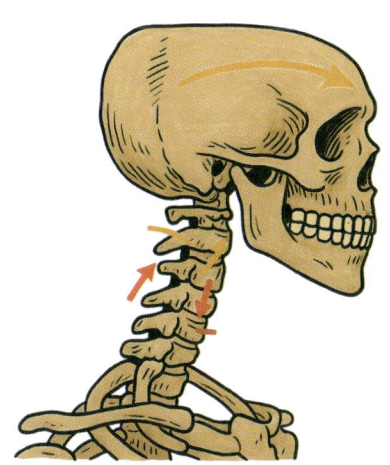

·추간판(Intervertebral Disc)

–경추 사이에 위치하며, 유연성과 충격 흡수를 제공한다.

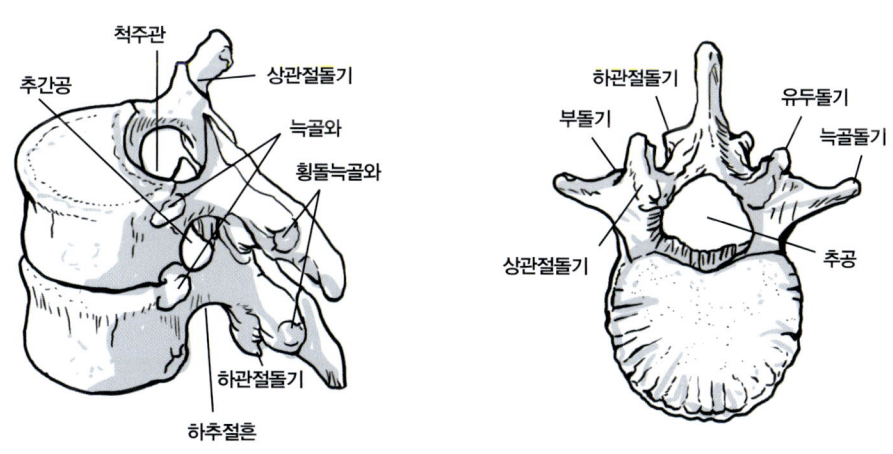

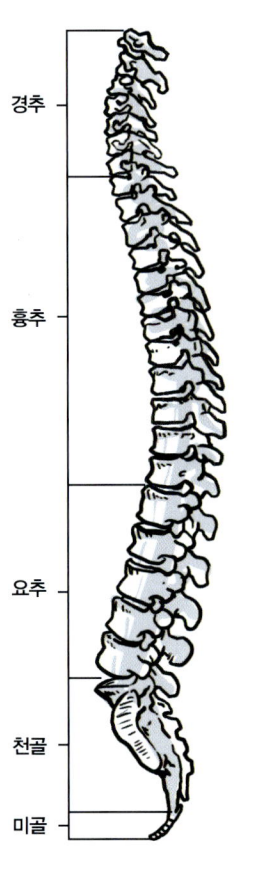

경추

흉추

요추

천골

미골

·관절(Articulations):

-경추의 뼈끼리 연결되는 관절은 목의 회전·굽힘·신전
 을 가능하게 한다.

·근육과 인대((Muscles and Ligaments)

-목을 안정시키고 움직임을 조절하며, 머리와 목을 지탱하는 데 도움을 준다.

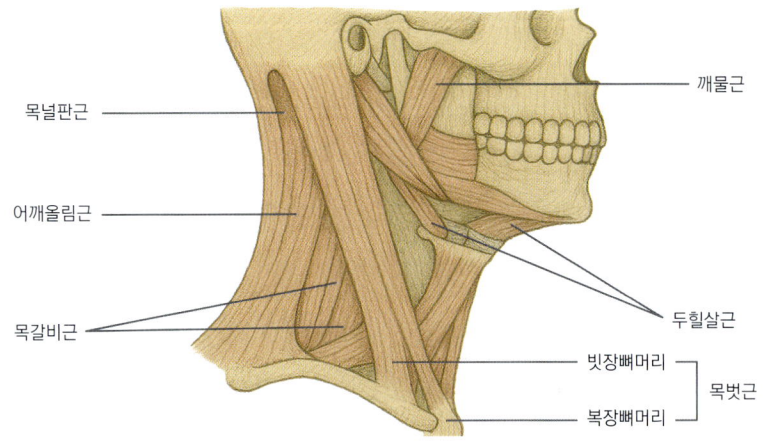

목널판근

어깨올림근

목갈비근

깨물근

두힐살근

빗장뼈머리

복장뼈머리

목벗근

② 기능

·유연성: 목 관절은 머리의 회전·기울임·앞뒤 움직임을 가능하게 한다.

·지지: 머리를 안정적으로 지탱하며 균형을 유지한다.

·보호: 척수의 상부를 보호하는 역할을 한다.

·운동성: 다양한 방향으로 목을 움직일 수 있어 시야를 넓히는 데 도움을 준다.

(2) 어깨

어깨 관절은 인체에서 가장 유연한 관절로 다양한 방향으로 움직일 수 있다.

어깨 관절은 크게 세 부분으로 나뉜다. 견갑골(어깨뼈)·상완골(팔뼈)·쇄골(빗장뼈). 이 관절은 골격·근육·인대·힘줄 등이 협력하여 역할을 한다.

① 구조

·관절구(견갑골의 관절오목): 어깨뼈의 얕은 오목한 부분으로써, 상완골의 머리와 연결되어 움직임을 가능하게 한다.

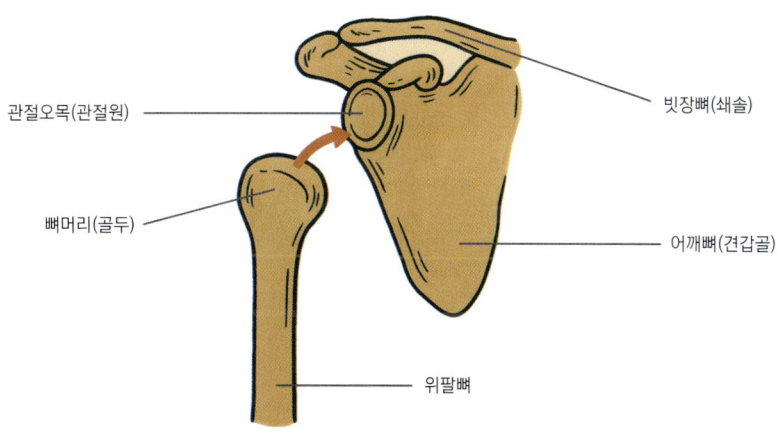

·상완골 머리(골두): 상완골 머리는 둥근 형태로써 관절구와 맞물려 어깨 관절을 형성하며, 자유 로운 움직임을 제공한다.

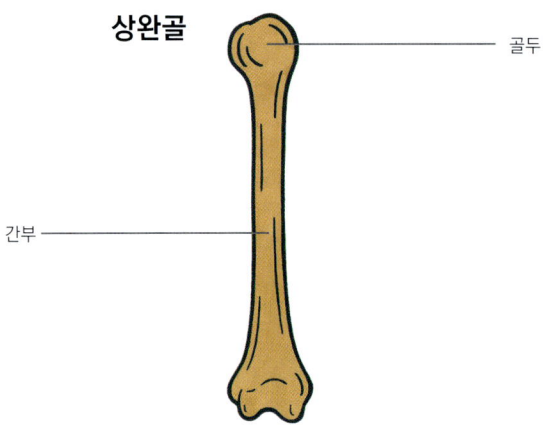

상완골

골두

간부

·관절낭: 관절을 둘러싸고 있는 조직으로써 관절낭 안에는 윤활액이 있어서, 움직임 시 마찰을 줄이고 부드러운 움직임을 돕는다.

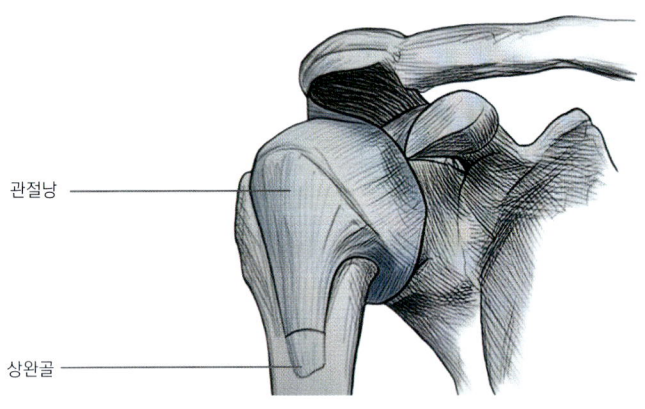

관절낭

상완골

·회전근개: 어깨 주위에 위치한 네 개의 근육과 힘줄로 구성되어, 어깨를 안정화시키고 움직임을 제어한다.

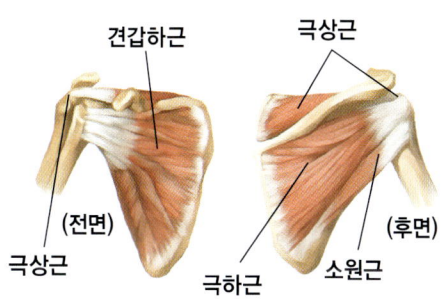

·인대와 힘줄: 어깨를 지탱하고 안정화하며 특정 방향으로 움직일 때, 관절의 위치를 유지한다.

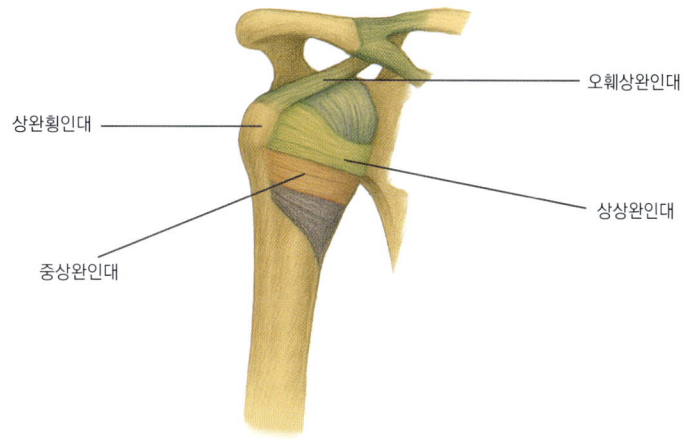

② 기능

·다양한 움직임: 회전 · 들어올리기·앞으로·뒤로·옆으로 움직이는 기능을 제공 한다.

·유연성과 안정성의 조화: 어깨는 매우 유연한 관절이지만, 동시에 인대와 근육들이 안정성을 유지하는 역할을 한다.

(3) 팔꿈치

팔꿈치 관절은 상완골(위팔뼈)·요골(노뼈) 척골(자뼈)이 만나는 복잡한 관절로써, 팔의 안정적인 움직임과 힘을 제공하는 중요한 역할을 한다.

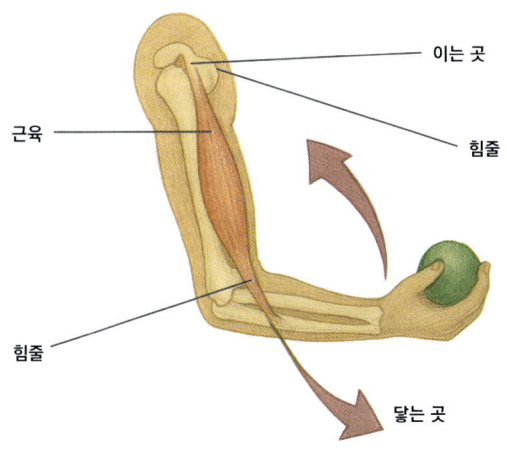

① 구조

·상완골(위팔뼈): 팔꿈치 관절의 위쪽 부분으로, 두뼈(요골과 척골)와 연결된다.

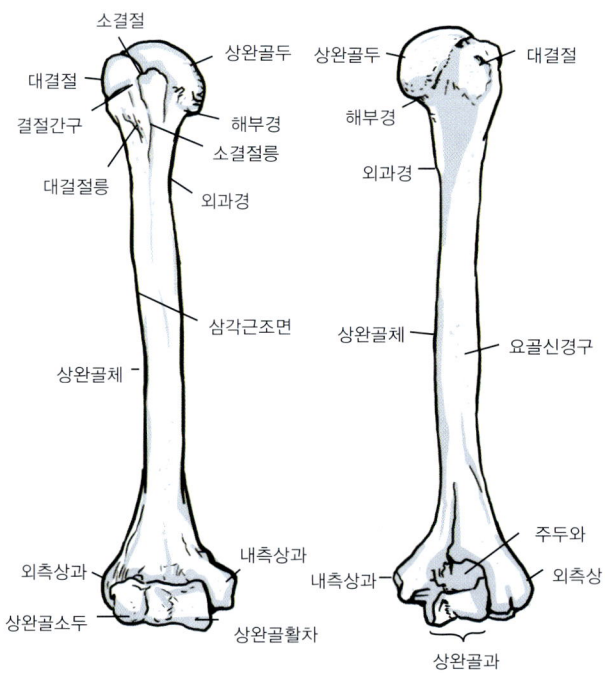

·요골(노뼈): 아래팔의 바깥쪽(엄지 손가락 쪽)에 위치하며 회전 동작에 중요한 역할을 한다.

·척골(자뼈): 아래팔의 안쪽(새끼 손가락 쪽)에 위치하며 팔꿈치의 구부리기와 펴기에 주요 역할을 담당한다.

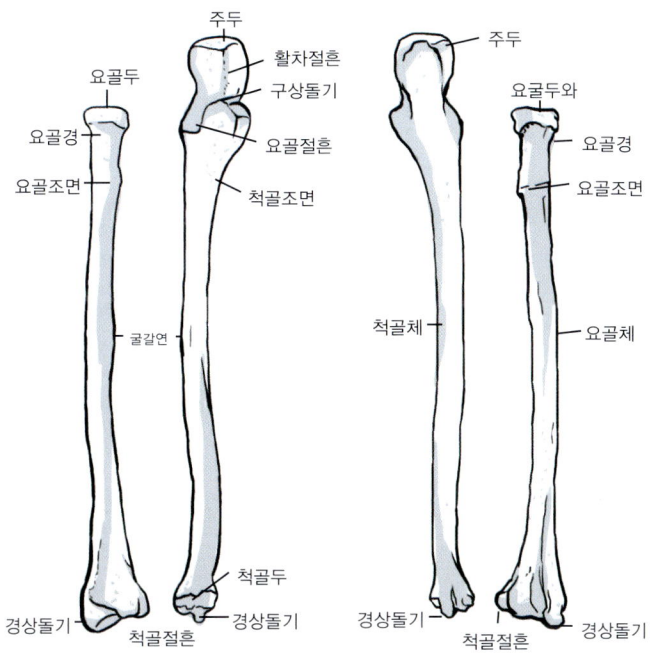

·관절낭: 관절을 감싸는 조직으로써 움직임 시 마찰을 줄이고, 안정성을 제공하기 위한 윤활액을 분비한다.

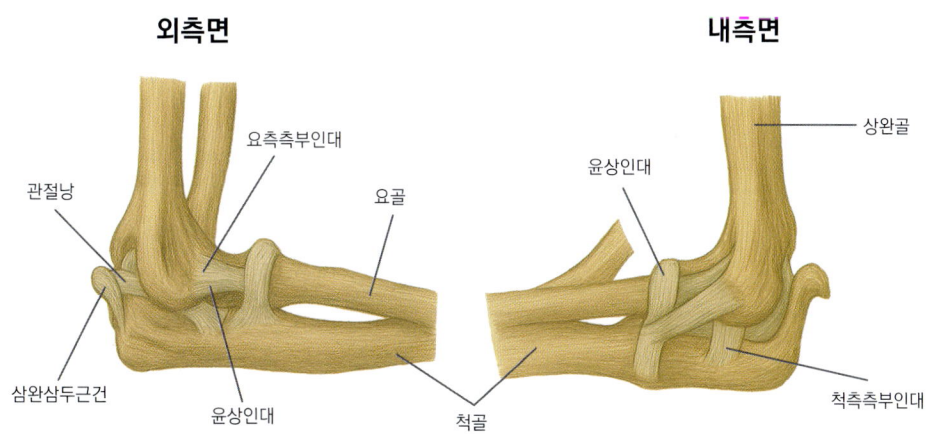

·인대:

  -측부인대: 관절을 측면에서 안정화하여 과도한 움직임을 방지한다.

  -환상인대: 요골을 척골과 연결하며 회전 동작을 지원한다.

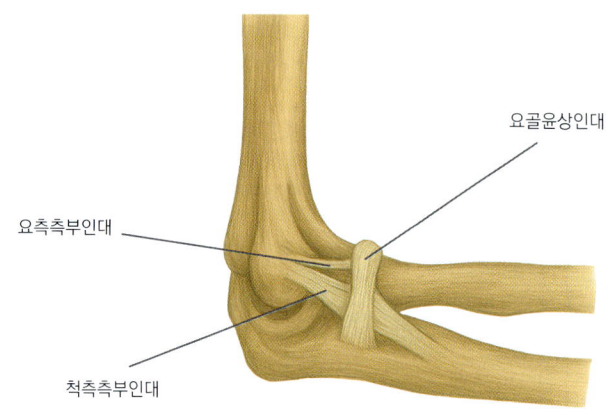

② 기능

·굴곡과 신전(구부리기와 펴기): 팔꿈치 관절은 팔을 구부리거나 펴는 기본적인 움직임을 제공한다. 이를 통해 물건을 들어 올리거나 밀고 당기는 활동을 할 수 있다.

·회전(회외와 회내): 아래팔의 요골과 척골이 협력하여 아래팔을 회전시키는 움직임을 지원한다. 이를테면, 손바닥을 위로(회외) 또는 아래로(회내) 돌리는 동작이 포함된다.

(4) 손목

손목 관절은 손과 팔을 연결하는 중요한 관절로, 손목의 유연성과 안정성을 제공한다.

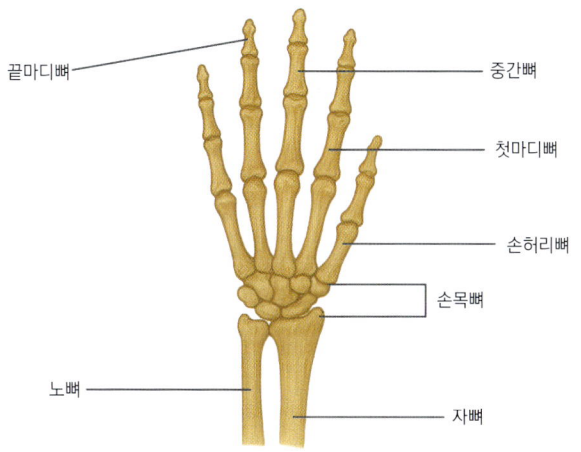

① 구조

·뼈:

　-손목은 8개의 작은 손목뼈(수근골)로 이루어져 있으며, 두 줄로 배열되어 있다.

　-팔뚝뼈(요골과 척골)와 연결되어 있어 손목의 운동을 지원한다.

·관절:

　-주요 관절은 요골·수근 관절로, 요골과 첫 번째 손목뼈 줄 사이의 연결 부위이다.

　-손목뼈 사이에도 여러 개의 소관절이 있어서 복잡한 움직임을 가능하게 한다.

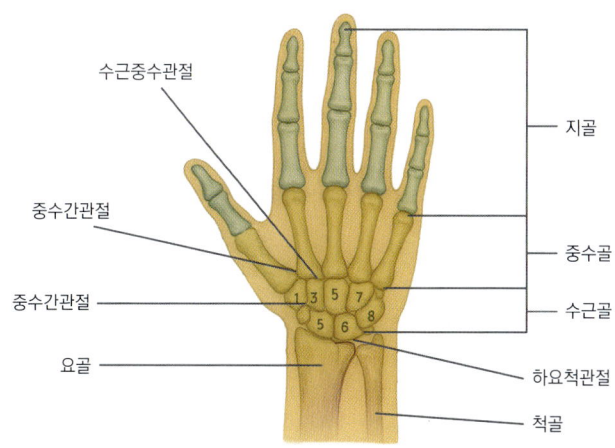

·인대:

 –여러 강한 인대가 손목을 안정적으로 고정하여, 관절이 과도하게 움직이지 않도록
   보호한다.

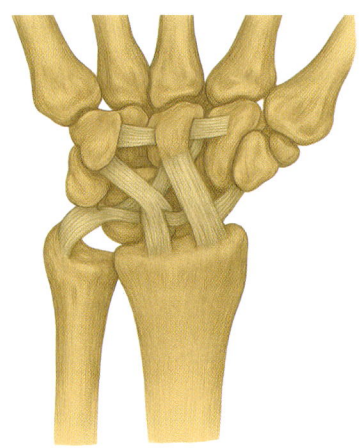

·힘줄과 근육: 손목을 움직이게 하는 힘줄과 이를 조절하는 근육이 주로 팔에서 손목으로 이어진다.

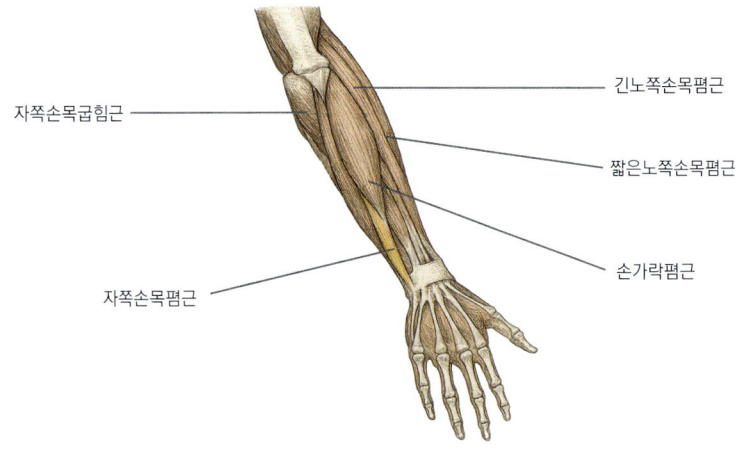

·신경과 혈관:

-정중신경·요골신경·척골신경 등이 지나가며 손과 손가락의 감각과 운동을 지원한다.

-혈관이 손목으로 혈액을 공급한다.

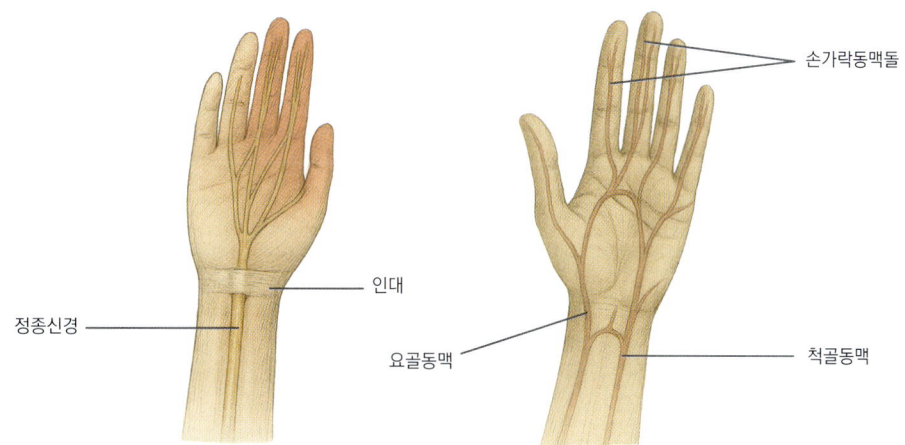

손가락동맥돌

인대

정종신경

요골동맥

척골동맥

② 기능

·움직임: 손목은 굽힘(flexion)·펴짐(extension)·돌림(rotation) 및 편위(radial deviation)와 척위(ulnar deviation) 같은 다양한 움직임을 제공한다.

·힘의 전달: 손목은 손과 팔 사이의 힘을 전달하여 물체를 들어 올리거나 조작하는 데 도움을 준다.

·유연성과 안정성: 손목은 정밀하고 부드러운 동작을 가능하게 하면서도 높은 안정성을 유지한다.

(5) 척추 허리

척추 허리 관절은 허리에 위치한 척추의 일부로, 신체의 안정성과 운동성을 제공한다.

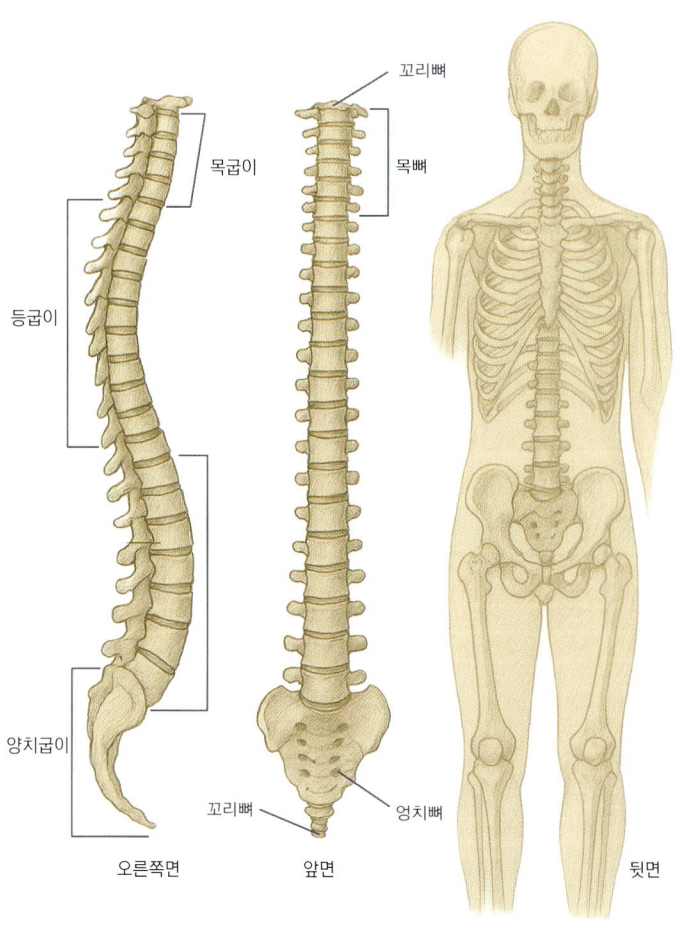

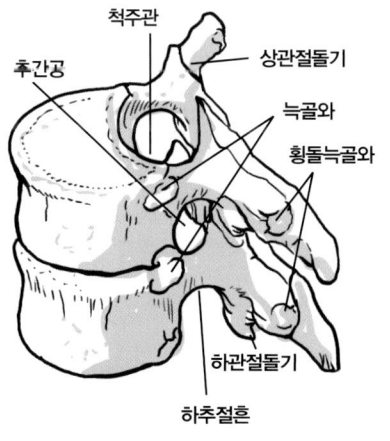

경추

흉추

요추

천골

미골

① 구조

·뼈: 척추 허리는 요추(5개)로 이루어져 있다. 요추는 상체의
　무게를 지탱하며 다른 척추 부위보다 크고 강하다.

척주관
상관절돌기
추간공
늑골와
횡돌늑골와
하관절돌기
하추절흔

·추간판(디스크):

-각 척추뼈 사이에 위치한 연골 조직으로써, 충격
　을 흡수하고 허리의 유연성을 제공한다.

-추간판은 중심의 젤리 같은 수핵과 이를 감싸
　는 섬유륜으로 구성되어 있다.

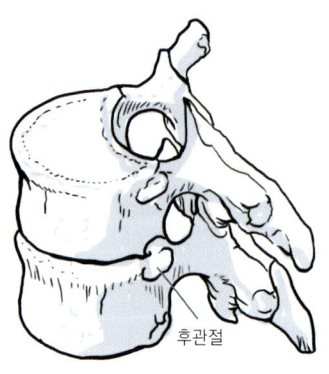

·관절: 허리 척추에는 후관절(척추 사이 관절)이 있어, 척추의 움직임을 조절한다.

후관절

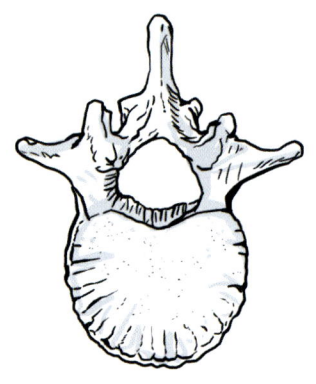

·인대: 척추를 고정하고 안정성을 유지하는 인대들이 척추 허리를 둘러싸고 있다.

·근육: 허리에는 척추기립근·복근·횡격막 등 여러 근육들이 위치해서 척추를 지지하고 움직임을 돕는다.

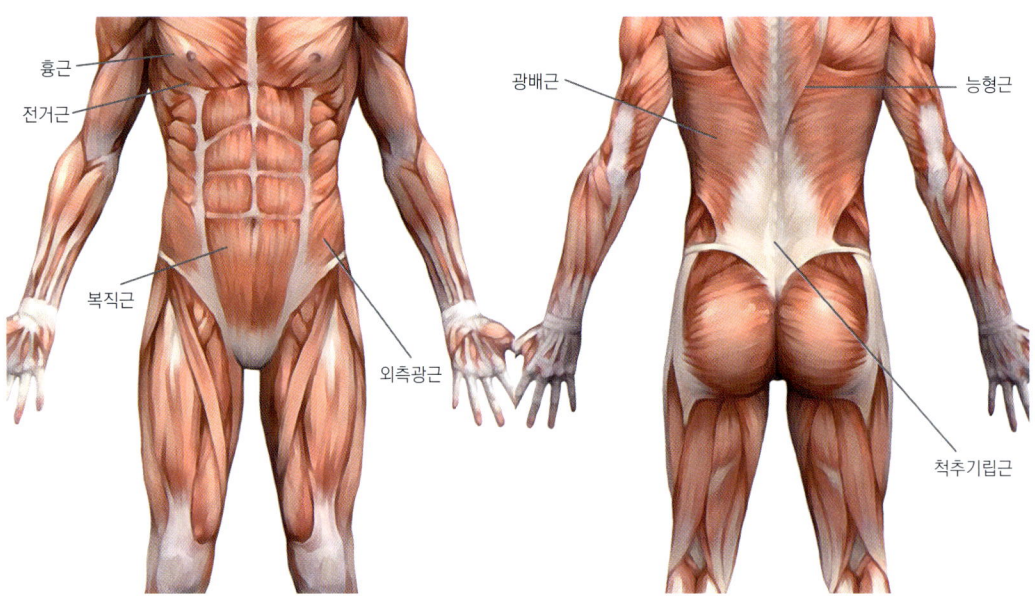

흉근
전거근
복직근
외측광근

광배근
능형근
척추기립근

·신경: 요추에는 척추에서 나오는 신경들이 지나가며, 하체와 다리의 감각 및 운동을 제어한다.

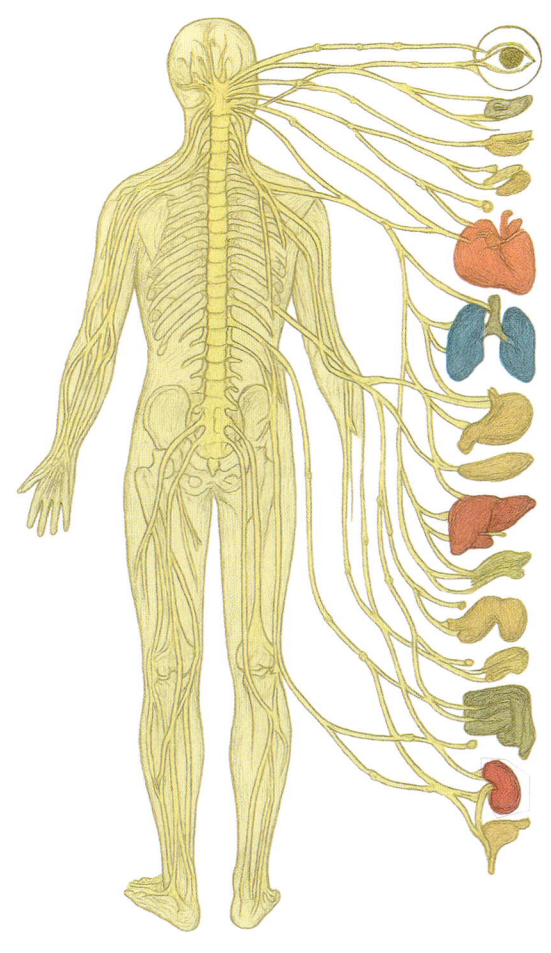

② 기능

·지지 역할: 척추 허리는 상체의 무게를 분산하고 골반과 연결되어 몸의 중심을 유지한다.

·움직임: 굽힘(flexion)·펴짐(extinsion)·옆으로 구부림(lateral bending)·회전(rotation) 등 다
　　　　양한 동작을 가능하게 한다.

·충격 흡수: 추간판과 근육·인대가 외부 충격을 흡수하여 척추를 보호한다.

·신경 보호: 척추관이 신경을 감싸며 외부 손상으로부터 보호한다.

(6) 고관절

고관절은 인체의 중요한 관절 중 하나로써, 골반과 대퇴골(허벅지 뼈)을 연결하는 역할을 한다.

① 구조

· 볼(ball)과 소켓(socket): 대퇴골의 끝부분은 둥근 모양의 골두(head of femur)로 형성되어 있고, 골반의 비구(acetabulum)가 이 골두를 감싸며 소켓 역할을 한다.

고관절

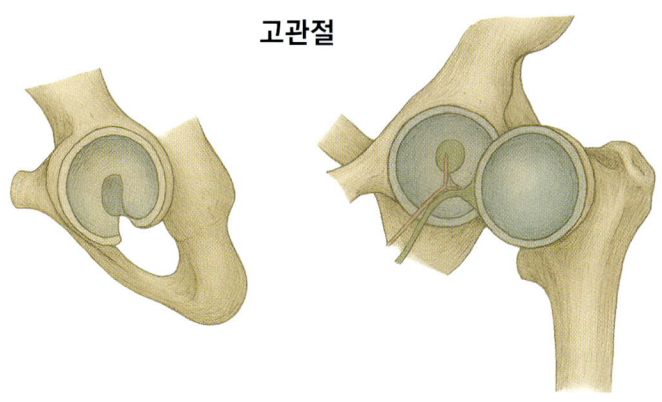

연골: 비구와 대퇴골 골두 표면은 관절연골로 덮여 있어서, 움직임 시 마찰을 줄이고 충격을 흡수하는 역할을 한다.

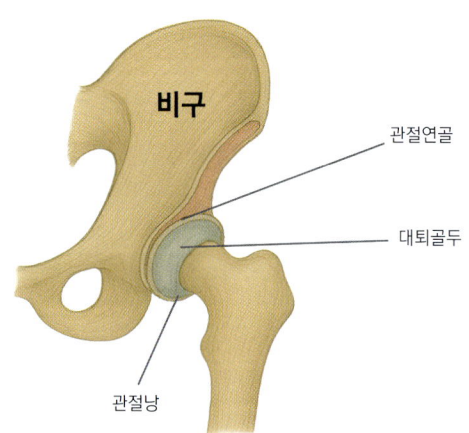

비구

관절연골

대퇴골두

관절낭

·관절낭 및 활액: 고관절은 관절낭으로 덮여 있으며, 이 관절낭 내에는 활액(synovial fluid)이 있어서 관절을 윤활하고 연골의 건강을 유지한다.

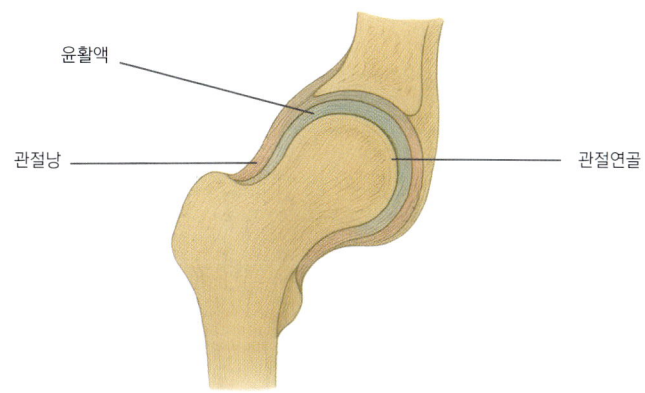

·근육 및 인대: 고관절 주변에는 강력한 근육과 인대가 있어서, 관절의 안정성을 유지하고 다양한 움직임을 지원한다.

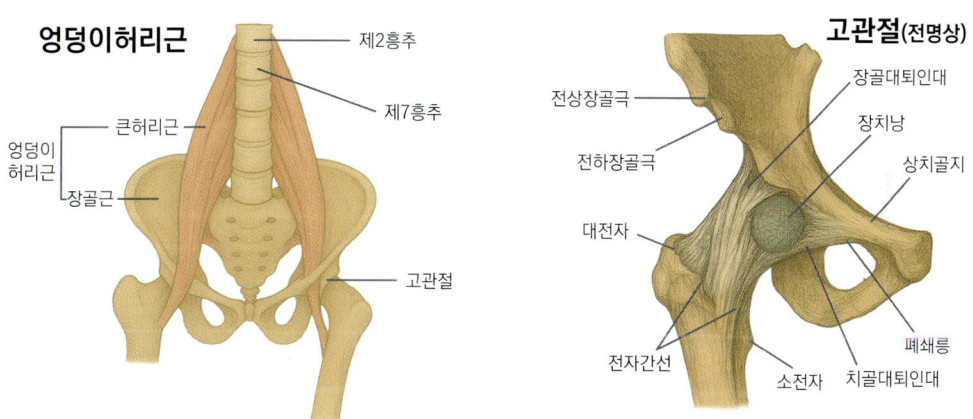

② 기능

·운동: 고관절은 체중을 지지하며 다리의 움직임(굽힘·폄·외전·내전·회전)을 가능하게 한다.

·안정성: 고관절은 몸의 중심을 유지하며 걷기·뛰기·서기 등의 동작에서 균형을 유지하도록 돕는다.

·힘 전달: 골반과 다리 사이의 힘을 전달하여, 효과적으로 움직임을 수행할 수 있게 한다.

(7) 무릎

무릎 관절은 인체의 가장 크고 복잡한 관절 중 하나로써, 대퇴골(허벅지 뼈)·경골(종아리 뼈)·슬개골(무릎 뼈) 사이의 연결을 담당한다.

① 구조

·뼈:

 -대퇴골(Femur): 허벅지 뼈로서 무릎 관절 상부를 이루는 뼈이다.

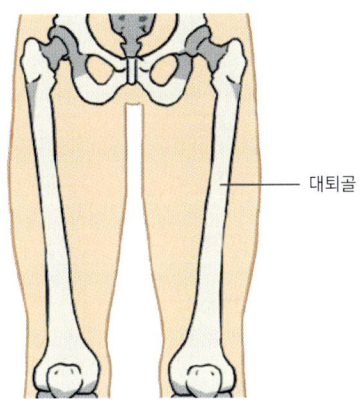

대퇴골

 -경골(Tibia): 아래쪽 종아리 뼈로서 무릎 관절의 하부를 형성한다.

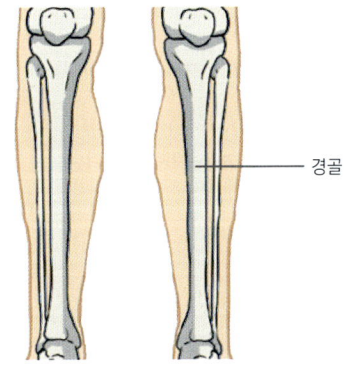

경골

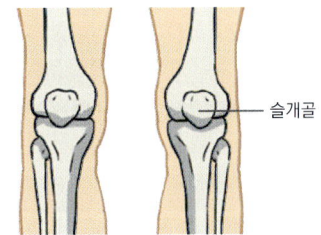

슬개골

 -슬개골(Patella): 무릎뼈라고 불리는 작은 뼈로서, 대퇴골 앞쪽에 위치하여 관절보호 역할을 한다.

·연골: 관절의 표면은 관절연골(Articular cartilage)로 덮여 있어, 부드러운 움직임을 가능하게 하고 충격을 흡수한다.

·반월상연골(Meniscus): 두 개의 반월 모양의 연골(내측과 외측 반월상연골)이 있어서, 관절에 가해지는 압력을 분산하고 안정성을 제공하는 역할을 한다.

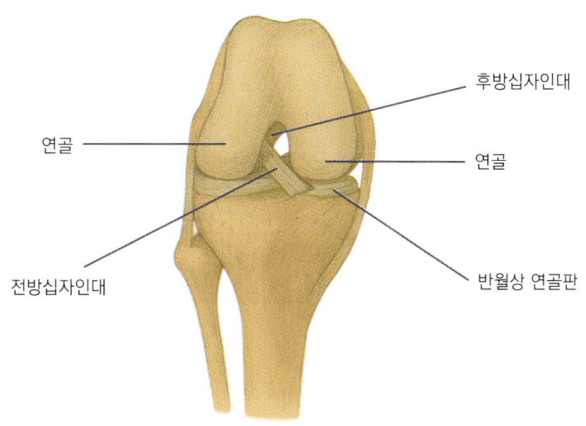

·인대:

- 전방십자인대(ACL)와 후방십자인대(PCL)는 관절의 전후 안정성을 유지한다.
- 내측부인대(MCL)와 외측부인대(LCL)는 측면 안정성을 제공한다.

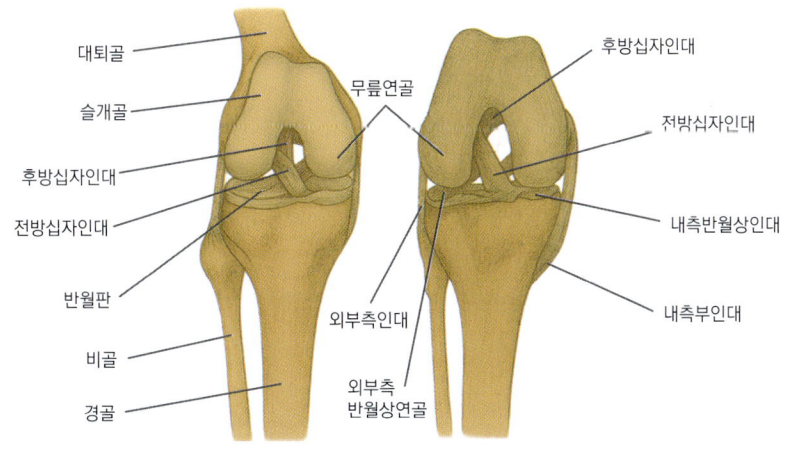

·근육: 대퇴사두근(Quadriceps)과 햄스트링(Hamstrings) 등의 주요 근육이 무릎 관절의 움직임과 안정성을 돕는다.

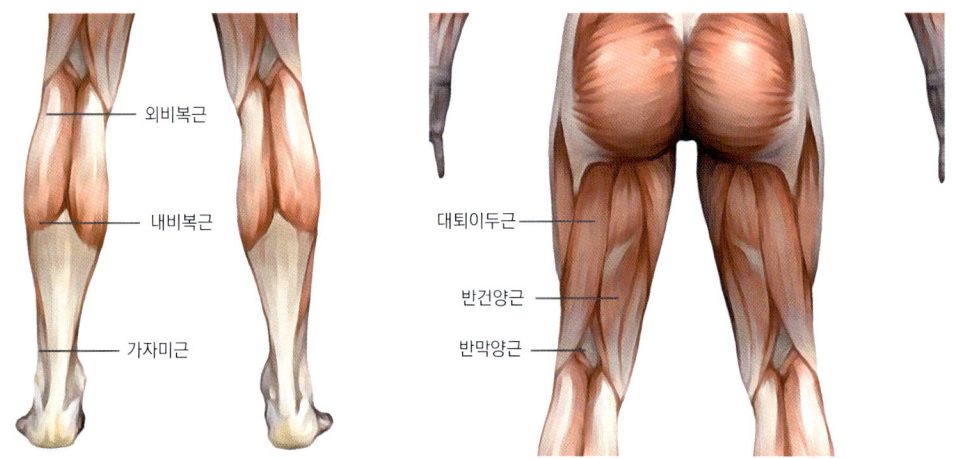

·활액: 관절 내부에는 윤활 역할을 하는 활액(synovial fluid)이 있어서, 마찰을 줄이고 연골의 건강을 유지한다.

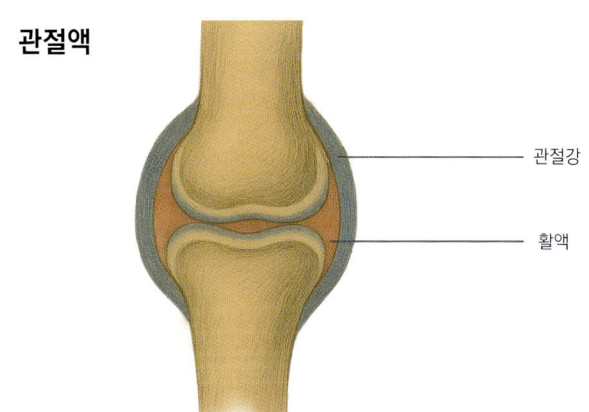

② 기능

·운동: 다리를 굽히고 펴는 주요 움직임을 담당하며, 걷기·뛰기·앉기와 같은 활동을 가능하게 한다.

·체중지지: 신체의 체중을 지탱하여, 일상적인 움직임과 균형 유지에 중요한 역할을 한다.

·충격흡수: 관절과 주변 구조는, 충격을 흡수하고 에너지를 분신시켜서 손상을 방지한다.

(8) 발목

발목 관절(족근 관절)은 다리와 발을 연결하는 중요한 관절로써, 주로 움직임과 안정성을 제공한다.

① 구조

·뼈:

-경골(종아리뼈)·비골(작은 종아리뼈)·거골(발굼치뼈)

-경골과 비골은 다리에서 내려와서 거골과 연결되며 발목을 형성한다.

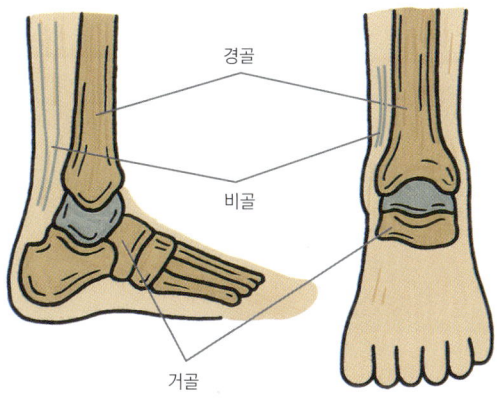

·인대: 여러 강한 인대들이 발목 관절을 안정시키며, 외부로부터 관절을 보호한다. 주요 인대로는 내측 인대(삼각 인대)와 외측 인대가 있다.

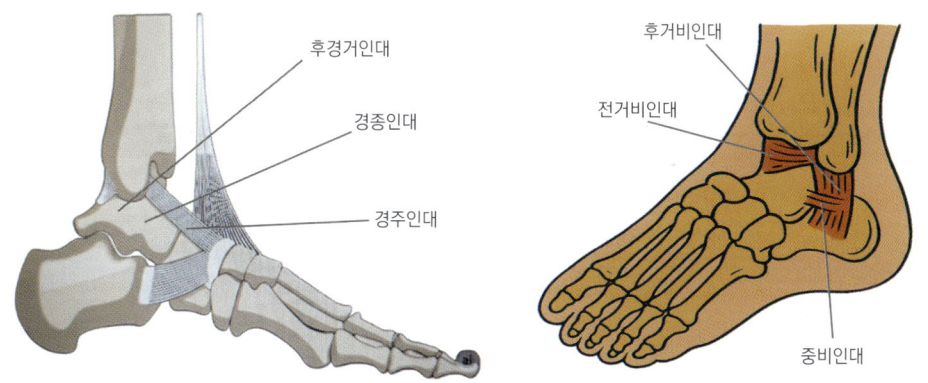

·근육과 힘줄: 발목 관절 주변의 근육과 힘줄은 발의 움직임을 조절한다. 이를테면 종아리 근육
　　과 아킬레스건은, 발의 뒤쪽 움직임을 담당한다.

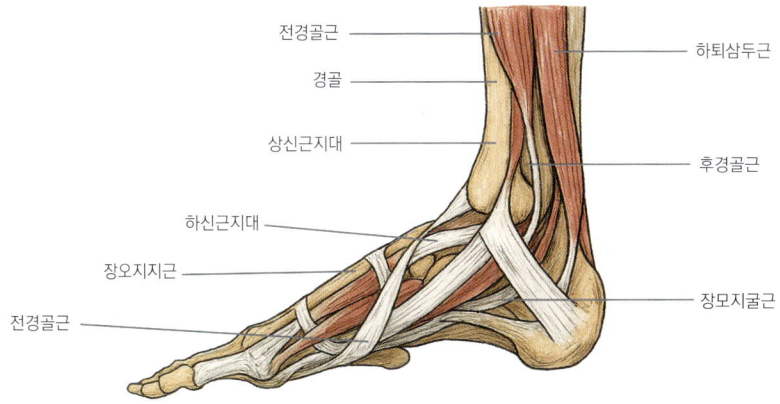

전경골근 　 하퇴삼두근
경골
상신근지대 　 후경골근
하신근지대
장오지지근
전경골근 　 장모지굴근

·관절낭 및 연골:

　-관절낭은 관절을 싸고 있는 조직으로써, 관절액을 분비하여 관절이 매끄럽게 움직
　　일 수 있도록 돕는다.

　-연골은 뼈 사이의 충격을 흡수한다.

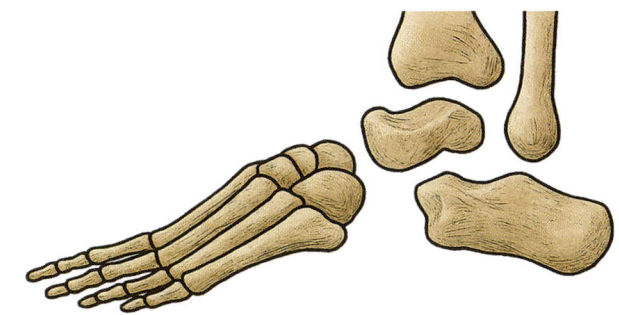

② 기능

·움직임: 발목 관절은 발을 위아래로 움직이는 굴곡과 신전을 가능하게 하며, 발의 회전 및 옆으
　　로 움직이는 동작도 조절한다.

·안정성: 몸의 무게를 지탱하며 걷기·뛰기·점프 등의 활동에서 균형을 유지한다.

·충격 흡수: 발목 관절은 움직임 중에 발생하는 충격을 흡수하여 다리와 몸 전체에 전달되는 힘
　　을 완화한다.

4장. 신체운용법 실제

[신체의 3절(節)·4치(治)·8관절(關節) 부위도]

태권도 신체운용법은 기술의 효율성과 완성도를 결정짓는 핵심 요소로 작용한다. 신체를 효과적으로 운용한다는 것은, 단순히 동작을 반복하는 것이 아니라 태권도의 원리와 이치를 몸으로 체득하고, 이를 바탕으로 상황에 맞게 자신만의 방식으로 신체를 자유롭게 활용할 수 있는 능력을 의미한다.

이를 위해서는 신체 각 부위의 구조와 기능, 그리고 그 움직임의 연계성을 깊이 이해하고, 반복적인 수련을 통해 자연스럽고 유기적인 동작 수행 능력을 길러야 한다. 나아가 이러한 신체운용의 원리를 창의적으로 적용함으로써, 기술의 위력과 정확성을 높이고 자기화의 단계로 발전시킬 수 있다.

결과적으로 신체운용법은 태권도 기술의 바탕이자, 수련자가 자신의 몸을 완전히 조절하고 표현할 수 있도록 돕는 핵심 수련 원리라 할 수 있다.

신체운용법을 배우는 목적은, 자신의 몸을 바르게 다스리고 운용하여 효과적인 태권도 기술을 구사하는 데 있다. 신체 각 부위의 기능을 수의적이고 효율적으로 활용함으로써, 자신에게 최적화된 자세와 동작을 익혀 나갈 수 있다.

또한 끊임없는 수련을 통해 태권도 동작에 대한 근육 기억이 형성되고, 감각기관과 운동기관의 협응력이 발달하여 정교한 동작 구사가 가능해진다.

태권도 수련 시 신체운용은 기술의 기반이자 핵심 요소로 작용한다. 신체운용법은 몸의 구조와 움직임의 원리를 이해하고, 이를 태권도 동작에 효과적으로 적용하는 방법을 체계적으로 제시한다. 이를 위해 신체를 3절(節)인 상절(上節)·중절(中節)·하절(下節)과 4치(治)의 치안(治眼)·치신(治身)·치완(治腕)·치각(治脚)으로 나누어 각각의 기능과 움직임을 익히고, 이와 함께 보다 세밀한 신체 조절을 위해서는 8관절(關節) 목ㆍ어깨ㆍ팔꿈치ㆍ손목ㆍ척추허리ㆍ고관절ㆍ무릎ㆍ발목에 대한 이해를 통해 태권도 동작의 본질을 터득할 수 있다.

결국, 3절·4치·8관절이라는 신체 구조에 대한 체계적인 이해는 태권도 동작의 원리를 깊이 있게 터득하게 하며, 수련자의 기술 완성도와 수행 능력을 한층 끌어올리는 토대가 된다.

1. 신체 3절의 운용법

1) 신체 3절의 역할과 상호 연계성

태권도에서 신체를 효과적으로 운용하기 위해서는 신체 3절, 즉 상절(上節)·중절(中節)·하절(下節)의 역할을 정확히 이해하고, 이들 간의 유기적인 연계를 실현하는 것이 중요하다.

상절(머리)은 시야 확보와 전신의 균형 유지에 중심적인 역할을 한다. 상대의 움직임을 정확히 파악하고 상황을 판단하기 위해, 시선과 머리의 위치는 매우 중요하며, 이는 곧 기술 수행의 방향성과 안정성에 직결된다.

중절(몸통)은 공격과 방어의 핵심을 이루는 부위이다. 몸통의 회전과 이동은 기술의 위력과 타이밍을 결정짓는 주요 요소가 된다. 특히 몸통은 상·하절을 연결하는 중심축으로서, 전체적인 신체 조절의 중추 역할을 수행한다.

하절(다리)은 이동력과 자세 안정성을 담당한다. 다리를 통해 유리한 위치를 선점하고, 정확한 기술을 구사하기 위한 기반을 마련할 수 있다. 차기나 전진·후퇴 등의 이동 동작도 하절의 기능에 크게 의존한다.

이처럼 상절·중절·하절은 각기 독립적인 기능을 가지면서도 상호 긴밀하게 연결되어, 하나의 기술이 완성되는 데 필수적인 협응을 이룬다. 따라서 태권도 수련자는 각 절의 역할을 명확히 이해하고, 이를 조화롭게 활용하는 수련을 통해 기술의 정확성·위력·균형감을 동시에 향상시킬 수 있다.

결국 신체 3절의 조화로운 운용은 태권도 기술의 완성도를 높이는 핵심 기반이라 할 수 있다.

2) 신체 3절 균형 발달을 위한 수련 방법

신체 3절의 균형 잡힌 발달을 위해서는 전신 운동과 체력 단련이 필수다. 신체는 상반신과 하반신으로 구분할 수 있다.

상반신은 허리 위쪽의 몸통·목·팔로 구성되며, 이 부분이 안정적으로 움직여야 강력한 기술을 구사할 수 있다.

하반신은 허리 아래의 다리 부분으로, 이 부분의 유연성 · 근력 · 지구력 등 전반적인 체력을 기르는 것이, 균형과 힘이 기술의 방향성과 강한 힘을 결정한다.

3절 가운데 상절인 머리는 시선과 주의력을 결정하고, 중절인 몸통은 신체의 중심으로 균형을 잡아주며, 하절인 다리는 안정성과 움직임의 원천이 된다. 이렇게 신체 부위가 유기적으로 연결되어 균형을 이룰 때, 태권도 동작을 정확하고 강력하게 수행할 수 있다. 따라서 태권도 수련자들은 신체 균형의 중요성을 인식하고 체계적인 수련을 통해, 균형 잡힌 신체 운용 능력을 기르는 것이 필수적이다. 이에 따라 수련 시 연습을 반복하면서 신체 각 부위의 움직임을 조화롭게 발전시킬 수 있다. 또한 정신수련을 통해 집중력과 자세 조절 능력을 기르는 것도 중요하다. 정신과 육체가 하나 되어야 신체 3절의 균형이 이루어질 수 있기 때문이다.

3) 신체 3절의 효과적인 활용 방법

옆으로 피하면서 돌려차기

신체 3절을 효과적으로 활용하기 위해서는, 먼저 상황에 맞는 신체 사용 원리를 이해해야 한다. 공격 상황에서는 팔과 다리를 활용한 기술을 구사할 때 머리의 움직임이 중요하며, 방어 시에는 머리와 몸통의 위치 이동이 필수적이다. 이동할 때는 다리 사용이 핵심이지만, 상체의 균형도 잃지 않아야 한다.

또한 공격과 방어 시에는 상절·중절·하절이 유기적으로 움직여야 한다. 이를테면 공격 기술을 구사할 때, 팔의 동작과 함께 몸통의 회전과 다리의 발 구름이 동반되어야 기술의 완성도가 높아진다. 이처럼 세 부위의 조화로운 움직임이 필수적이다.

자유로운 신체 활용 능력은 꾸준한 연습을 통해 배양할 수 있다. 반복적인 기술 연마 과정에서 머리·몸통·다리의 움직임은 자유스러워지고 완성도가 높아진다. 그 핵심에는 신체 3절 개념을 바탕으로 지속적인 노력을 기울인다면, 태권도 수련의 진정한 의미를 깨닫게 될 것이다.

4) 개인별 맞춤 바른 자세 형태

태권도에서는 개인별 신체 조건과 특성에 맞는, 맞춤형 신체운용 자세와 몸짓을 익히는 것이 매우 중요하다. 자신의 장단점을 고려하여 동작을 구사함으로써, 보다 효과적이고 안전한 수련이 가능해진다. 이를테면 키가 크면 차기 동작 시 넓은 공격 범위를 활용할 수 있고, 근육량이 많다면 강한 힘을 발휘할 수 있다. 반면 유연성이 부족하다면 관절 운동 범위를 넓히는 데 주력해야 한다.

이처럼 개인별 특성을 반영한 맞춤의 신체운용 동작을 통해, 부상 위험을 줄이고 기술 발휘에 유리할 수 있다. 일률적인 자세와 몸짓 대신 자신의 신체에 맞게 동작을 조정하면, 수련의 효과 또한 극대화할 수 있다. 따라서 태권도 지도자와 수련자들은 개인의 신체 조건을 정확히 파악하고, 그에 맞는 맞춤형 신체운용으로 동작을 익히는 것이 필수적이다.

(1) 상절의 바른 자세

바른 자세는 단순한 몸의 정렬을 넘어서, 신체 내 에너지의 순환을 원활하게 하는 데 핵심적인 역할을 한다. 몸이 바르게 정렬되면 에너지가 흐르는 통로가 막힘 없이 열리게 되며, 이는 신체적·정신적 안정을 가능하게 한다. 이러한 상태에서야 비로소 수련의 본질적인 목적 즉, 심신의 일체와 에너지의 조화로운 운용을 이룰 수 있다.

바른 자세는 신체의 에너지를 생성하고 흐르게 하는 기초적인 출발점이며, 외부의 자극이나 접촉을 통해 에너지를 인식하고 받아들이는 통로가 되기도 한다. 이는 단순히 물리적인 개념을 넘어, 수련을 통해 몸과 마음이 정화되고, 영적인 감각과 직관이 깨어나는 경험으로 이어질 수 있다.

결국 바른 자세는 몸 안팎의 에너지 균형과 내면의 감각을 일깨우는 통로다. 따라서 수련자는 바른 자세를 단련함으로써 에너지의 흐름을 인식하고, 심신의 통합적 수련을 실현할 수 있다.

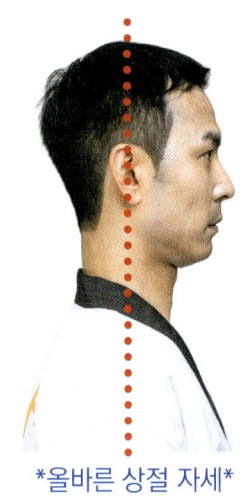 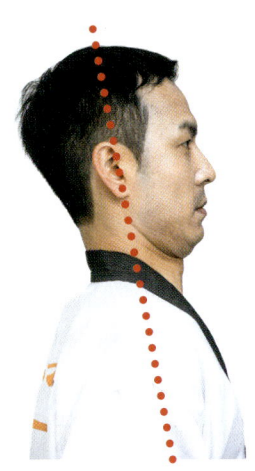

올바른 상절 자세　　　　　　　*잘못된 상절 자세*

신체의 균형과 정렬을 위해서는 머리의 자세가 핵심적인 역할을 한다. 머리는 신체의 중심이며, 머리 자세에 따라 몸의 균형과 움직임이 크게 좌우된다.

머리를 바르게 세우면 상체와 하체가 일직선상에 위치하여, 안정감 있는 자세를 취할 수 있다. 반면 머리를 숙이거나 기울이면 신체 전체의 균형이 무너져 동작이 부자연스러워진다. 따라서 태권도 수련 시 올바른 머리 자세를 유지하는 것은, 전체 동작의 정확성과 안정성을 높이는 데 중요한 요소이다. 이렇게 균형 잡힌 자세는 이완된 동작을 수행하는 데 도움이 된다.

머리 자세가 바르면 집중력도 향상된다. 경직된 자세로 인한 신체적 긴장이 해소되면서 정신도 통일되기 때문이다. 이를 통해 태권도 수련 시 동작에 보다 집중할 수 있게 된다. 결과적으로 올바른 머리 자세는 균형·이완·집중력 등 다방면에서 수련 효과를 높여준다.

(2) 올바른 머리 자세 유지 방법

태권도에서 목덜미를 비우고 경추를 바르게 한다는 것은, 긴장된 근육을 이완시키고 자유로운 상태를 유지하는 것을 의미한다. 이처럼 태권도 수련 시 올바른 머리 자세를 유지하려면 다음과 같은 방법이 있다.

첫째, 긴장된 목 근육을 의식적으로 이완시키고, 마치 목덜미가 텅 비어 있는 것처럼 자유로운 상태를 유지한다.

둘째, 경추를 수직으로 바르게 세운다. 머리가 앞으로 기울어지거나 뒤로 젖혀지지 않도록 주의한다. 이렇게 하면 신체의 균형을 잡기 쉬워진다.

셋째, 긴장된 근육 어깨와 등·허리 등 긴장된 부위를 찾아 숨을 내쉬며 이완 시킨다.

넷째, 호흡을 통해 긴장을 완화한다. 깊고 천천히 숨을 내쉬며 긴장감을 해소시킨다. 이렇게 하면 정신과 신체가 통일되어 집중력도 높아질 것이다.

이를 통해 안정적인 자세와 부드러운 동작, 높은 집중력을 갖출 수 있어 수련의 완성도를 한층 높일 수 있다.

(3) 중절의 바른 자세

태권도는 내적 수양과 외적 기술을 모두 갖추는 것이 목표이다. 특히 태권도 수련에서는 신체를 올바르게 운용하는 바른 자세와 움직임은, 동작의 효율성과 안전성을 높이고, 내재된 힘을 최대한 발휘할 수 있게 한다.

척추와 허리 근육은 몸의 중심축 역할을 하며 모든 동작의 원동력이 되기 때문에, 바른 자세를 취함으로써 몸의 움직임 수행에 도움이 된다. 먼저 척추와 허리 근육은 몸의 균형과 안정성을 유지하는 데 핵심적인 역할을 한다. 이 근육들이 강건해야 몸의 움직임이 부드럽고 유연해진다. 또한 척추와 허리 근육이 바르게 펴져 있어야 원활한 에너지가 전신에 잘 흐르게 되므로, 기(氣)의 조절과 발산에도 도움이 된다.

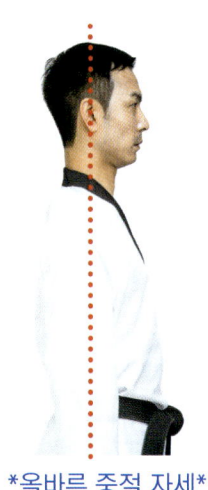

올바른 중절 자세   *잘못된 중절 자세*

또한 태권도 수련 시에는 하단전에 기를 가라앉히는 자세가 중요하다. 기를 하단전에 모으면 마음이 가라앉고 동작이 안정되어, 동작 수행 시 흥분하거나 몸이 떨리는 것을 방지할 수 있다. 이렇게 하단전에 기를 모은 상태에서 동작을 시작하면 기의 발산이 자연스럽고 순조롭게 이루어지므로, 동작의 힘과 효율성도 높아진다.

(4) 올바른 몸통 자세 유지 방법

태권도에서 몸통 자세를 바르게 유지한다는 것은, 중심이 흐트러지지 않도록 균형을 잡고, 근육의 과도한 긴장을 풀어 유연성과 탄력성을 확보하는 것을 의미한다. 올바른 몸통 자세를 유지하기 위해서는 다음과 같은 방법이 있다.

첫째, 척추를 바르게 세운다. 허리를 과도하게 젖히거나 구부리지 않고, 자연스러운 곡선을 유지한 상태에서 상체를 곧게 편다.

둘째, 가슴과 복부의 긴장을 풀어준다. 과도하게 가슴을 내밀거나 복부를 움츠리지 않고, 복식호흡을 통해 편안하고 안정된 중심을 형성한다.

셋째, 어깨와 견갑골(날개뼈)을 아래로 내려뜨리고, 힘을 이완시키며 자연스럽게 늘어뜨린다. 어깨에 불필요한 긴장이 들어가지 않도록 유의한다.

넷째, 양쪽 옆구리를 균형 있게 늘려 좌우의 힘이 한쪽으로 쏠리지 않도록 한다. 이를 통해 동작 중 회전력과 탄성력을 고르게 활용할 수 있다.

다섯째, 중심을 단전에 두고, 몸통 전체가 위·아래로 흔들림 없이 단단한 축(軸)처럼 유지되도록 한다. 이렇게 하면 하체의 힘을 상체로 효과적으로 전달할 수 있다.

이러한 몸통 자세의 유지 방법을 실천하면, 동작의 중심이 흔들리지 않아 기술의 정확성과 속도가 향상되며, 체력 소모도 줄일 수 있다. 결국 안정된 자세는 효율적인 기술 수행과 높은 수련 완성도를 가능하게 만든다.

(5) 하절의 바른 자세

태권도 수련에서 다리의 자세는 단순한 하체 지지의 개념을 넘어, 기술의 안정성과 효율성을 좌우하는 핵심 요소로 작용한다. 올바른 다리 자세는 공격과 방어 동작을 정확하고 강력하게 구사할 수 있는 기초를 제공하며, 기술 수행 중 이동과 방향 전환의 민첩성을 높여준다. 이를 통해 수련자는 언제든지 유리한 위치를 선점하고, 상황에 능동적으로 대응할 수 있다.

올바른 하절 자세   *잘못된 하절 자세*

정확한 다리 자세를 형성하기 위해서는 고관절과 무릎, 발의 정렬이 중요하다. 고관절을 충분히 벌려 안정적인 하체 기반을 만들고, 허리는 곧게 펴서 척추를 바르게 정렬해야 한다. 이때 무릎은 발끝과 수직을 이루는 것이 이상적이며, 이러한 정렬은 체중을 발바닥 전체에 고르게 분산시켜 균형 유지는 물론, 무릎 관절의 부담을 줄이는 데 도움이 된다.

(6) 올바른 다리 자세 유지 방법

태권도에서 다리 자세를 바르게 유지한다는 것은, 하체의 안정성과 유연성을 확보하여 신체의 중심을 든든히 지탱하고, 기술의 추진력과 민첩성을 동시에 끌어올리는 것을 의미한다. 올바른 다리 자세를 유지하기 위해서는 다음과 같은 방법이 있다.

첫째, 무릎을 자연스럽게 굽힌다. 과하게 힘을 주거나 무릎을 펴지 않고, 체중이 고르게 실릴 수 있도록 부드럽게 유지한다.

둘째, 발바닥 전체를 바닥에 안정적으로 밀착시킨다. 발의 앞꿈치와 뒤꿈치, 양 옆이 모두 지면에 닿도록 하여 균형 있는 체중 분산을 만든다.

셋째, 양 다리의 간격과 방향을 기술 목적에 맞게 조절하되, 무릎과 발끝이 같은 방향을 향하도록 한다. 이는 무릎 관절의 부담을 줄이고, 안정적인 이동을 가능하게 한다.

넷째, 다리의 근육에 과도한 긴장이 들어가지 않도록 하며, 엉덩이와 허벅지의 힘을 부드럽게 조절한다. 필요할 때 순간적인 탄력을 낼 수 있는 준비된 상태를 유지한다.

다섯째, 체중의 중심을 양 다리에 고르게 분산하거나, 한쪽 다리에 집중하더라도 몸 전체의 균형이 무너지지 않도록 유의한다. 중심이 흐트러지면 동작의 민첩성과 반응력이 떨어질 수 있다.

이러한 다리 자세의 유지 방법을 실천하면, 태권도 동작 수행 시 지지력과 폭발력이 향상되고, 전신의 연결 동작이 부드러워진다. 결국 하체의 안정성은 상체의 자유로운 움직임과 기술의 완성도를 높이는 핵심 요소가 된다.

2. 신체 4치의 운용법

태권도는 정신과 신체의 조화로운 수련을 통해, 자신의 내적 성장과 방어력을 기르는 무술이다. 이러한 태권도 수련에 있어 신체 운용 능력은 중요한 요소이다. 특히 상반신 부위의 효율적인 운용은, 동작의 정교함과 힘의 전달 상황 인식 등에 직접적인 영향을 미쳐, 신체 동작의 정확성과 힘을 좌우한다.

앞 장에서 신체를 3절로 구분하였으며, 여기서 상반신(上半身)은 상절(上節)과 중절(中

節)로 구분하였다. 이 장에서는 상반신 부위인 눈을 치안(治眼)·몸통은 치신(治身)·팔을 치완(治腕)으로 명명한다. 여기서 '치(治)'는 '다스리다'라는 뜻으로, 자신의 신체를 소중히 잘 다스리고 관리하여 자유롭게 운용할 수 있어야 한다. 상반신 운용법의 세 가지 주요 측면인 눈 집중력과 상황 인식 · 상반신 협응 · 눈의 다양한 역할에 대해 자세히 다룰 것이다. 이를 통해 태권도 수련자들이 상반신을 보다 효과적으로 활용할 수 있는 방법을 익힐 수 있을 것이다.

1) 치안(治眼)-눈

(1) 눈: 시선 · 시야 · 시각 · 시력의 개념 정의

태권도 수련에서 눈과 관련된 개념은 단순히 보는 것을 넘어, 동작 수행과 상황 판단, 전략적 대응에 이르기까지 다양한 역할을 수행한다. 이때 시선·시야·시각·시력은 각각의 기능과 의미가 다르며, 이를 명확히 이해하고 적용하는 것이 중요하다.

시선(視線)은 눈이 향하고 있는 방향이나 주의가 집중되는 지점을 의미한다. 태권도에서는 시선이 집중된 방향으로 몸통과 팔의 움직임이 유도되기 때문에, 정확한 시선 활용은 동작의 조화와 일체감을 형성하는 데 핵심적인 역할을 한다. 이를테면 겨루기 상황에서 상대의 상체를 주시하면서도, 손과 발의 움직임을 함께 인지할 수 있어야 한다.

시야(視野)는 눈에 들어오는 전체적인 시각 범위이자, 인지의 폭을 뜻한다. 태권도에서는 전방뿐 아니라 측면과 후방까지도 의식할 수 있는 시야를 확보해야 다양한 공격 상황에 유연하게 대응할 수 있다. 시야가 넓을수록 위협 요소를 빨리 감지하고, 유리한 위치를 선점하거나 방어 전환이 쉬워진다.

시각(視角)은 사물을 바라보는 관점이나 인식 방식으로, 인지와 판단의 영역에 해당한다. 단순히 눈에 보이는 것을 넘어서, 상대방의 의도나 전술, 주변 상황을 통합적으로 해석하고 판단하는 능력이다. 이를테면 상대의 움직임에서 다음 공격을 예측하거나, 공간을 활용해 전술을 조율하는 등의 판단력은 넓은 시각에서 비롯된다.

시력(視力)은 눈으로 사물을 분명하게 인식하는 생리적인 능력을 뜻한다. 이는 상대와의 거리·속도·동작을 정확히 파악하고 기술을 수행하는 데 기본이 되는 감각이다. 시력이 좋을수록 빠르고 정밀한 반응이 가능하다.

요약하자면, 시선은 '방향'과 집중, 시야는 인지 '범위', 시각은 '인식'과 해석의 관점, 시력은 물리적 식별 '능력'를 의미한다. 이 네 가지 개념은 각각 독립적이면서도 상호 연계되어 태권도 수행 능력을 구성하므로, 수련자는 이를 통합적으로 이해하고 수련에 적용해야 한다.

-치안(治眼) 요약-

구분	개념 정의	태권도에서의 의미 및 적용	태권도에서의 예시
시선	눈이 향하는 '방향' 또는 주의가 향하는 초점	동작 수행 시 집중의 방향을 설정하고, 팔·다리 등의 움직임을 유도하는 역할	상대방의 상체를 주시하면서도 팔·다리 등의 움직임을 동시에 인지함
시야	눈에 보이는 '범위' 또는 인식의 폭	앞만 보지 않고 좌우·후방까지 인지하는 공간 감각 → 위협 요소 감지 및 빠른 반응을 가능케 함	겨루기 중 측면 공격 인지, 다수 상대에 대한 대응
시각	사물을 바라보는 관점 또는 '인식' 방식 (추상적, 개념적)	상황 전체를 인식하는 판단력과 인지력에 해당 → 전략적 판단과 전술 전개에 영향을 미침	상대의 전술을 예측하거나, 공간을 활용한 전개 판단
시력	눈으로 사물을 식별하는 생리적 '능력'	거리 판단, 명확한 목표 인식 등에 필수 → 정확한 기술 수행을 위한 기초 감각	상대와의 거리 판단, 빠른 동작 식별 등

(2) 눈의 집중력과 상황 인식

올바른 시선(수평)   *잘못된 시선(발끝)*

눈은 단순히 사물을 보는 기능을 넘어, 정신을 집중하고 신체 상태를 확인하며 균형을 유지하고, 상황을 인지하는 데 필수적인 역할을 한다. 이를 통해 우리는 주변 상황을 정확히 파악하고, 적절하게 대응할 수 있다.

시선은 '나무-숲-산'을 동시에 바라보듯, 가까운 거리와 넓은 전경을 아울러 인식할 수 있어야 한다. 이는 단순히 앞만 바라보는 것이 아니라, 시야를 넓게 확보하여 여러 방향을 하나로 통합해서 보는 능력을 의미한다.

시선은 수평으로 향하고 있지만, 동시에 사방을 살필 수 있어야 하며, 부분적인 요소들을 전체 속에서 통합적으로 인식하는 눈이 필요하다.

이러한 시선의 활용은 동물의 세계에서도 관찰된다. 예컨대 사냥하는 맹수가 먹잇감에 집중하면서도 주변을 의식하는 것처럼, 태권도에서도 시선 조절과 전체적인 조망 능력은 매우 중요하다. 겨루기에서는 상대방을 주시하면서 팔과 다리의 움직임을 동시에 포착해 전략적으로 대응해야 한다.

실제로 품새 수련과 경기 중 앞차기를 하며 목표와 관계없이 발끝을 응시하거나, 눈을 위로 치켜뜨는 경우가 있는데, 이는 시선이 일부분에만 집중된 잘못된 활용 방식이다. 특정 부위에만 주목하기보다는, 전체를 조망하는 시야를 가져야 한다. 이는 협의적인 시야가 아닌, 광범위하고 통합적인 시야를 요구한다.

이를테면, 차량 운전 시 앞을 주시하면서도 백미러와 룸미러를 동시에 살피는 것처럼, 시선을 조절해 전체 상황을 조망할 수 있는 능력이 필요하다. 이와 같이 시선의 집중과 분산을 조절함으로써, 전체적인 상황을 아우르는 입체적인 시야를 확보할 수 있다.

또한 시선은 신체 움직임과도 밀접하게 연결된다. 눈동자의 움직임에 따라 몸·팔·다리 등의 신체 부위가 유기적으로 협응하며, 동작이 자연스럽게 연결되고 변환된다. 시선을 정확히 집중하고 활용하면, 신체 움직임의 정밀성과 효율성도 크게 향상된다.

(3) 치안의 작용

① 눈과 상반신 협응

태권도 동작을 정확하고 효율적으로 수행하기 위해서는, 눈·몸통·팔 등 상반신 부위의 통합된 움직임과 긴밀한 협응이 필수적이다. 특히 시선의 집중은 동작의 정확도와 힘을 결정짓는 핵심 요소다.

시선이 흐트러지거나 분산되면, 동작의 정확성과 전달되는 힘이 약화될 수밖에 없다. 따라서 눈을 통해 정신을 집중하고, 그에 따라 몸통과 팔의 움직임을 유기적으로 조절해야 한다.

눈동자의 움직임은 상반신의 동작과 직접적으로 연결된다.

이를테면, 한 동작에서 다음 동작으로 전환할 때 시선이 먼저 방향을 제시하면, 몸통과 팔이 자연스럽게 그 방향으로 연계되어 움직이게 된다.

이처럼 눈의 선행 움직임은 상체의 회전이나 전환을 이끌어내며, 동작 흐름의 자연스러움과 일체감을 높이는 역할을 한다.

또한 시선 집중은 신체 균형을 유지하고, 주변 상황을 인식하는 데에도 매우 중요하다. 수련자들은 눈과 몸통·팔의 통합적인 활용과 시선 집중의 중요성을 인식하고, 이를 통해 보다 정교하고 조화로운 태권도 동작을 구현할 수 있어야 한다.

② 시각을 통한 주변 상황 인식 능력 함양

태권도에서 눈의 가장 중요한 역할 중 하나는 주변 상황을 인식하고, 상대방의 움직임을 정확히 포착하는 것이다. 이러한 시각적 정보는 유리한 위치를 선점하고, 공격 또는 방어에 있어 적절한 타이밍을 포착하는 데 결정적인 역할을 한다.

실전 상황에서는 현재의 환경을 정확히 파악하고, 잠재적인 위험 요소를 예측하며, 이에 대비하는 능력이 필요하다. 이를 위해서는 상대방의 움직임뿐만 아니라 주변의 지형, 장애물, 거리 등 다양한 요소를 통합적으로 인식할 수 있어야 한다. 시각을 통한 종합적 상황 인식은 위협 요인을 사전에 감지하고, 이에 대한 효과적인 대응 전략 수립으로 이어진다.

이러한 능력을 기르기 위해서는 평소에 주변 환경에 대한 민감성과 관찰력을 길러야 한다. 작은 변화에도 주의를 기울이고, 상대방의 행동을 면밀히 분석하는 습관을 들이는 것이 중요하다. 또한 다양한 환경 속에서 반복적인 수련을 통해, 변화하는 상황에 유연하게 대처하는 능력을 키워나가야 한다.

공격과 방어 상황에서는 특히 정확한 상황 판단력과 시각적 인지력이 중요하다. 시각적 인지력이 뛰어날수록 상대방의 의도를 미리 파악하고, 적절한 기술로 대응할 수 있기 때문이다. 이는 태권도 기술 향상에도 직접적인 영향을 미친다.

또한, 시각적 인지력은 넓은 시야와 밀접하게 연결된다. 시야를 넓히고, 주변을 면밀히 살필수록 유리한 기회를 포착하기 쉬워진다. 때로는 상대방의 허점을 발견하거나, 유리한 위치를 선점하는 결정적인 계기가 되기도 한다. 이를 위해서는 시선을 유연하게 전환하며, 사방을 고르게 주시하는 수련이 필수적이다.

결국 태권도 수련자는 시각적 인식 능력과 상황 판단력을 동시에 개발해야 하며, 이를 통해 보다 정교하고 전략적인 태권도 동작을 수행할 수 있게 된다.

(4) 치안 운용법

품새 · 겨루기 · 격파 수련 시 눈의 운용법

태권도에서 시선 조절, 즉 '치안(治眼)'은 단순히 눈으로 보는 기능을 넘어, 정신을 집중시키고 목표를 명확히 인식하게 하는 핵심적인 요소다. 시선은 마음과 육체를 연결하는 매개체로 운용하며, 집중력과 몰입을 이끌어내고, 기술 수행의 정확성과 힘을 높이는 데 기여한다. 때로는 한눈에 꿰뚫어 보는 시선만으로도 상대를 압도할 수 있다.

*품새 수련 시 눈의 운용

품새 수련에서 눈은 방향 인식과 집중력 유지에 중요한 역할을 한다. 시선은 동작의 흐름을 이끄는 역할을 하며, 시선이 정확하면 기술의 방향성과 타이밍이 더욱 명확해진다. 품새를 수련할 때는 동작에 맞는 시선 처리를 통해 몸의 중심을 안정시키고, 기술의 전환을 자연스럽게 이어갈 수 있다.

또한 눈은 공간 인식 능력을 키우는 도구이기도 하다. 정해진 방향과 위치로 시선을 정확히 보내는 습관은 동작의 정밀성과 표현력을 높여준다. 시선을 흐트러뜨리면 동작의 집중력과 의도가 약해지므로, 눈의 운용은 품새의 내면적 흐름을 표현하는 데에도 매우 중요하다. 특히 발차기나 회전 동작에서는 시선을 고정하거나 빠르게 전환하는 기술이 전체 균형에 큰 영향을 미친다.

*겨루기 수련 시 눈의 활용

겨루기에서는 눈의 운용이 상대방의 움직임을 인지하고 대응하는 데 핵심적인 요소다. 상대의 시선·동작·거리·타이밍을 파악하기 위해 끊임없이 시야를 열어두고 있어야 한다. 눈은 단지 상대를 응시하는 데에 그치지 않고, 전체적인 흐름과 전환을 예측하는 감각기관으로서 운용한다.

올바른 시선(수평)

잘못된 시선(아래)

　공격 시에는 상대의 빈틈을 재빠르게 포착하기 위해 시선을 넓게 가져가며, 방어 시에는 상대의 발·허리·어깨 등에서 나오는 전조 동작을 빠르게 감지해야 한다.　또한 시선을 흔들림 없이 유지하는 것은 심리적인 안정과 자신감을 표현하는 방법이기도 하다.

　겨루기 수련을 통해 눈으로 읽는 기술 타이밍과 거리감을 익히면, 전체적인 경기 운영 능력 또한 향상된다.

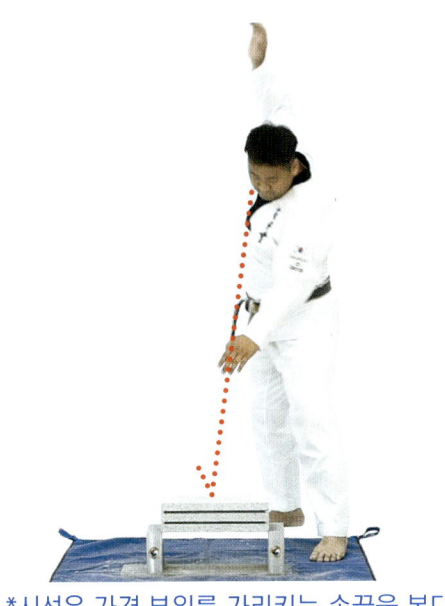

시선은 가격 부위를 가리키는 손끝을 본다.

*격파 수련 시 눈의 운용

격파 수련에서 눈은 가격 목표를 정확히 설정하는 데 결정적인 역할을 한다. 격파 지점을 명확히 응시하고 집중함으로써, 몸의 에너지와 의지를 한 점에 모을 수 있다. 눈이 흔들리면 가격 방향이나 궤적이 흐트러져 힘이 분산되기 쉽다.

격파 전에는 목표물을 응시하며 가격 각도와 자세를 조율하고, 격파 순간에는 눈과 의식이 일치되어야 정확하고 강한 충격을 전달할 수 있다. 또한 여러 격파를 연속으로 수행할 때는 시선 전환 속도와 순서 인지력이 중요하다.

지속적인 수련을 통해 눈의 집중력과 가격 목표 인식 능력을 기르면, 심리적 흔들림 없이 기술을 완성할 수 있으며, 이는 격파의 성공률을 높이는 핵심 요소로 작용한다.

2) 치신(治身)-몸통

(1) 몸통: 중심 · 균형 · 연계 · 전달의 개념 정의

태권도 수련에서 몸통은 단순한 신체의 중간 부위가 아니라, 전신 움직임의 '중심'이자 힘의 '원천'이며, 상하·좌우·전후의 조화를 이끄는 핵심 요소다. 몸통과 관련된 개념은 중심·균형·연계·전달로 나뉘며, 이를 명확히 이해하고 수련에 적용하는 것은 기술의 완성도와 신체 조절 능력을 결정짓는 중요한 기준이 된다.

중심(中心)은 신체의 무게 중심이자 동작의 기준점이다. 태권도에서는 이 중심이 안정적일수록 기술 수행이 흔들림 없이 진행되며, 상대의 중심을 무너뜨리는 것도 전략적 요점이 된다. 모든 동작은 중심의 이동과 조절에서 시작된다.

균형(均衡)은 신체가 좌우·전후로 기울지 않고 안정된 상태를 유지하는 능력이다. 균형은 정적인 자세뿐 아니라, 이동 중에도 무게 중심의 변화에 따라 능동적으로 유지되어야 한다. 이는 방어와 공격의 전환을 유연하게 만들어준다.

연계(連繫)는 몸통을 매개로 한 상·하 신체 부위의 연결성과 협응을 의미한다. 이를테면, 하체에서 발생한 힘이 몸통을 거쳐 팔로 전달되는 일련의 에너지 흐름은 연계가 원활할 때 가장 효과적으로 나타난다.

전달(傳達)은 몸통을 경유하여 힘이나 움직임이 효율적으로 외부로 표현되는 과정을 뜻한다. 기술의 위력과 속도는 이 전달 능력에 크게 좌우되며, 단련된 몸통은 그 자체로 하나의 충격 도구가 되기도 한다.

요약하자면, 중심은 '기준', 균형은 '안정', 연계는 '연결', 전달은 '흐름'을 의미한다. 이 네 요소는 상호 보완적으로 작용하여 태권도 수행의 질을 결정짓는다. 따라서 수련자는 몸통의 이 원리를 이해하고 체화함으로써 보다 완성도 높은 동작을 구사할 수 있어야 한다.

-치신(治身) 요약-

구분	개념 정의	태권도에서의 의미 및 적용	태권도에서의 예시
중심	신체의 무게 중심 또는 동작의 '기준점'	기술의 안정성과 이동의 효율성을 좌우하며, 균형과 연결됨	품새에서 중심 이동 없이 기술을 수행하거나, 겨루기 중 중심을 낮춰 자세를 안정시킴
균형	기울어지지 않는 신체의 '안정'된 상태	움직임 속에서도 자세가 무너지지 않도록 하며, 반격과 전환에 필수	회전 후 다시 정확한 자세로 돌아오는 동작, 차기 후 착지의 안정성
연계	상하 신체 부위의 '연결'과 협응	하체의 힘을 몸통을 통해 팔로 이어주는 운동 연쇄를 강화함	몸통의 회전을 이용해 지르기의 위력을 증가시키는 기술
전달	신체를 통해 힘이나 움직임을 '외부'로 효율적으로 표현하는 과정	힘을 모아서 정확히 전달하며, 기술의 위력과 속도 향상에 기여	하체에서 발생한 탄성력을 몸통으로 전달해 차기의 파괴력을 높임

(2) 몸통의 표현

검찰은 수사로 말하고, 정치인은 연설로 말하듯, 태권도는 몸으로 말한다. 이 말은 감정이나 의사로 나타낼 수 없는 것을, 몸통으로 표현한 '신기표현(身氣表現)'이라 한다. 동작 자세로는 두 팔을 가지런히 가슴 앞에 위치하고, 허리가 수평으로 회전하여 허리를 비틀면, 몸통은 자연스럽게 회전되어 딛기(서기)와 서로 호응하게 한다. 이때, 호흡 시 '호(呼)'하면서 몸통의 동작과 동시에 일치하며, 균형과 견고한 자세를 유지한다. 또한 신체운용 능력의 탁월함은, 내딛기 · 물러딛기 · 돌기 시 몸으로써 나가고 몸으로 물러 딛어야 한다.

올바른 이동: 허리가 수평으로 이동   *잘못된 이동: 몸이 수직으로 이동*

몸통은 중심축이 되어 전체 동작의 원동력을 만들어낸다. 태권도의 다양한 기술들은 신체 각 부위가 유기적으로 움직일 때, 비로소 그 힘과 정확성을 발휘할 수 있기 때문이다. 특히 상반신 부위인 몸통·팔의 효율적인 활용은, 기술 수행 능력을 극대화하는 데 결정적인 역할을 한다. 이처럼 몸통은 상체와 하체를 연결하는 중심축 역할을 하며, 전체 동작의 힘과 정확성을 높이는 데 필수적이다. 따라서 태권도 수련 시 몸통의 올바른 표현력을 익히는 것이 중요하다.

(3) 치신의 작용

① 몸통과 상반신 협응

태권도는 전신을 조화롭게 활용하는 무술로, 단순한 팔 움직임을 넘어서 몸통의 유기적 협응이 핵심이다. 이때 몸통(치신)은 모든 동작의 중심축이자 근원으로, 팔과 연결하고 에너지를 전달하는 중추적인 역할을 한다.

팔은 기술을 구사하는 도구이지만, 결코 팔만으로 동작이 완성되는 것은 아니다. 팔의 움직임은 반드시 몸통의 회전에 기반하여 이루어져야 하며, 이로 인해 동작의 힘과 정확성이 크게 향상된다.

몸통 전체를 움직이는 동작

특히 허리와 몸통은 상반신의 팔을 연결하는 핵심 부위로, 태권도 동작의 시작점이자 전달 통로라 할 수 있다. 힘은 허리에서 비롯되며, 허리를 유연한 상태에서 회전시킴으로써 상체와 하체가 자연스럽게 연결되고, 전신의 힘이 하나로 응집될 수 있다.

허리와 몸통의 회전은 팔의 동작을 이끌어내는 원동력이 된다. 단순히 팔만을 움직이는 방식으로는, 태권도의 본질적인 동작 흐름을 구현하기 어렵다.

팔은 몸통의 회전과 흐름에 맞춰, 상·하·내·외의 방향으로 유기적으로 움직여야 하며, 이러한 연계가 태권도 동작의 생명력을 만든다.

또한 몸통의 가동 범위는 팔보다는 상대적으로 작고 짧기 때문에, 팔의 동작은 몸통의 움직임에 맞춰 빠르고 정확하게 실행되어야 한다. 이때 허리와 몸통이 중심을 유지하고 에너지를 전달함으로써, 전신의 균형과 힘이 강화되며, 유연하고 강력한 기술이 가능해진다.

결국 태권도에서는 허리와 몸통의 기능을 정확히 이해하고, 이를 실전 동작에 적절히 적용하는 것이 매우 중요하다. 치신(治身)의 원리를 익혀 몸통을 효과적으로 활용할 수 있을 때, 기술의 정확도와 힘의 효율성이 모두 향상된다.

② 이완된 허리와 단전의 역할

태권도 동작을 자유롭고 유연하게 구사하기 위해서는, 허리와 단전(丹田)의 역할이 중요하다. 단전은 에너지의 근원지로서 허리를 부드럽게 해주는 역할을 한다. 허리가 유연해지면 척추와 팔이 자유롭게 움직일 수 있게 된다.

허리가 부드러우면 척추의 움직임이 자유로워지고, 팔과 다리의 동작 또한 자연스럽게 연결된다. 이처럼 이완된 허리는 전신의 조화로운 움직임을 가능하게 하는 핵심 요소다.

태권도에서 부드러운 허리와 이완된 자세는 모든 동작의 기본이라 할 수 있다. 몸에 불필요한 힘을 주지 않고 자유롭게 움직일 수 있을 때, 동작은 더욱 부드러워지고 정확성도 향상된다. 이를 위해서는 단전에 중심을 두고, 허리를 자연스럽게 풀어내며, 전신의 긴장을 이완하는 자세를 갖추는 것이 중요하다.

특히 호흡은 이완과 자유로운 움직임을 돕는 필수 요소다. 호흡을 길고 편안하게 유지하면 신체가 점차 이완되고, 그 상태에서 기술을 수행하면 보다 부드럽고 효율적인 동작 전개가 가능해진다. 동작 사이에 잠시 멈추어 긴장을 풀어주는 연습도, 몸의 자연스러운 흐름을 회복하는 데 도움이 된다.

이와 같은 자유로운 호흡과 이완된 자세를 바탕으로 한 반복 연습을 통해, 수련자는 점차 부드러우면서도 정교한 태권도 동작을 구사할 수 있게 된다.

결국 태권도는 신체를 기반으로 한 무술이므로, 신체를 자유자재로 활용할 수 있는 능력, 즉 몸의 긴장과 이완을 조절하고 중심을 안정적으로 유지하는 능력이 무엇보다 중요하다.

(4) 치신 운용법

① 효율적인 몸통의 운용

태권도에서 몸통의 유연한 움직임은 동작의 정확성과 힘을 좌우하는 핵심 요소이다. 상·하·좌·우는 물론 전·후 방향으로도 자유롭게 움직일 수 있어야 하며, 이를 통해 기술은 더욱 정밀하고 강력하게 구현될 수 있다.

태권도 수련에서 '동력(動力)은 치신(治身)에서 시작 된다'는 원리는 기술의 효과를 결정짓는 핵심 요소 중 하나다. 몸통은 동력의 중심이며, 이는 마치 자동차의 엔진과 같은 역할을 한다. 그러나 아무리 강력한 엔진을 갖췄다 하더라도, 그 동력이 타이어에 제대로 전달되지 않으면 자동차는 제대로 움직일 수 없다. 이와 마찬가지로, 우리 몸의 중심에서 생성된 힘이 팔과 다리의 말단 부위로, 정확하고 효율적으로 전달되어야만 기술이 위력을 발휘할 수 있다. 따라서 손이나 발이 먼저 움직이려 해서는 안 되며, 기술 수행은 몸통에서 시작된 동력이 팔다리로 이어지는 흐름 속에서 이루어져야 한다.

이러한 효율적인 움직임을 위해서는 척추와 허리가 긴밀하게 연계되어, 전신이 하나의 흐름을 이루는 통합된 동작이 필수적이다. 척추와 허리가 유기적으로 연동되면, 상체와 하체가 자연스럽게 연결되어 전신의 운동 노선이 하나의 직선상에서 정렬된다. 다시 말해, 몸의 한 부분이 움직이면 전체가 함께 반응하는 전신 일체의 움직임이 이루어지는 것이다.

몸의 한 부분이 움직이면 온 몸이 움직이는 형태

이때 척추는 움직임의 중심축이자 원천이며, 허리는 그 원동력을 증폭시키는 역할을 한다. 척추가 방향과 중심을 조절하고, 허리가 그것을 회전과 추진력으로 바꾸어 전신으로 전달하는 방식이다.

이처럼 척추와 허리가 긴밀히 협응하여 움직일 때, 동작은 보다 정확하고 강한 힘을 낼 수 있으며, 태권도 기술의 완성도 또한 극대화된다. 따라서 수련자는 몸통의 효율적인 운용 원리를 이해하고, 이를 바탕으로 전신이 조화롭게 작동하는 통합적인 움직임을 수련해야 한다.

② 몸통의 회전을 운용하는 방법

태권도에서 몸의 회전은 공격과 방어 모두에 있어 핵심적인 기술 요소로 작용한다. 회전 동작은 상대방의 공격을 회피하고, 그 에너지를 흘려보내거나 분산시키는 데 효과적이다. 특히 몸통을 적절히 회전시키면, 상대의 공격 에너지를 정면으로 받지 않고 흡수하거나 피할 수 있어, 방어 시 충격을 최소화할 수 있다.

이를테면, 상대가 강하게 공격해올 때 몸을 시계 반대 방향으로 회전시킴으로써, 공격의 힘을 허공으로 흐르게 만들 수 있다. 이렇게 회전을 통해 공격 에너지를 분산시키면, 상대의 힘을 무력화하거나 회피하는 데 큰 이점이 있다.

몸통의 회전을 운용하는 자세

뿐만 아니라, 몸의 회전은 공격 기술을 강화하는 데에도 매우 유효하다. 예컨대, 뒷발을 축으로 회전하며 공격할 경우, 몸통의 회전력과 발의 이동이 결합되어 더 강력한 타격을 만들어낼 수 있다. 이는 단순한 팔·다리의 움직임을 넘어서, 전신의 회전 에너지를 활용한 폭발적인 힘을 만들어내는 방식이다.

이처럼 회전 동작은 효과적인 방어와 강력한 공격을 동시에 가능하게 하므로, 수련자들은 다양한 상황에서 회전을 활용한 동작을 반복적으로 연습할 필요가 있다.

공격과 방어 모두에서 적절한 회전 기술을 구사할 수 있다면, 상대의 힘은 흘려보내고 자신의 힘은 극대화하는 전술적 우위를 점할 수 있다.

③ 척추와 허리의 원심력과 구심력

척추와 허리는 신체의 중심축으로서, 몸의 모든 움직임을 주도하는 핵심 부위이다. 특히 태권도 동작은 회전·비틀림·점프·차기 등 역동적인 요소가 많아, 척추와 허리에 상당한 부하를 줄 수 있다.

회전 동작이나 고난도의 차기는 허리에 큰 충격과 비틀림을 유발할 수 있기 때문에, 잘못된 자세로 수행할 경우 부상의 위험도 따른다.

하지만 이러한 동작도 올바른 자세와 원리에 따라 수행하면, 오히려 척추와 허리의 유연성과 힘을 강화할 수 있다. 핵심은 허리를 유연하게 유지하는 것이다.

허리는 마치 가볍게 회전하는 축(軸)처럼 움직여야 하며, 몸 전체의 회전 에너지를 효과적으로 전달하는 중심 역할을 해야 한다. 이를 위해서는 신체의 불필요한 긴장을 이완 시키고 자연스러운 자세를 유지하는 것이 중요하다.

척추와 허리는 신체 움직임이 좌우로 평행 회전하는 중심축으로 작용한다. 이러한 중심축이 존재하기 때문에, 양 팔·다리는 원심력과 구심력을 조화롭게 운용할 수 있으며, 동작이 분리와 통합을 자유롭게 오가게 된다.

즉, 움직이는 순간에는 양 손·발이 동작이 중심으로부터 바깥으로 뻗어 나가며 발생하는 힘 '원심력: 나뉨(분리)'이 이루어진다. 이를테면, 몸통의 회전과 함께 팔이 뻗어나가는 지르기에서는 허리의 회전축을 통해 생성된 원심력이 주먹 끝까지 전달되어 강력한 타격력을 만들어낸다.

원심력의 핵심은 중심축(허리)의 회전이며, 그 회전에서 발생한 에너지가 팔 다리 말단으로 퍼져나가는 것이다. 구심력은 정지할 때 바깥에서 중심으로 모이며 '합해지는 힘(통합)'이 성립된다. 이를테면, 방어 후 중심으로 끌어당기는 자세로써, 외부의 힘을 중심축으로 되돌려 안정과 집중을 유도한다.

구심력의 핵심은 주변의 힘을 다시 중심으로 모아들여 정지와 통일의 상태를 만드는데 있다. 이는 척추와 허리를 통한 중심축의 안정과 회전에 의해 가능한 것으로, 중심의 회전이 곧 원심력과 구심력의 균형 있는 발현을 이끈다.

또한, 허리를 비틀고 회전시키는 동작은 허리의 탄력성과 유연성을 높여줄 뿐만 아니라, 노폐물과 지방을 제거하는 데도 도움이 되는 유익한 운동이다. 그러나 현대인의 일상에서는 허리를 제대로 사용하는 경우가 드물기 때문에, 그 이점을 충분히 누리지 못하고 있는 것이 현실이다.

따라서 태권도 수련자들은 허리 회전 동작을 반복적으로 연습하여, 보다 강력하고 탄력 있는 기술을 구사할 수 있도록 해야 한다.

결론적으로, 허리 회전은 태권도 수련에서 단순한 기술적 요소를 넘어, 신체의 에너지를 효율적으로 활용하는 중요한 수련 원리로 운용하며, 동작의 완성도와 신체 기능 향상에 큰 효과를 가져온다.

④ 품새 · 겨루기 · 격파 수련 시 몸통의 운용법

품새 수련 시 몸통의 운용

품새 수련에서 몸통은 기술의 중심축이자 균형과 힘의 전달 매개체로서 매우 중요한 역할을 한다. 올바른 자세를 유지한 가운데 몸통을 단단히 중심에 두면 동작의 안정성이 높아지고, 동작 간 연결이 부드러워진다.

특히 몸통 회전은 기술의 힘과 속도를 끌어올리는 핵심 요소이다. 이를테면, 몸통을 회전시키며 지르기나 막기 동작을 수행하면, 상체의 탄성력을 효과적으로 활용할 수 있어 보다 강한 힘이 전달된다.

또한 품새에서 몸통은 하체의 추진력과 상체의 기술을 연결하는 통로로 작용하므로, 허리의 유연성과 복근의 긴장 조절이 요구된다. 몸통을 경직시키지 않고 유연하게 이완과 긴장을 조절할 수 있어야, 품새의 흐름이 자연스럽고 유려하게 이어진다.

겨루기에서는 몸통이 공격과 방어의 중심이 된다. 몸통은 상대의 주요 가격 부위이기도 하면서, 동시에 기술을 구사하는 기초 에너지의 저장소로 작용한다.

겨루기 수련 시 몸통의 운용

몸통을 이용한 회전이나 피하기 동작(몸통 돌려 피하기·비틀기 등)을 통해 상대의 공격을 회피하거나 역습 기회를 창출할 수 있으며, 몸통 중심을 낮추거나 틀어 주는 동작은 거리 조절 및 체중 이동의 기반이 된다.

또한 겨루기에서는 몸통을 단단히 고정하고 상·하체의 협응을 이끌어야 하므로, 코어 근육의 단련이 필수적이다. 움직임 중에도 몸통의 중심이 흔들리지 않게 유지하면 빠른 연속 동작과 정확한 가격 조절이 가능하다.

격파 수련 시 몸통의 운용

무엇보다 몸통을 통해 균형 잡힌 자세와 안정적인 동작 수행이 가능하므로, 기술의 정확도와 반응 속도 모두에 직접적인 영향을 미친다.

격파 기술에서 몸통은 에너지의 중심축으로서, 손이나 발에 강한 힘을 실어주는 기반이 된다. 손격파나 발격파 모두에서, 몸통 회전과 체중 이동이 정확히 이루어져야 충분한 타격력을 낼 수 있다.

이를테면 손날 격파 시, 단순히 팔의 힘만으로 내려치는 것이 아니라, 몸통의 회전과 함께 하체의 추진력이 하나로 연결되어야 파괴력이 극대화된다. 이는 척추를 중심으로 한 회전력과 코어의 수축력을 잘 활용할 때 기능히디.

또한 격파 시 몸통을 고정하거나 굳게 유지하는 것이 아니라, 순간적으로 폭발적인 힘을 전할 수 있도록 유연한 긴장 상태를 유지해야 한다. 이를 통해 정확한 가격 타이밍과 방향 제어가 가능해지고, 격파의 성공률도 높아진다.

결국 몸통은 격파의 성공을 위해, 정확한 자세·힘의 축적·방향성 제어라는 세 가지 핵심 역할을 동시에 수행하는 중심축이라 할 수 있다.

3) 치완(治腕)-팔

(1) 팔: 위치 · 각도 · 순환 · 집중의 개념 정의

태권도에서 팔은 단순한 공격 수단이 아닌, 중심의 힘을 외부로 연결하고, 방어와 반격의 전환점이 되는 중요한 부위다. 팔의 효율적인 활용을 위해서는 위치, 각도, 순환, 집중의 개념을 통합적으로 이해할 필요가 있다.

위치(位置)는 팔이 차지하는 공간적 자리와 그 배치의 적절성을 의미한다. 정확한 위치는 방어 범위를 넓히고, 기술의 효율을 높이며, 상대의 빈틈을 공략하는 데 핵심이 된다. 팔의 위치가 어긋나면 방어가 무너지거나 반격이 어렵다.

각도(角度)는 팔이 움직이거나 위치할 때 형성되는 관절의 기울기를 말한다. 각도는 동작의 효율성과 연결성을 좌우하며, 힘의 방향성과 기술의 궤적을 결정짓는다. 적절한 각도는 힘의 손실 없이 효과적인 전달을 가능하게 한다.

순환(循環)은 팔의 움직임이 끊기지 않고 유연하게 이어지는 흐름을 뜻한다. 이는 동작 간의 연결성, 즉 막기에서 치기, 또는 치기에서 다음 동작으로 이어지는 유기적 전환을 가능하게 한다. 순환이 원활할수록 리듬과 속도가 살아난다.

집중(集中)은 팔 끝(주먹이나 팔꿈치 등)에 힘과 의식을 모아 기술의 효과를 극대화하는 원리다. 이는 근력의 집중뿐 아니라 의식의 초점을 포함하며, 끝점에서의 타격력을 증대시키는 데 핵심 역할을 한다.

요약하자면, 위치는 '자리', 각도는 '방향성과 효율', 순환은 '흐름', 집중은 '끝점의 힘'을 뜻한다. 이 네 가지는 팔의 움직임을 구성하는 기본 요소로, 수련자는 이를 체화함으로써 보다 강하고 정확한 기술을 수행할 수 있다.

-치완(治腕) 요약-

구분	개념 정의	태권도에서의 의미 및 적용	태권도에서의 예시
위치	팔이 놓이는 공간적 자리 또는 위치	방어 범위 확보, 동작 효율 확보에 영향	막기 시 팔꿈치와 손의 위치를 적절히 유지하여 틈없이 방어
각도	팔이 형성하는 관절의 기울기	힘의 방향과 동작의 궤적설정에 중요	몸통과 팔이 이루는 각도를 조절해 지르기의 위력과 정확도 향상
순환	팔의 움직임이 유기적으로 이어지는 흐름	막기에서 치기, 연속 동작의 리듬과 전환을 부드럽게 만듦	아래막기 후 곧바로 몸통지르기로 이어지는 흐름이 자연스럽게 연결됨
집중	팔의 끝점에 힘과 의식을 모으는 과정	타격의 위력 극대화 및 기술 완성도 향상	손끝이나 팔꿈치 끝에 순간적으로 힘을 모아 명확한 가격 수행

(2) 올바른 팔의 자세

태권도는 전신 동작을 활용한 공격과 방어 기술이 중요한 특징이다. 그중에서도 팔의 움직임은 태권도 수련에 있어서 필수적인 요소라고 할 수 있다. 태권도에서 팔의 올바른 자세는 공격과 방어 기술을 효과적으로 구사하는 데 중요하다. 먼저 어깨와 팔꿈치를 자연스럽게 내린 상태를 유지해야 한다.

올바른 팔꿈치 자세　　　　　　　*잘못된 팔꿈치 자세*

이는 경직된 자세를 완화하고 유연성을 확보하는 데 도움이 된다. 어깨와 팔이 긴장 없이 이완되어 있을 때, 보다 민첩하고 부드러운 동작이 가능해진다. 팔꿈치를 아래로 내려뜨린 자세는 옆구리를 보호하는 역할을 한다. 상대방의 공격으로부터 몸통 부위를 안전하게 지키기 위해서는 팔꿈치를 내린 자세가 필수적이다. 이처럼 팔 자세의 어깨와 팔꿈치가 올바르다면, 공격과 방어 시 신속하고 정확한 움직임을 구사할 수 있다.

(3) 치완의 작용

① 팔과 상반신 협응

태권도에서 팔의 효율적인 운용은 상반신 기술의 발휘에 있어 중요한 요소이다. 팔은 단독으로 기술을 수행하는 것이 아니라, 상반신에서 발생한 힘을 외부로 전달하는 통로 역할을 한다.

그러나 팔의 움직임만으로는 힘의 한계가 분명하며, 강력한 기술 구사를 위해서는 반드시 팔과 상반신의 척추허리와 연계된 움직임이 함께 이루어져야 한다.

특히 몸통에서 발생한 회전력이 팔을 통해 기술로 연결될 때, 비로소 강한 힘이 실리는 효과적인 동작이 완성된다. 팔과 몸통이 하나의 유기적인 궤도에서 함께 작용할 경우, 상승 작용이 발생하며 기술의 파괴력과 정확성이 모두 향상된다.

즉, 몸통이 회전력과 중심을 만들어내고, 팔은 그것을 기술로 구체화하는 방식이다. 이처럼 상반신 부위가 분리되지 않고 통합적으로 협응할 때, 태권도 기술은 더욱 강력하고 안정적인 형태로 발휘될 수 있다.

따라서 수련자들은 단순히 팔만을 사용하는 방식에 머물지 않고, 몸통과의 연결을 고려한 상반신 전체의 통합 운용 능력을 길러야 한다.

이는 단지 기술 향상에 그치는 것이 아니라, 신체 조화와 효율적인 에너지 활용까지 가능하게 하는 중요한 수련 원리다.

② 어깨 · 팔꿈치 · 손목의 상호작용

태권도에서 균형 잡힌 동작과 유연한 기술 구사를 위해서는 어깨·팔꿈치·손목의 유기적인 상호작용이 필수적이다. 이 세 관절이 조화를 이루며 움직일 때, 상체의 흐름이 자연스럽고 부드럽게 이어지며, 전신의 균형과 기술의 유연성이 함께 향상된다.

특히 어깨와 팔의 연동은 단지 상체에 국한되지 않고, 상체와 하체 간의 에너지 전달을 원활하게 하여 동작 전체의 안정성과 일체감을 높인다. 어깨 관절이 부드럽게 움직이고 팔꿈치와 손목이 자연스럽게 이어질 때, 기술 수행의 연결성과 표현력이 극대화된다.

이러한 흐름을 위해서는 항상 어깨와 팔꿈치를 이완된 상태로 유지하는 것이 중요하다.

어깨를 들어 올리지 않고 아래로 떨어뜨리며, 팔꿈치 또한 내려뜨려 부드럽게 접히고 펼쳐져야 한다. 이완된 상태에서 움직일 때 팔 전체는 하나의 흐름처럼 연결되고, 더 민첩하고 유동적인 움직임이 가능해진다.

반대로 어깨나 팔꿈치·손목이 경직되면 팔 전체의 움직임이 뻣뻣해지고, 그로 인해 공격과 방어 동작이 위축되거나 부자연스러워진다. 힘을 주지 않고도 자유롭게 움직일 수 있는 팔의 상태가 이상적이며, 이러한 조건 아래에서야 비로소 기술의 민첩성·순발력·유연성이 조화를 이룰 수 있다.

또한 팔의 구조적 흐름도 중요하다. 팔은 어깨에서 시작하여 팔꿈치·손목·손으로 이어지는 일련의 연계 구조를 가지며, 이들 관절 간의 섬세하고 연속적인 상호작용은 상체 전체의 통합된 움직임을 형성한다. 이러한 흐름 속에서 손목과 손의 정교한 움직임은 기술의 표현력과 예술성을 더욱 높여준다.

결국 어깨·팔꿈치·손목의 조화롭고 유기적인 움직임은 단순한 기술 수행을 넘어, 태권도의 완성도와 예술성을 결정짓는 핵심 요소라 할 수 있다. 이를 이해하고 수련할 때, 더 깊이 있는 기술 구사와 신체 조절이 가능해진다.

③ 팔 컨디셔닝 운동의 활용

태권도에서 팔 기술을 향상시키고 부상을 예방하기 위해서는, 팔의 근력과 회전력을 강화하는 컨디셔닝 운동이 필수적이다.

팔은 기술을 전달하는 중요한 부위이기 때문에, 이를 강화하는 다양한 보강 운동을 통해 기술 수행의 질을 높이고 신체 보호 기능도 함께 향상시킬 수 있다.

대표적인 팔 컨디셔닝 운동으로는 푸시업, 벤치프레스, 암컬이 있다.

푸시업(push-up)은 체중을 이용하여 가슴 근육과 삼두근을 강화하는 대표적인 전신 운동이다.

벤치프레스(bench press)는 바벨을 활용하여 가슴, 삼두근, 전완근 등을 집중적으로 단련할 수 있는 고강도 근력 운동이다.

암컬(arm curl)은 아령이나 덤벨을 들어 올리는 동작으로, 이두근 강화에 효과적이다.

이러한 운동들은 팔의 전반적인 근력을 향상시켜, 더 강하고 안정적인 팔 기술 수행을 가능하게 한다.

또한, 팔 기술에 핵심적으로 작용하는 회전력 증진을 위해서는 '밀기'와 '비틀기' 동작이 포함된 운동이 효과적이다.

예컨대, 케이블 로우(cable row)는 등과 팔의 협응을 강화하며, 메디신볼 슬램(medicine ball slam)은 팔과 몸통의 회전력과 폭발적인 힘을 기르는 데 유용하다.

이러한 컨디셔닝 운동은 부상 예방에도 중요한 역할을 한다. 근력이 강화되면 관절과 인대에 가해지는 부담이 줄어들어서, 충격을 흡수하고 지지하는 능력이 향상되므로 부상 위험을 크게 낮출 수 있다.

결국 지속적인 팔 근력 및 회전력 강화를 위한 컨디셔닝 수련은 태권도 수련자들에게 있어서 기술 향상과 건강한 수련을 위한 기본 조건이다.

단순히 기술 동작만을 반복하는 것에서 벗어나, 팔의 작용 원리를 이해하고, 체계적인 신체 단련과 병행할 때, 비로소 최고 수준의 팔 기술을 구사할 수 있는 기초 체력이 갖추어진다.

(4) 치완 운용법

① 팔 운용법의 실천 원칙

태권도에서 회전이 없는 동작은 태권도 동작이 아니다라는 말은 결코 과장이 아니다. 이는 곧 회전이 포함된 동작일수록 더 강한 타격력을 만들어낼 수 있다는 원리를 의미한다.

또한, 팔꿈치나 주먹을 활용한 공격 기술을 성공적으로 수행하기 위해서는 팔의 회전력과 근력, 그리고 신체 중심과의 연계가 뒷받침되어야 한다.

팔의 회전 동작은 물리적인 원심력을 발생시켜, 공격 기술에는 강한 타격력을, 방어 기술에는 견고한 저지력을 부여한다. 단순한 직선적 움직임보다, 팔의 회전이 동반될 때 에너지는 축적되고 폭발적으로 방출된다.

회전이 있는 동작　　　　　　　　　　　*회전이 없는 동작*

이처럼 회전을 동반한 팔 기술은 신체의 에너지를 한 점에 집중시켜, 더욱 강력하고 효과적인 기술 구사를 가능하게 한다.

팔 동작은 단순한 움직임을 넘어서, 몸통과 하체에서 발생한 힘을 기술로 전달하는 매개체로 작용한다.

결국 팔 기술의 핵심은 단순한 힘이 아닌, 회전 에너지에 있으며, 이러한 원리를 이해하고 수련하는 것이 태권도 동작의 질을 높이는 관건이다.

② 원 · 근거리에서 손 · 팔꿈치 기술의 효과적인 사용법

태권도에서 기술을 효과적으로 구사하기 위해서는, 상대방과의 거리에 따라 공격 방식을 달리해야 한다. 각 거리에서의 특징에 맞는 기술 선택이 승패를 가를 수 있기 때문이다.

원거리에서는 손끝과 주먹을 활용한 공격이 주로 유리하다. 손끝 기술은 공격 반경이 길어 상대방에게 먼저 접근하여 공격할 수 있는 장점이 있다. 이러한 기술은 상대방과의 거리

가 멀 때 유리하게 작용하며, 빠른 타격을 통해 상대의 방어를 뚫는 데 효과적이다.

반면 근거리에서는 팔꿈치 기술이 효과적으로 사용된다. 팔꿈치는 단단하고 강력한 타격력을 지니고 있어 근거리에서의 주된 무기로 활용된다. 또한, 팔꿈치 공격은 신체 구조상 회전력이 강하고 빠르기 때문에, 주먹 공격보다 상대방을 빠르게 제압할 수 있다. 이러한 특성 때문에 근거리에서의 효과적인 방어와 공격을 동시에 수행할 수 있다.

원거리에서 손 기술   *근거리에서 팔꿈치 기술*

따라서 기술을 선택하는 데 있어 거리 조절이 중요하다. 원거리와 근거리에서는 상대방을 밀거나 당겨 거리를 적절히 유지한 후에 공격하는 방식이 효과적이다. 상황에 맞는 거리에서 적합한 공격 기술을 선택함으로써 더 큰 효과를 얻을 수 있다.

결론적으로, 태권도에서 거리 조절을 통한 기술 운용은 기술의 효과성을 극대화하고, 상대방의 방어를 돌파하는 데 중요한 역할을 한다. 각 거리에서의 특성을 잘 이해하고, 그에 맞는 공격 방식을 구사하는 것이다.

③ 품새 · 겨루기 · 격파 수련 시 팔의 운용법

*품새 수련 시 팔의 운용

품새 동작에서 팔의 정확한 위치와 움직임은, 균형과 힘 전달에 중요한 역할을 한다.

팔을 적절히 사용하면 전체 동작의 흐름과 안정성이 향상되며, 기술의 힘과 속도도 높아진다. 팔의 위치는 동작마다 정해진 형태를 유지해야 한다. 이를 통해 몸의 균형을 잡고, 다음 동작으로 원활하게 이어갈 수 있다. 또한 팔의 움직임은 정확한 궤적을 따라야 하며, 상체와 하체의 움직임과 조화를 이루어야 한다. 특히 회전 동작에서는, 팔의 원심력을 활용하여 몸의 균형과 회전력을 높일 수 있다.

*겨루기 수련 시 팔의 운용

겨루기에서 팔은 효과적인 공격과 방어 기술을 구사하는 데 중요한 역할을 한다. 공격 기술에서는 팔꿈치와 손목을 재빨리 이용하여 강한 타격을 가할 수 있다. 또한 팔의 궤적과 타이밍을 정확히 제어하여 상대방을 공략할 수 있다.

방어 기술에서도 팔의 움직임이 중요하다. 차단 동작에서 팔의 위치와 각도는, 상대방의 공격을 잘 막아내는 데 결정적인 역할을 한다. 유연한 팔 관절을 활용하면 상대방의 공격에 대응하여 기회를 만들 수 있다.

겨루기에서 팔 기술의 궁극적인 목적은, 유효한 타격을 통해 점수를 획득하는 것이다. 바른주먹으로 몸통 부위에 정확히 가격하는 기술이 필요하며, 이를 위해서는 팔의 궤적과 타이밍을 잘 조절해야 한다. 또한 빠른 공방 전술을 펼치는 데에도 팔 기술이 중요한 역할을 한다.

*격파 수련 시 팔의 운용

격파 기술에서 손과 팔꿈치를 효과적으로 사용하기 위해서는, 정확한 가격 방법을 익혀야 한다. 손을 이용한 격파에서는 손날 부분을 이용하고, 손가락은 편 상태로 유지하며 팔꿈치를 적당히 구부려 펴면서 타격한다.

팔꿈치를 이용한 격파에서는 팔꿈치의 가장 뾰족한 부분 척골 부위로 가격하되, 상체의 회전과 하체의 추진 동작이 동시에 이루어질 때, 더 강한 힘을 발휘할 수 있다.

격파 동작의 힘과 속도를 높이기 위해서는, 팔 근육과 코어 근육 강화 수련이 필요하다. 근력이 강해지면 타격 시 더 큰 힘을 실을 수 있다. 이렇게 격파 동작을 지속적으로 반복 연습하여 정확한 가격점과 궤적을 익혀나가는 것도 중요하다.

4) 치각(治脚)-다리

이 장에서는 하반신(下半身)을 의미하는 아랫몸을 치각(治脚)으로 명명하고, 이들의 효율적인 운용법에 관해 설명한다. 치각은 8관절의 고관절 · 무릎 · 발목으로 구성되어 다리로 운용하며, 올바른 하반신 운용에 대해 자세히 다룰 것이다. 이를 통해 태권도 수련자들이 하반신을 보다 효과적으로 활용할 수 있는 방법을 익힐 수 있을 것이다.

(1) 다리: 지지 · 이동 · 축적 · 발출의 개념 정의

태권도에서 다리는 단순한 이동 수단을 넘어서, 신체의 균형을 유지하고 강력한 기술을 구현하는 핵심 축이다. 특히 차기의 위력·정확한 자세 유지·순간적인 거리 조절 등은 다리의 구조적 이해와 운용 능력에 따라 결정된다. 이를 위해 '지지', '이동', '축적', '발출'이라는 네 가지 핵심 개념을 이해하고 수련에 적용해야 한다.

지지(支持)는 신체를 지탱하고 중심을 유지하는 능력을 의미한다. 다리는 지면과 맞닿아 있는 유일한 부위로서, 안정적인 자세 유지와 기술의 기반을 제공한다. 차기를 할 때 비사용 다리의 지지력은 전체 균형과 위력을 좌우한다.

이동(移動)은 신체를 전·후, 좌·우, 상·하로 옮기는 다리의 기능이다. 이는 거리 조절 · 타이밍 조절·각도 조정 등 전술적인 움직임의 기초가 된다. 민첩하고 정확한 이동 능력은 공격과 방어의 성공률을 크게 높인다.

축적(蓄積)은 다리에 힘을 모으고 저장하는 과정이다. 차기나 점프 전에 다리 근육과 탄성 구조를 통해 에너지를 축적함으로써, 폭발적인 힘의 기반을 마련한다. 이 과정은 몸통과의 연계를 통해 더욱 증폭된다.

발출(發出)은 축적된 힘을 순간적으로 방출하는 동작이다. 이는 차기, 점프, 밀기 등에서 나타나며, 기술의 위력과 속도는 이 발출 능력에 좌우된다. 적절한 방향성과 타이밍이 함께 갖춰져야 효과적인 발출이 가능하다.

요약하자면, 지지는 '지탱', 이동은 '옮김', 축적은 '힘을 모음', 발출은 '힘을 냄'을 뜻한다. 이 네 가지 개념은 다리의 효율적인 운용을 구성하는 필수 요소로, 이를 체화한 수련자는 더욱 날렵하고 강력한 태권도를 구현할 수 있다.

-치각(治脚) 요약-

구분	개념 정의	태권도에서의 의미 및 적용	태권도에서의 예시
지지	신체를 지탱하고 중심을 유지하는 능력	안정된 자세 유지, 기술 수행의 기반	차기 시 반대 다리고 균형 유지, 방어 시 하체 고정
이동	신체를 옮기는 다리의 기능	거리 및 타이밍 조절, 전술적 위치 선정에 필수	겨루기 중 빠른 스텝으로 공격 거리 확보 및 회피
축적	다리에 힘을 저장하거나 모으는 과정	차기나 점프 전에 에너지를 비축	무릎을 끌어올리며 탄력을 모아 후려차기 준비
발출	축적된 힘을 순간적으로 방출하는 작용	차기의 위력과 타격 속도를 결정	발바닥 또는 정강으로 힘을 밀어내듯 차며 순간 타격 수행

(2) 동작 전환의 원리

태권도에서 동작을 유연하고 효율적으로 전환하기 위해서는 안정성과 민첩성을 동시에 유지하는 것이 핵심이다. 이를 위해서는 발의 위치와 움직임·신체의 이동과 균형 조절, 그리고 하반신 전체의 유기적인 운용이 중요하게 작용한다.

발걸음을 전환할 때는 먼저 발바닥 전체를 지면에 안정적으로 고정시켜 중심을 잡아야 하며, 그 상태에서 신속하게 '앞꿈치' 또는 '뒤꿈치'를 움직여 새로운 방향으로 전환하거나 공격 자세를 취할 수 있어야 한다. 특히 발의 방향과 신체 이동 방향이 일치해야 보다 강력하고 안정적인 기술 수행이 가능하다.

안정된 지세를 유지하면서도 신속하게 동직을 진환힐 수 있이야 한다. 이를 위해서는 전신의 균형과 발의 움직임이 조화를 이루어야 하며, 이동 중에도 중심을 잃지 않도록 균형을 지속적으로 조절해야 한다. 발의 위치나 방향을 적절히 바꾸면 민첩한 동작 전환이 가능해지며, 이러한 변화를 통해 공격과 방어 상황에 능동적으로 대응할 수 있다.

안정성과 민첩성의 유기적 동작

이를테면, 앞으로 나아가는 공격 동작에서는 체중을 앞발에 실어 균형을 유지해야 하며, 반대로 뒤로 물러나는 방어 동작에서는 체중을 뒷발에 실어야 한다. 이때 발의 위치 변화와 신체 이동이 일치되어야 하며, 이를 통해 동작의 연결이 자연스럽고 안정적으로 이루어진다.

또한, 하반신 전체를 유기적으로 운용하는 것이 중요하다. 고관절·무릎·발목 각각의 역할과 기능이 최대한 발휘될 수 있도록 하반신을 통합적으로 사용해야 한다. 각 부위의 유연성과 안정성을 높임으로써, 동작 전환의 효율성을 극대화할 수 있으며, 다양한 기술을 부드럽고 힘 있게 연결하는 것이 가능해진다.

(3) 치각의 작용

① 다리와 하반신 협응

태권도에서 고관절·무릎·발목 등 하반신의 균형과 유기적인 협응은 기술 향상에 결정적인 역할을 한다. 하반신을 효과적으로 운용하면 전신의 균형을 안정적으로 유지할 수 있으며, 다양한 기술을 보다 정확하게 수행할 수 있다.

각 관절이 유기적으로 협응 할 때, 신체의 중심이 흔들림 없이 유지되고, 기술 동작의 정밀도 또한 높아진다. 이를테면, 오른발 혹은 왼발로 바깥 또는 안쪽 후려차기를 수행할 때, 고관절을 유연하게 벌릴 수 있어야 동작의 높이와 범위를 확보할 수 있어 원활한 차기가 가능해진다.

고관절 이완　　　　*무릎 이완*　　　　*발목 이완*

또한, 차기 동작 수행 시에는 발목의 유연성과 조절력이 균형 유지에 큰 영향을 미친다. 발목을 안정적으로 활용하면 밀기·차기 등 다양한 기술을 보다 정확하고 안정감 있게 수행할 수 있다.

결국, 하반신의 각 관절이 서로 협응하며 움직일 때, 기술 수행의 안정성과 정확성이 향상된다. 이러한 하반신의 통합적 운용은 태권도 기술의 완성도를 높이는 데 핵심적인 요소라 할 수 있다.

② 기본 서기법에 내재된 신체 역학의 이해

서기는 태권도의 기본 동작이자, 모든 움직임의 출발점이 되는 걷기의 근본 구조이다. 이는 단순히 서 있는 자세가 아니라, 한 발을 내딛어 몸을 이동시키고, 다시 안정된 자세를 취하는 역동적인 과정이다. 이러한 서기 동작을 정확히 이해하기 위해서는 신체의 역학적 원리, 특히 허(虛)와 실(實)의 개념을 이해하는 것이 중요하다.

허(虛)는 아직 체중이 실리지 않아 비워진 상태를 의미하며, 다음 동작을 위한 준비를 나타낸다. 즉, 무엇으로 변할 수 있는 가능성이다. 반면 실(實)은 체중이 실려 있어 안정적인 지지 상태를 의미한다. 태권도의 모든 서기 동작은 이 허와 실의 구분과 전환을 통해 균형과 유연성을 동시에 확보하게 된다.

양쪽 다리의 허·실 전환을 올바르게 이해하고 적용하면, 동작 간의 연결이 자연스러워지고 이동 시 체중 중심이 흔들리지 않아 연속성과 효율성이 높아진다. 이러한 원리는 차기나 막기, 치기 등의 기술 동작에서도 그대로 적용되어, 전체적인 기술 수행의 안정성과 속도를 결정짓는 핵심 요소로 작용한다.

따라서 수련자는 기본 서기법에 내재된, 몸의 균형·체중 분산·몸의 이동의 원리를 숙지하고 반복 수련을 통해 체화해야 한다. 이러한 신체 역학의 이해는 태권도 수련의 질을 한층 높이고, 더욱 정교하고 효과적인 동작 수행으로 이어질 것이다.

③ 다리 컨디셔닝 운동의 활용

태권도에서 다리 기술의 정확성과 힘을 향상시키고 부상 없이 수련을 지속하기 위해서는, 하지의 근력과 탄성력, 지지력을 강화하는 컨디셔닝 운동이 필수적이다. 다리는 태권도의 핵심 공격 및 방어 기술을 담당하는 부위이므로, 이를 체계적으로 단련하면 기술 수행의 정밀도와 폭발력은 물론, 신체 안정성도 크게 향상된다.

대표적인 다리 컨디셔닝 운동으로는 스쿼트, 런지, 레그컬이 있다.

스쿼트(squat)는 하체 전체를 사용하는 대표적인 복합 운동으로, 대퇴사두근, 햄스트링, 둔근 등을 강화하여 차기 동작의 파워와 지지력을 높인다.

런지(lunge)는 양쪽 다리를 번갈아 앞으로 내딛는 동작을 통해 균형감각과 좌우 다리의 근력 균형을 길러준다.

레그컬(leg curl)은 햄스트링을 집중적으로 강화하여, 다리의 뒤쪽 근육이 차기 동작 시 순간적으로 작용하는 반동력과 회복력을 증대시킨다.

이러한 운동들은 단순한 근력 향상뿐만 아니라, 다리 기술 수행 시의 안정성과 민첩성, 반응력을 종합적으로 높여 준다. 특히, 무릎 관절과 발목의 안전성 확보에 기여하여, 기술 동작 중 발생할 수 있는 부상의 위험을 크게 줄여준다.

또한, 다리 기술의 핵심인 지면 반발력과 수직 탄성을 강화하기 위해, 점프 스쿼트

(jump squat)나 박스 점프(box jump)와 같은 폭발적인 하체 운동이 효과적이다. 이들 운동은 근력과 민첩성, 순간 가속 능력을 동시에 향상시켜, 다양한 차기 기술에서 빠른 전환과 강한 충격 전달이 가능하도록 돕는다.

이처럼 다리의 근력과 탄성력을 균형 있게 향상시키는 컨디셔닝 수련은, 태권도 수련자들이 기술을 보다 효율적으로 구사하고, 수련 강도가 높아져도 부상 없이 지속할 수 있도록 하는 핵심 요소이다. 단순한 기술 반복이 아닌, 다리의 작용 원리를 이해하고 이를 기반으로 한 체계적인 신체 강화 훈련을 병행할 때, 고난도 발기술도 안정적으로 수행할 수 있는 기초 체력과 지지 구조가 완성된다.

(4) 치각 운용법

① 하반신 운용법의 실천 원칙

태권도에서 하반신을 효과적으로 운용하기 위해서는 몇 가지 핵심 원칙을 실천적으로 이해하고 적용하는 것이 중요하다. 다음은 하반신 운용의 기본 원칙이다.

첫째, 고관절의 유연성을 확보하여 몸통과 다리 사이의 연결 부위를 자유롭게 움직일 수 있도록 해야 한다. 고관절이 부드럽게 열릴수록 다양한 차기와 회전 동작이 보다 자연스럽고 폭넓게 수행된다.

둘째, 무릎은 발끝과 수직이 되도록 적절히 굽혀야 한다. 이 자세는 하체의 균형을 유지하고, 체중을 안정적으로 지지하는 데 도움이 된다.

셋째, 발은 앞꿈치부터 바닥에 디디는 방식으로 착지해야 한다. 이는 충격을 흡수하고 움직임의 연속성을 유지하는 데 효과적이며, 민첩한 동작 전환을 가능하게 한다.

넷째, 중심을 낮추어 회전을 용이하게 만들어야 한다. 중심을 낮추면 신체의 안정성이 높아지고, 회전 동작이나 방향 전환이 더욱 부드럽고 빠르게 이루어진다.

이와 같은 원칙들을 체계적으로 실천하면, 하반신의 움직임이 보다 안정적이고 효율적으로 이루어진다.

② 편심력 운용법

효율적인 이동 동작을 위해서는 편심력을 적절히 활용하는 것이 매우 중요하다. 발로 지면을 밀어내며 발생하는 반작용의 힘, 즉 튕기는 힘을 통해 앞으로 나아갈 수 있으며, 이 원리를 활용하면 점프와 같은 복합적인 동작도 가능해진다.

편심력이란, 양발의 중량 분포를 의도적으로 다르게 조절하여 중심을 한쪽으로 기울이는 힘을 말한다. 한쪽 발에 더 많은 중량을 싣고, 다른 쪽 발은 가볍게 유지함으로써 딛기와 회전(돌기) 동작이 보다 용이해진다. 이러한 원리를 통해, 방향 전환이나 이동 시 민첩하고 효율적인 동작 수행이 가능해진다.

효율적인 이동을 위한 편심력

이때 중요한 점은, 몸의 중심선이 양다리 사이 거리의 3분의 1을 초과하지 않도록 유지하는 것이다. 중심이 과도하게 벗어나면 전·후 또는 좌·우로의 전환 동작에 방해가 되며, 동작의 안정성과 효율성이 떨어지게 된다.

결과적으로, 한 발에 중량을 실어 중심을 기울이고, 이를 통해 신체를 유연하게 이동시키는 능력이 편심력 활용의 핵심이라 할 수 있다. 이러한 편심력 운용 능력이 뛰어날수록, 이동 동작은 더욱 민첩하고 효율적으로 수행될 수 있다.

③ 품새 · 겨루기 · 격파 수련 시 다리의 운용법

*품새 수련 시 다리의 운용

품새 수련에서 다리는 기술의 추진력과 안정성의 기반이다. 정확한 자세와 균형을 유지하려면, 두 다리의 지지력과 유연성이 충분히 확보되어야 하며, 이를 통해 기술 수행 중 중심 이동과 회전이 자연스럽게 이루어진다.

품새에서는 다양한 서기(앞굽이·앞서기·뒷굽이 등)를 통해 다리의 기능을 다르게 활용한다. 이는 단순히 모양을 만드는 것이 아니라, 힘의 축적, 발산, 이동이라는 흐름을 다리를 통해 실현하는 것이다.

또한 차기 동작에서는 다리의 탄력성과 유연성이 필수적이다. 다리를 들어 올리는 힘(고관절 및 복근)과 찰나의 속도 조절은 발끝까지 정확한 기술 구사로 연결된다. 무엇보다 품새에서 다리는 상체 동작의 방향과 리듬을 조절하는 역할을 하므로, 하체의 안정성이 곧 품새의 완성도를 좌우하게 된다.

*겨루기 수련 시 다리의 운용

겨루기에서 다리는 가장 강력한 공격 수단이자, 방어와 이동의 핵심 도구이다. 차기를 통해 강한 타격을 구사할 수 있으며, 다리의 움직임을 통해 거리 조절·각도 변화·타이밍 조절을 수행할 수 있다.

효과적인 공격을 위해서는 다리의 빠른 접기·들어 올림·차기 동작이 매끄럽게 이어져야 하며, 엉덩이 관절과 무릎의 유연성은 차기의 속도와 정확도를 결정짓는다. 방어 시에도 다리는 중요한 역할을 한다. 상대의 차기를 피하거나 막는 기술은 물론, 발의 위치와 각도 조정을 통해 공격을 유도하거나 반격의 기회를 만들 수 있다.

또한, 다리는 몸 전체의 중심을 이동시키는 데 중요한 역할을 하므로, 스텝의 민첩성·방향 전환의 유연성·순간적인 탄력을 기르기 위한 반복 수련이 필수적이다.

격파에서 다리는 직접적인 타격 수단으로 사용되며, 동시에 하체 추진력의 원천이기도 하다. 정확한 자세와 체중 이동을 기반으로 다리를 사용하면, 폭발적인 파괴력을 낼 수 있다. 차기 격파에서는 단순한 힘보다 정확한 궤적 접촉 부위·타이밍이 중요하다. 이를테면 앞차기나 돌려차기를 사용할 경우, 타격 순간의 집중력과 다리의 속도가 격파의 성패를 좌우한다.

또한 격파를 위한 다리 사용에는 코어와 하체의 협응이 필수적이며, 무릎과 발목 관절의 부드러운 사용이 충격 흡수와 안전한 수행으로 연결된다. 반복 수련을 통해 다리의 근력과 가격 감각을 향상시키면, 격파 시 힘의 전달 효율성과 정확성이 극대화되며, 이는 기술 수행 능력 전반을 향상시키는 기초가 된다.

3. 신체 8관절의 운용법

1) 8관절의 공방 운용

태권도의 공격과 방어 기술에서는 전신의 8관절을 유기적으로 운용하는 것이 핵심이다. 이 8관절은 어깨·팔꿈치·손목·척추허리·고관절·무릎·발목·그리고 목 관절까지 포함할 수 있으며, 각 관절의 역할과 협응은 공방 동작의 효율성과 정확도를 좌우한다.

모든 관절이 일관되게 연결된 동작

　지르기와 같은 손기술에서는 어깨·팔꿈치·손목 관절의 움직임이 중요하다. 어깨와 팔꿈치의 유연한 움직임은 주먹의 회전력과 추진력을 강화하며, 손목 관절의 정밀한 조정은 공격 지점을 정확히 조준하게 해준다. 이 세 관절이 원활히 협응할 때, 정확하고 강력한 공격 기술이 가능해진다.

　차기 기술에서는 고관절·무릎·발목 관절의 협응이 필수적이다. 고관절의 유연성은 다리를 높이 들어 올리는 움직임을 가능하게 하고, 무릎 관절은 차는 힘의 크기와 방향을 조절하며, 필요시 빠르게 자세를 낮추거나 이동하여 상대의 공격을 회피할 수 있도록 한다. 발목 관절은 자세의 안정성과 차기의 정확성을 유지하는 데 결정적인 역할을 한다.

　방어 기술에서도 8관절은 핵심적인 기능을 수행한다. 손기술을 통한 방어 시, 어깨 · 팔꿈치 · 손목 관절의 유연성과 안정성이 공격을 효과적으로 막는 데 기여하며, 척추허리 관절의 회전력과 유연성은 몸통 회전 자세 전환, 그리고 반격으로의 전환에 유리한 조건을 만들어준다.

　궁극적으로, 모든 관절은 '동그라미를 그리듯' 끊어짐 없이 유기적으로 연결되어야 하며, 움직임의 흐름이 일관성 있게 관통되어야 한다. 이렇게 관절 간의 연결성이 원활할수록, 자세는 안정되고 동작은 더 강력하고 정확해진다. 관절의 회전력과 탄성은 동작에 강한 기세를 부여하며, 이는 단 한 번의 동작으로 강한 기술을 구사할 수 있도록 한다.

이러한 원리를 바탕으로, 태권도 수련자는 하나의 동작·품 혹은 기술 흐름 안에서 전신의 주요 관절이 순서대로 통과하듯 연결되어야 하며, 이 일관된 관절 운용은 기술의 정확성, 힘, 안정성을 극대화하는 핵심이 된다.

2) 8관절의 기능적 관리

태권도 수련에서 8관절의 건강한 관리는 기술 향상과 부상 예방의 핵심 요소이다. 수련 전에는 반드시 충분한 준비운동과 스트레칭을 실시해야 한다.

워밍업을 통해 심박수와 체온이 상승하면 근육과 관절이 따뜻해져, 부상 위험을 현저히 낮출 수 있다. 또한 스트레칭은 관절의 유연성을 높이고 가동 범위를 확장시켜, 보다 자유롭고 정확한 기술 구사에 큰 도움이 된다. 이때 각 관절별로 적절한 스트레칭 방법을 익혀 체계적으로 실천하는 것이 중요하다.

수련 중에는 관절을 보호하기 위한 장비 착용도 필수적이다. 손목 보호대·발목 보호대·무릎 보호대 등은 외부 충격으로부터 관절을 보호하고, 부상 위험을 효과적으로 줄여준다. 아울러 무리한 동작은 자제하고, 수련 중간에 적절한 휴식을 취하는 것도 관절 건강을 유지하는 데 매우 중요하다. 관절에 과도한 부담이 반복되면 피로와 염증이 쌓여 부상의 위험이 높아지므로, 휴식을 통해 관절을 회복시키는 관리가 필요하다.

결국 준비운동과 스트레칭을 통해 관절을 활성화하고, 보호 장비 착용과 휴식을 통해 관절을 보호·회복하는 것이 태권도 수련의 기본이다. 관절이 건강해야만 기술의 정확성과 힘도 향상될 수 있으며, 장기적인 수련의 지속성과 효율성도 높아진다.

4. 상 · 하반신의 통합 운용법

1) 상 · 하반신의 협응

태권도는 신체 각 부위의 효율적인 운용과 상·하반신의 유기적인 협응을 통해 완성되는 전신 운동이다. 상체만 따로 움직이거나 하체만 독립적으로 동작하면, 동작의 유연성이 떨어지고 힘 또한 제대로 실리지 않게 된다. 따라서 태권도 수련에서는 상·하반신의 통합적인 움직임을 통해 균형 잡힌 자세와 안정된 동작을 유지하는 것이 중요하다.

기본적으로 하반신은 안정적인 기반을 제공하고, 상반신은 이 기반 위에서 자유롭게 움직이는 구조를 이룬다. 이를테면, 옆차기 동작을 수행할 때 상반신의 회전과 팔의 움직임이 함께 작용하면, 다리는 회전의 축이 되어 자연스럽게 하반신과 함께 연동된다. 이러한 협응을 통해 상·하반신이 하나의 시스템처럼 움직이며, 보다 균형감 있고 완성도 높은 동작을 만들어낼 수 있다.

상·하반신의 협응 동작

태권도에서는 전신을 하나의 통합된 에너지 체계로 인식하고 운용하는 것이 핵심이다. 온몸이 유기적으로 연결될 때, 내적인 에너지가 효과적으로 발현되어 고난도의 기술도 안정적으로 수행할 수 있다. 이를 위해서는 무엇보다 자신의 몸에 대한 정확한 인식과 이해가 선행되어야 하며, 신체 각 부위가 어떻게 연결되어 작동하는지를 체계적으로 익히는 것이 중요하다.

상반신과 하반신의 협응이 잘 이루어져야만 동작의 정확성과 힘이 극대화될 수 있다.

따라서 태권도 수련자는 신체 부위별 기능과 운용 원리를 체계적으로 학습하고, 전신이 유기적으로 작용하도록 수련해야 한다. 이 과정을 통해 태권도의 본질에 대한 이해가 깊어지고, 수련의 효과 또한 극대화될 것이다.

2) 상·하반신의 조화로운 사용법

태권도에서 상허하실(上虛下實)은 상체는 가볍게, 하체는 단단하게 사용하라는 원리로, 이는 민첩한 움직임과 강한 기세를 형성하는 기본 원칙이 된다. 이를테면, 나가기 동작에서는 상체는 유연하고 가볍게 움직이되, 하체는 지면에 단단히 밀착되어 안정된 자세를 유지해야 한다. 상체가 경쾌하게 동작하면서도 하체가 무게 중심을 견고하게 지탱해주어야, 전체 동작이 안정적이고 매끄럽게 이어질 수 있다.

상체는 가볍게, 하체는 굳건하게

이때 상체와 하체는 각자의 역할에 따라 독립적으로 움직이되, 전체적인 리듬과 흐름 속에서는 서로를 보완하며 일체감 있게 작용해야 한다. 상체는 주로 팔과 손의 동작을 따르고, 하체는 다리와 발의 동작을 따르지만, 결국에는 상체가 하체를 따르고, 다시 하체가 상체를 따르며 순환적인 협응을 이룬다.

이러한 상·하체의 조화는 '허(虛)'와 '실(實)'의 원리를 바탕으로 한다. 즉, 가벼움(허)과 무게감(실)의 전환을 통해 유기적인 움직임이 가능해진다. 이는 '걷기 원리'와도 유사하다. 이를테면, 오른발이 '허'가 되면 오른손은 '실'이 되고, 반대로 왼손이 '허'가 되면 왼발은 '실'이 되는 식으로, 상·하체가 서로 교차하며 균형을 이루게 된다.

이처럼 상체와 하체가 서로 호응하며 유기적으로 연계될 때, 전신은 하나의 흐름으로 통합되고, 태권도의 동작은 보다 자연스럽고 강력하게 구현된다. 이를 통해 동작의 정확성과 힘은 배가되고, 민첩성 및 기세 또한 극대화될 수 있다.

3) 걷기 원리: 눈 – 몸통 – 팔 – 다리의 협응

태권도 수련에서 눈·몸통·팔·다리의 효율적인 협응은 동작의 정확성과 일관성을 높이는 핵심 요소이다. 이 중에서 눈은 전신 운동의 지휘자 역할을 하며, 다른 신체 부위들은 눈의 감각과 인식에 따라 움직임을 조율해야 한다. 눈이 목표를 정확히 포착하면, 몸통과 팔·다리는 그 방향으로 일관되게 연동되어야 하며, 이 네 요소가 유기적으로 연결될 때 전신이 하나의 흐름으로 통일된다.

상체와 하체가 조화롭게 연계

전신이 일관된 동작

　이를테면, 옆차기 동작을 수행할 때 눈이 먼저 목표를 정확히 인식하고, 그 다음 몸통이 회전하며 방향을 전환한다. 이어서 팔과 다리가 그 움직임에 따라 일관되게 반응하게 된다. 이때 눈은 계속해서 목표를 주시하면서 다른 신체 부위들의 움직임을 조율하며, 결과적으로 동작에 힘과 정확성 그리고 기세가 실리게 된다.

　따라서 눈·몸통·팔·다리의 유기적인 협응을 통해 전신이 하나의 일관된 움직임으로 통일되는 것이 중요하다. 이 협응이 잘 이루어질 때, 동작은 더욱 정확하고 강력해지며, 기술의 완성도 역시 높아진다.

　결과적으로, 걷기 원리에 따라 상체와 하체가 조화롭게 연계되고, 눈과 몸통·팔·다리 또한 유기적으로 호흡하며 움직일 때, 전신은 하나의 기세로 통일된다. 이와 같은 전신 협응을 통해 태권도 동작의 본질적인 의미와 기술적 완성이 구현될 수 있다.

5장
기(氣)와 호흡, 기합

1968

5장. 기(氣)와 호흡, 기합

1. 기(氣, Energy)의 이해와 운용

1) 기(氣)의 이해

태권도에서 기(氣)는 생명력의 원천이자 동작의 근원이다. 기는 우주 만물을 구성하는 본원적 에너지로, 인간의 정신과 신체를 하나로 잇는 역할을 한다. 따라서 기의 흐름을 자연스럽게 하는 것이 태권도 수련의 핵심이라 할 수 있다.

(1) 기(氣)의 개념

태권도는 동작의 정확성과 완성도가 무엇보다 중요한 무술이다. 이러한 동작을 정밀하고 능숙하게 수행하기 위해서는, 신체를 효율적으로 운용하는 능력이 필요하다.

이때 중요한 역할을 하는 것이 바로 전통 철학에 뿌리를 둔 기(氣, Energy)의 개념이다.

기(氣)란 우주 만물에 스며들어 흐르는 형체 없는 에너지로, 자연의 질서를 따라 움직이며 생명과 운동의 원리를 이루는 본원적 힘이다. 수련자는 기의 흐름을 인지하고 이를 조화롭게 운용함으로써, 동작의 힘과 속도·균형 등을 극대화할 수 있다. 따라서 기를 통한 신체 조절은 태권도 기술의 완성도를 높이는 데 있어 핵심적인 요소라 할 수 있다.

(2) 기(氣)의 정의

'기(氣)'는 만물이 생성되고 움직이는 근원적인 힘으로, 인간의 생명력과 활력의 원천이다. 이는 단순한 물리적 에너지나 힘을 의미하는 것이 아니라, 몸과 마음이 통합된 형태의 내적인 에너지이다. 태권도에서 '기'는 동작의 힘과 속도의 효율성을 결정짓는 핵심 요소로 작용한다.

수련자는 기의 흐름을 인식하고 이를 조절하며 집중시킬 수 있어야 한다. 그렇게 할 때 전신의 움직임은 자연스럽고 유기적으로 연결되어, 보다 강력하고 완성도 높은 기술을 구사할 수 있다. 반대로 기를 제대로 다루지 못하면 동작이 부자연스럽고 힘의 전달도 약해질 수밖에 없다.

따라서 '기'의 본질을 이해하고 그 원리를 수련 속에 적용하는 것은, 태권도의 기술적 발전과 심신 수양을 위해 반드시 필요한 핵심 과제라 할 수 있다.

(3) 기(氣) 중심의 신체 조절 방법과 운용

수련자는 기(氣)를 운용하여 호흡을 조절하고, 몸과 마음을 집중함으로써 기의 흐름을 느낄 수 있다. 이 과정에서 호흡은 기의 운용에 있어 핵심적인 역할을 수행한다. 내적 호흡 시에는 기를 체내로 모아 에너지를 고조시키고, 외적 호흡 시에는 기를 외부로 발산하여 신체와 정신을 이완시킨다.

동작 수행 시에도 기의 흐름에 따라 신체를 이완하거나 집중시킴으로써, 에너지를 효과적으로 전달할 수 있다. 이를테면, 옆차기 동작에서는 차는 발에 기를 집중시켰다가, 차는 순간 순간적으로 기를 발산함으로써 위력을 극대화한다.

지르기 동작에서는 손(주먹)에 기를 모은 뒤, 목표를 향해 기를 전달함으로써 정확도와 파괴력을 높인다. 또한, 뛰어차기와 같은 체공 동작에서는 공중에 떠 있는 동안 기를 집중시키고, 차는 순간에 발산하여 동작의 힘과 속도를 극대화할 수 있다. 이처럼 기의 원리를 효과적으로 운용하면 동작의 완성도와 효율성을 높일 수 있으며, 이는 태권도의 기술적 깊이와 표현력을 향상시키는 데 크게 기여한다.

(4) 전통 철학에 기반 한 태권도 기(氣) 수련의 실천적 의미

기(氣)의 개념은 동양 전통 철학의 중심에 자리한 핵심 사상으로, 우주의 근원적 에너지인 기가 만물을 생성하고 운행한다는 관점에서 출발한다.

동양 철학에서는 이러한 기의 존재를 인식하고, 그 흐름을 조절하는 수련을 매우 중시하였다. 기(氣)는 단순한 신체적 힘을 넘어선 생명력과 존재의 근원으로 이해되며, 이 같은 전통적 사유는 태권도의 수련 체계에도 깊은 영향을 미치고 있다.

태권도에서 기를 체득하고 운용하기 위해서는 지속적인 수련이 필수적이다. 특히 호흡 조절과 정신 집중을 통해 기의 흐름을 인식하고 이를 의도적으로 조절하는 과정은 기 수련의 핵심이다. 이러한 수련은 단순히 기술적 완성도를 높이는 것을 넘어서, 심신의 안정과 자기 조정력 향상, 나아가 삶 전반에 긍정적인 영향을 미치는 실천적 효과를 가져다준다.

따라서 기의 개념과 운용법을 수련 속에 꾸준히 적용하는 것은 태권도의 완성도를 높이는 데 크게 기여할 수 있다. 이를 위해 기 수련에 대한 체계적이고 과학적인 접근이 필요하며, 전통 철학에 기반한 기의 원리를 현대적으로 재해석하고, 이를 보편적으로 운용할 수 있는 교육·실천 방안을 마련하는 노력이 병행되어야 할 것이다.

2) 기(氣)의 운용

(1) 기(氣) 운용을 통한 동작 완성 방법

기(氣)를 올바르게 운용하기 위해서는, 몸과 마음을 일체화하여 에너지를 집중시키는 것이 중요하다. 호흡을 조절하고 정신을 집중함으로써 기를 내면에 응축하고, 이를 동작 속에 효과적으로 발현하는 과정이 기 운용의 핵심이다. 이러한 기의 운용을 통해 태권도 동작은 보다 힘차고 정확해지며, 움직임 또한 자연스럽고 효율적으로 이루어진다.

이를테면, 기를 집중한 상태에서 옆차기를 수행하면 다리의 움직임은 가벼우면서도 강한 타격력을 가지게 된다. 또한 기를 적절히 운용하면 연속 동작을 수행할 때에도 힘과 균형을 유지할 수 있어, 기술의 완성도와 일관성을 높일 수 있다.

그러나 이러한 기의 운용은 단기간에 습득할 수 있는 단순한 기술이 아니다. 이는 고도의 집중력과 신체 감각이 요구되는 고난도 수련 과정으로, 장기간의 반복 연습과 꾸준한 자기 수련이 필수적이다. 따라서 기의 운용을 체계적으로 익히는 것은 태권도 수련의 질적 향상을 위해 반드시 필요한 과정이라 할 수 있다.

(2) 기(氣)의 응축과 운용

기(氣)를 효과적으로 응축하고 운용하기 위해서는, 호흡 조절과 정신 집중이 핵심적인 요소이다. 동작에 앞서 심호흡을 통해 기를 체내에 모은 뒤, 동작 수행 중에는 잠시 호흡을 멈추어 기를 내부에 응축시킨다. 이렇게 축적된 기는 기술을 펼치는 순간 폭발적으로 분출되며, 보다 강력한 힘을 만들어낸다.

무릎과 팔꿈치를 접을 때 응축   *무릎과 팔꿈치를 펼 때 발현*

이를테면, 옆차기를 수행할 때 기를 다리에 집중시킨 후, 차기 순간에 기를 강하게 발산하면 동작의 위력은 극대화된다. 또한 연속 동작을 수행할 때에도 기의 흐름을 원활히 유지하면, 각 동작이 부드럽고 안정적으로 연결되어 기술의 완성도가 향상된다.

결국, 기의 응축과 운용 능력을 체계적으로 익히는 것은 태권도 수련에 있어 동작의 힘과 효율성을 높이는 핵심적인 수련 요소라 할 수 있다.

(3) 기(氣)의 표현

태권도에서 동작을 수행할 때, 기(氣)는 전신을 관통하며 움직임을 유기적으로 연결해 주는 중심 에너지로 작용한다. 발과 다리에서 비롯된 기는 허리와 몸통을 거쳐 팔과 손끝으로 전달되며, 이 흐름 속에서 각 동작의 연결성과 완성도가 자연스럽게 높아진다. 기의 흐름이 원활하고 조화로울수록 동작은 더욱 부드럽고 유려해지며, 이는 태권도 동작의 미적 아름다움으로도 이어진다.

그러나 동작의 화려함이나 강한 힘을 표현하고자 할 때, 그 표현이 지나치게 과장되거나 경박해서는 안 된다. 기는 단순한 움직임의 힘이 아닌, 동작에 생명력과 내면의 에너지를 불어넣는 원동력이기 때문이다.

이를테면, 공격 동작에서는 기의 폭발적인 힘을 통해 강한 충격을 줄 수 있으며, 방어 동작에서는 기의 흐름을 안정적으로 조절하여 탄탄한 자세와 중심을 유지할 수 있다. 이처럼 기의 운용은 단지 표현의 수단을 넘어, 품새·겨루기·격파 등 모든 태권도 기술의 완성도와 실전 효과를 높이는 데 필수적인 요소라 할 수 있다.

3) 기세(氣勢)의 이해

(1) 기세(氣勢)의 개념

기세(氣勢)란 태권도 수련 과정에서 발현되는 기(氣)의 흐름과 그 운용을 의미한다. 이는 단순한 물리적 힘이 아니라, 기(氣)와 세(勢)가 조화를 이루어 나타나는 역동적인 표현이다. 기가 체내에 모여 응축되면 힘이 생성되고, 반대로 기가 흩어지면 그 힘도 함께 소멸된다. 이러한 기세는 동작의 완성도에 직접적인 영향을 미치는 요소로, 기세가 강하고 안정적일수록 태권도의 기술적 숙련도와 표현력은 더욱 향상된다. 기세는 단순한 물리적 힘만을 뜻하는 것이 아니라, 정신력까지 아우르는 포괄적이고 통합적인 개념이다. 따라서 태권도 수련에서는 기세를 잘 다스리고 운용하는 것이 중요하다.

기세는 세(勢), 이(理), 화(和)와 밀접하게 연관되어 있다. 여기서 세(勢)는 힘의 발현, 이(理)는 원리와 법칙, 화(和)는 조화와 균형을 의미한다. 태권도에서 궁극적으로 지향하는 바는, 세와 이가 화를 이루어 기세로 완성되는 것이다. 다시 말해, 원리에 부합하는 힘의 운용을 통해 조화로운 동작이 이루어지고, 이것이 바로 태권도의 실력을 결정짓는 핵심적인 바탕이 된다.

결국 기세를 효과적으로 발현하기 위해서는 세, 이, 화의 요소를 균형 있게 수련하고 조화롭게 통합해야 하며, 이를 통해 보다 높은 수준의 태권도 수행이 가능해진다.

(2) 기세(氣勢)의 정의

모든 사물에는 기(氣)가 내재되어 있으며, 세(勢)는 이러한 기(氣)를 기반으로 형성된다. 따라서 기(氣)는 세(勢)가 형성되는 근본이며, 기(氣)와 세(勢)가 유기적으로 결합 될 때 비로소 강력하고 효과적인 기세가 완성된다.

이를 자연의 예로 설명하면, 염전에서 소금이 생성되는 과정을 들 수 있다. 바닷물에는 물의 기(氣)가, 햇빛에는 태양의 기(氣)가 담겨 있다. 이 두 기운이 만나 상호작용하면서 변화가 일어나고, 이 변화의 흐름과 방향성이 곧 세(勢)에 해당한다. 물과 햇빛이 조화를 이루며 일정한 방향성을 띨 때, 기와 세가 결합되어 마침내 소금이라는 결정체가 완성되는데, 이 과정을 기세(氣勢)라고 볼 수 있다.

*주먹(기氣)→→→기와(기氣)
= 완파(기세(氣勢))*

*발(기氣)→→→송판(기氣)
= 완파(기세(氣勢))*

이와 마찬가지로, 태권도 수련에서도 기세는 동작의 완성과 실전 대응력 향상에 중요한 역할을 한다. 이를테면, 손·발 자체에는 기가 깃들어 있으며, 목표로 하는 고형 물체 역시 기를 지니고 있다. 이때 손·발로 물체를 가격하는 행위는 기의 흐름과 방향성이 작용하는 세(勢)의 발현이며, 그 결과로 고형물이 완전히 파괴되었을 때, 이는 손·발의 기(氣)와 동작의 세(勢)가 하나로 조화를 이루어 발현된 상태, 즉 기세(氣勢)의 구현이라 할 수 있다.

결국 기세란 기와 세가 하나의 흐름 속에서 조화를 이루며, 극대화된 에너지를 표현하는 것이다. 기는 생명체에 내재된 근본적인 에너지이며, 이 기를 모으고 다스릴 때 강력한 세가

발휘된다. 따라서 태권도 수련자는 기와 세의 관계를 깊이 이해하고, 기를 단련함으로써
더욱 강력하고 완성도 높은 기세를 형성할 수 있다.

-기세의 흐름도-

동작(動作)

손 · 발(기(氣))→------→------→고형물(기(氣)) = 완파(기세(氣勢))

세(勢)

(3) 기세(氣勢)의 조화

태권도는 인간 내면의 정신력을 기르고 신체를 단련하는 종합적인 수련 방식이다. 기
세(氣勢)를 완전하게 발현하기 위해서는 정신적 · 육체적 측면 모두에서의 균형 있는 단
련이 필수적이다.

정신적인 측면에서는 명상과 집중력 향상을 위한 수련을 통해 의지력과 정신력을 기를
수 있다. 특히 동작을 수행할 때, 마음을 모아 완전한 집중 상태를 유지하면 강력한 기세
가 자연스럽게 발현된다. 이는 단순한 기술 수행을 넘어, 내면의 에너지를 외적으로 표
출하는 데 중요한 역할을 한다.

육체적인 측면에서는 지구력과 근력의 향상이 핵심이다. 충분한 체력과 강인한 근육은
역동적이고 강렬한 동작을 가능하게 하며, 기세의 물리적 기반을 형성한다.

무엇보다 중요한 것은 끊임없는 수련이다. 일회성의 노력이 아닌, 꾸준하고 지속적인 수

련을 통해 정신력과 육체적 능력이 함께 배양되며, 그에 따라 기세 또한 자연스럽게 성장하고 강화된다.

수련자는 이러한 기세의 조화를 통해 완성도 높은 동작을 구현할 뿐만 아니라, 자기계발과 성취의 경험을 얻을 수 있다. 이는 태권도를 단순한 무술이 아닌 삶의 수양으로 승화시키는 중요한 과정이라 할 수 있다.

4) 기화식(氣和式)

태권도 동작에서는 대립의 통합(통일) 원리를 바탕으로 다양한 방식으로 구현된다. 그중 하나가 바로 기화식(氣和式)이다.

기화식이란 '기(氣)의 조화(調和)'를 의미하며, 상반되는 음과 양의 기가 겸전(兼全)의 조화를 이루어 흐를 때 비로소 효과적인 동작이 완성된다는 원리이다.

태권도의 기술에는 항상 대립되는 요소들이 존재한다. 이를테면, 앞으로 나아가는 발과 뒤에 남는 발, 차기에서 차는 발과 지면을 디딘 발, 치켜든 주먹과 낮게 내린 주먹 등은 각각 음과 양의 관계를 이루며 서로 보완하고 균형을 이룬다. 이러한 대립적인 요소들은 단순히 맞서는 것이 아니라, 조화를 통해 하나의 유기적인 동작으로 완성된다.

기화식은 이러한 음·양의 대립을 억지로 분리하거나 대립시키는 것이 아니라, 자연스럽게 통합하고 조화시키는 방식이다. 이를 통해 태권도의 본질적 아름다움이 동작 속에서 드러나며, 기술의 수행력 또한 크게 향상된다.

결국, 기화식은 단순한 기술 수행을 넘어 태권도의 철학과 미학을 반영하는 핵심 원리이며, 이처럼 조화롭게 완성된 동작은 태권도의 본류(本流)를 나타내며, 궁극적으로 동작 수행력의 향상에도 큰 도움을 준다.

-태권도의 효율적인 기술에 대한 기화도(氣和圖)-

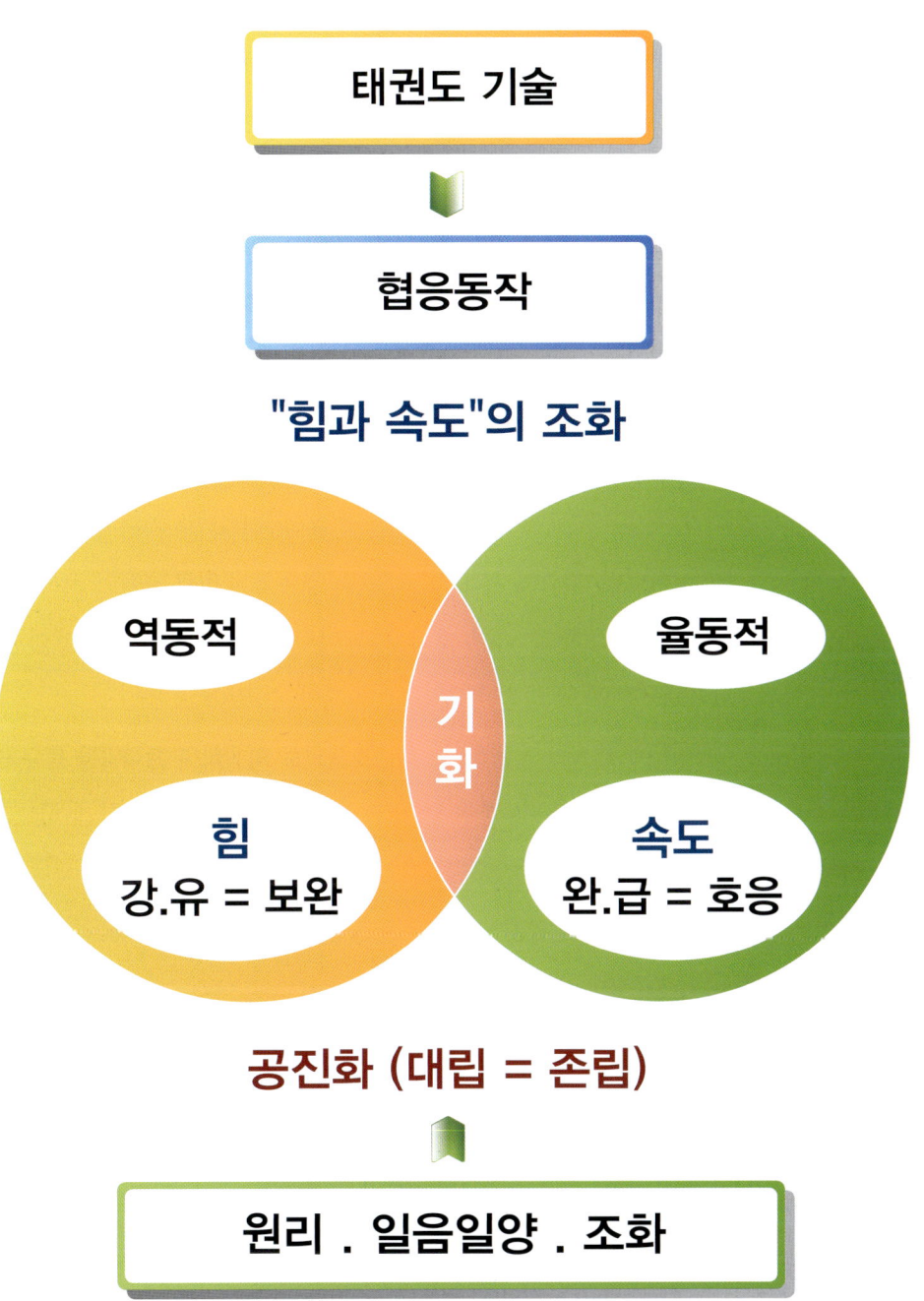

태권도 기술

↓

협응동작

"힘과 속도"의 조화

역동적

율동적

기화

힘
강.유 = 보완

속도
완.급 = 호응

공진화 (대립 = 존립)

↑

원리 . 일음일양 . 조화

2. 호흡법

1) 태식(胎息) · 복식(腹息) · 흉식(胸息) · 후식(喉息)

인생의 여정은 곧 호흡의 여정이라 할 수 있다. 사람이 태어나 생을 마칠 때까지 호흡의 중심은 점차 아래에서 위로 이동한다. 그러나 건강한 호흡이란, 오히려 이 중심점을 위에서 아래로 다시 내려 보내는 것이다. 태권도 수련에서 올바른 호흡은 기술 수행의 효율성과 힘을 높이는 동시에, 신체적 · 정신적 건강 증진에도 큰 도움이 된다.

인간의 호흡 방식은 생애 주기에 따라 변화한다. 태아기에는 태식(胎息), 즉 탯줄을 통해 모체로부터 산소와 영양분을 공급받는 방식으로 호흡한다.

출생 후에는 폐 호흡을 시작하게 되며, 이 시기에 자연스럽게 복식호흡(腹息)이 발달한다. 복식호흡은 횡격막을 적극적으로 활용함으로써 호흡 효율이 높고, 신체와 정신의 건강에도 긍정적인 영향을 미친다.

그러나 성장과 함께 자세와 생활습관이 변화하면서 흉식(胸息), 즉 가슴 중심의 호흡으로 바뀌게 되는 경우가 많다. 이때는 횡격막 사용이 줄어들어 호흡의 깊이와 효율이 저하된다. 더 나아가 후식(喉息), 즉 목 중심의 얕고 빠른 호흡으로 이어지면, 호흡이 불안정해지고 스트레스 및 불안감이 가중되는 등 심리적 부작용을 초래할 수 있다.

따라서 태권도 수련에서는 후식을 지양하고, 복식호흡으로 회귀하여 횡격막을 충분히 활용하는 것이 중요하다. 이를 통해 호흡의 질을 높이고, 에너지 순환을 원활하게 하며, 궁극적으로 신체와 정신의 조화로운 균형을 이룰 수 있다.

2) 복식호흡의 원리와 수련법

(1) 복식호흡의 원리

태권도에서 호흡법은 단순한 호흡 조절을 넘어, 기술 수행과 정신 수련·신체 에너지 순환에 이르기까지 전반적인 수련 과정에 깊은 영향을 미친다. 이러한 호흡법의 핵심 원리는 크게 세 가지로 설명할 수 있다.

첫째는 횡격막 호흡의 중요성이다. 횡격막은 호흡 시 가장 활발하게 사용되는 주요 근육으로, 이를 활용한 복식호흡은 폐활량을 극대화할 수 있다. 충분한 산소 공급은 에너지 대사를 촉진하고 지구력을 향상시켜, 태권도 동작 수행 시 보다 강력하고 안정된 힘을 발휘할 수 있도록 돕는다.

둘째는 에너지 순환과 기(氣)의 운용이다. 올바른 호흡은 신체 내부의 기를 원활히 순환시켜 활력을 높여준다. 기의 흐름이 막힘없이 이루어질 때, 동작의 힘과 속도 또한 자연스럽게 향상된다. 따라서 기의 흐름을 조절하고 운용하는 능력은 태권도 실력 향상에 있어 핵심적인 요소라 할 수 있다.

셋째는 정신과 육체의 통합이다. 호흡은 단지 신체적인 작용에 그치지 않고, 정신적인 안정감과 집중력 향상에도 깊이 관련되어 있다. 호흡을 통해 몸과 마음이 하나로 조화를 이루면, 수련자는 자기 수양과 내적 평온에 이를 수 있다. 이는 태권도 수련의 궁극적인 목적과도 부합한다.

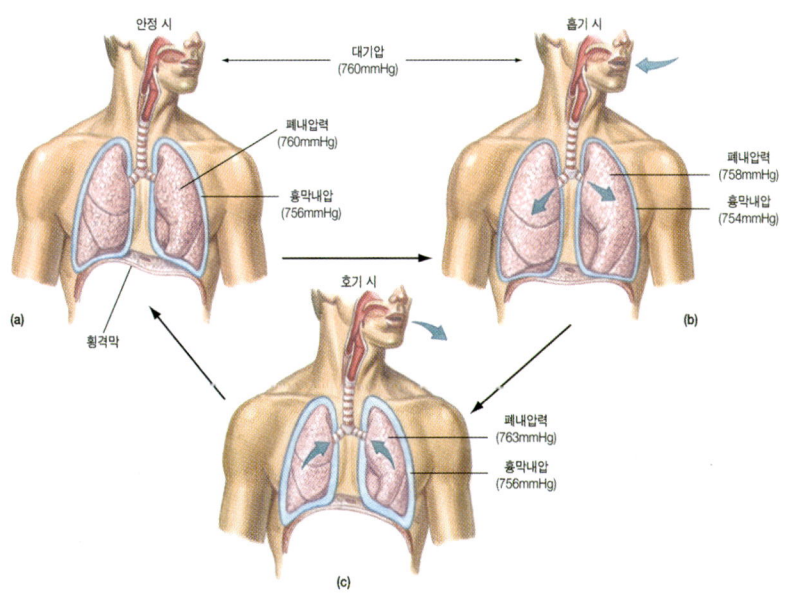

-출처: 국기원-

이처럼 태권도 호흡법은 신체적 기능 강화뿐만 아니라 정신적 수양, 에너지 조절이라는 다층적 의미를 지닌다. 따라서 수련자들은 호흡의 원리를 정확히 이해하고 실천함으로써, 단순한 기술 향상을 넘어 전인적인 성장과 수련의 깊이를 경험할 수 있을 것이다.

복식호흡은 횡격막을 이용해 호흡하는 방식으로, 폐 기능을 극대화하여 신체의 에너지 효율을 높이는 데 큰 도움이 된다. 이는 배를 이용하여 숨을 들이마시고 내쉬는 방식으로, 폐의 하부까지 공기를 깊이 들이쉬고 배출하는 것이 특징이다. 복식호흡을 통해 호흡에 관여하는 근육을 충분히 활용함으로써 더 많은 산소를 흡입하고, 이산화탄소를 효과적으로 배출할 수 있다.

(2) 복식호흡의 수련법

태권도에서 복식호흡은 신체의 에너지 효율과 기술 수행력을 높이는 핵심 수련법이다. 이를 효과적으로 익히기 위해서는 바른 자세와 꾸준한 호흡 연습이 필요하다.

기본 자세와 연습법은 허리를 곧게 펴고 어깨를 자연스럽게 내린 자세에서 시작한다. 배에 손을 얹고, 코로 천천히 숨을 들이마시면 복부가 부풀어야 하며, 가슴은 거의 움직이지 않아야 한다. 숨을 2~3초간 멈춘 후, 입으로 천천히 내쉬면서 몸의 긴장을 풀어준다. 처음에는 느리고 깊게, 익숙해질수록 속도와 강도를 조절해간다.

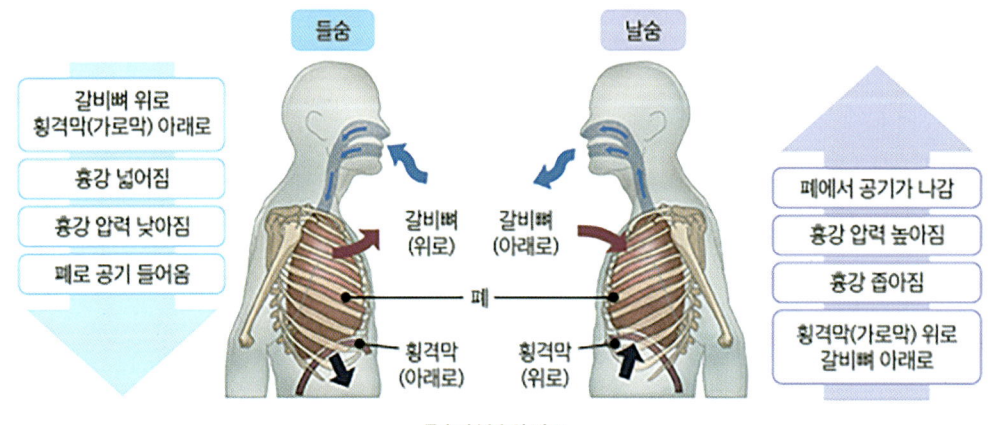

들숨과 날숨의 비교

출처: 국기원

동작과 호흡의 동기화는 기본 동작과 호흡을 연결하는 수련을 통해 동작의 타이밍과 리듬을 익힌다. 초보자는 단순 동작부터 시작하고, 숙련자일수록 품새·연속 동작·실전 상황에서도 호흡을 유지하며 기술을 구사하는 능력을 기른다.

전통 호흡법과의 연계는 도인토납(導引吐納), 토고납신(吐故納新)과 같은 전통 호흡법과도 연결된다. 이는 기운을 이끌고, 낡은 기운을 내보내며 새로운 기운을 받아들이는 호흡법으로, 신체 에너지의 흐름을 조율하고 내면의 집중력과 기력 향상에 크게 기여한다.

결론적으로, 복식호흡은 단순한 호흡 기법을 넘어 태권도 수행력·집중력·자기 수양까지 향상시키는 통합적 수련 방법이다. 이를 체계적으로 익히고 실전에서 적용할 수 있어야 태권도의 깊이를 온전히 체득할 수 있다.

3) 호흡과 동작의 상호작용

태권도 수련에서 호흡과 동작의 유기적 연계는 기술 수행력과 정신 집중을 동시에 향상시키는 핵심 요소이다. 호흡은 단순한 생리 작용을 넘어, 동작의 속도와 강도, 리듬과 안정성에 직접적인 영향을 미친다.

첫째, 호흡은 신체 중심과 균형 유지에 기여한다. 동작 수행 시 안정된 호흡은 힘의 분산을 막고, 중심을 효과적으로 유지하게 하며, 부상 위험도 줄인다.

둘째, 호흡은 힘의 집중과 타이밍 조절의 수단이다. 숨을 들이마실 때는 근육을 이완시키고, 내쉴 때는 힘을 집중시켜 동작의 폭발력과 속도를 높인다. 이를테면, 옆차기에서는 무릎을 접으며 숨을 들이마시고 '흡(吸)', 발을 차는 순간 '호(呼)' 소리와 함께 강하게 내쉬어 에너지를 집중시킨다.

*느리게 팔꿈치를 구부려
손을 모을 때 흡(吸), 빠르게 펼 때 호(呼)*

*느리게 무릎을 구부려
발을 모을 때 흡(吸), 빠르게 펼 때 호(呼)*

셋째, 호흡과 동작의 리듬은 태권도의 강유(剛柔) 조화를 이루는 데 중요하다. 일정하고 조화로운 호흡은 동작 간의 연결성과 품새의 완성도를 높이며, 겨루기에서는 공격과 방어의 타이밍을 조율하는 전략적 수단이 된다.

손발의 자세와 호흡은 에너지의 수축과 발산을 상징한다. 모아진 자세에서는 숨을 들이마시며 기운을 응축하고, 펼친 자세에서는 내쉬며 에너지를 발현한다. 이는 원(圓)과 방(方)의 개념처럼, 원은 둥근 것, 유연함과 순환의 의미로 유연하고 부드러우며 끊기지 않는 흐름을 상징한다. 방은 각진 것, 정방형 구조인 직선형, 정지 동작이다. 이처럼 원과 방은 동작의 방향성과 흐름을 자연스럽게 이끈다.

팔: 호흡과 동작을 하나로 연결   *다리: 호흡과 동작을 하나로 연결*

　결론적으로, 태권도 수련에서 호흡과 동작은 독립이 아닌 하나로 연결되어야 하며, 이를 통해 기술의 효율성과 집중력, 정신 수양까지 아우르는 전인적 수련이 가능해진다. 수련자는 이러한 호흡법을 모든 수련 과정에 체계적으로 적용함으로써, 수행력 향상과 함께 수련의 깊이를 더해갈 수 있다.

4) 기본호흡과 전문호흡

(1) 기본호흡법

구분동작으로 호흡

태권도는 몸과 마음의 조화를 추구하는 무도이며, 이러한 수련 과정에서 호흡법은 핵심적인 역할을 한다. 호흡법은 단순히 숨을 쉬는 것을 넘어, 심신의 수련과 동작 수행의 완성도를 높이는 데 필수적인 요소이다.

호흡법의 목적은 크게 심리적 측면과 생리적 측면으로 나눌 수 있다.

첫째, 심리적 측면에서 호흡은 마음을 집중시키고 정신을 안정시키는 데 기여한다. 호흡에 집중함으로써 외부 자극에 흔들리지 않고, 수행하는 동작에 전념할 수 있게 된다.

둘째, 생리적 측면에서는 산소의 원활한 공급을 통해 신체 기능을 활성화하고, 근육의 긴장을 완화시켜 동작의 수행력을 높이는 효과가 있다. 이러한 이유로 호흡법은 태권도 수련에서 정신과 육체를 동시에 단련하는 핵심 수단이라 할 수 있다.

기본호흡법은 태권도 동작을 수행할 때 가장 기본이 되는 호흡 방식이다. 이는 호기(呼氣)와 흡기(吸氣)의 조절을 통해 신체와 정신을 안정시키고, 동작의 완성도를 높이는 원리를 기반으로 한다.

구체적으로는, 동작을 시작하기 전 복식호흡을 통해 깊고 고른 숨을 들이마셔 마음과 몸을 안정시킨다. 그다음 동작을 실행할 때는 힘을 실어 호기하며 기를 내뿜는다. 이때 호흡을 내쉬는 순간, 에너지가 집중되며 동작의 강도와 효과가 극대화된다. 동작이 끝난 후에는 다시 흡기를 통해 숨을 들이마시며 긴장을 풀고, 다음 동작을 준비한다.

이를테면, 옆차기를 할 때는 차기 전에 깊은 심호흡으로 몸과 마음을 정돈하고, 차는 순간 "합!"이라는 기합과 함께 숨을 내쉰다. 이후 자세를 정리하면서 천천히 숨을 들이마셔 호흡을 안정시키고, 다음 동작에 대비한다.

기본호흡법을 정확히 익히고 실천하는 것은 태권도 수련의 질을 높이는 데 있어 중요하다. 정확한 호흡 조절은 동작의 힘과 정확성을 높이는 것은 물론, 수련자의 심신을 안정시키고 집중력을 향상시키는 데도 큰 도움이 된다. 따라서 기본호흡법은 태권도 동작의 완성과 심신 수련을 위한 필수 요소라 할 수 있다.

(2) 전문호흡법

기본호흡법을 충분히 익힌 이후에는 한 단계 더 나아가 전문호흡법을 수련해야 한다.

전문호흡법은 연속적인 동작을 수행할 때 호흡을 길고 안정적으로 이어가는 고급 기술로, 기본 호흡보다 더 정교한 호흡 조절 능력을 요구한다. 이를 통해 동작 간의 연결성을 향상시키고, 전체적인 기술의 완성도를 크게 높일 수 있다.

단일 호흡으로 연속 동작을 수행

전문호흡법의 핵심은 하나의 호흡으로 복합 동작을 수행하는 것에 있다. 이를테면, 앞차기 - 나래차기 - 돌려차기 - 돌개차기 등과 같은 연속 동작을 단일 호흡으로 이어서 수행하는 것이다. 이를 위해서는 복식호흡을 깊고 길게 유지하면서, 호기(呼氣)와 흡기(吸氣)를 조절하는 고도의 기술이 필요하다.

전문호흡법을 체계저으로 수련하면 다음과 같은 효과를 기대할 수 있다. 동작의 속도 · 힘·정확성 향상의 안정된 호흡은, 신체 에너지의 분산을 막고 모든 동작에 집중력을 실어준다. 심신의 안정 및 집중력 강화의 깊고 균형 잡힌 호흡은, 정신을 고요하게 하고 외부 자극에 대한 반응력을 높인다. 이와 같이 장시간 동안 호흡을 유지하며 연속 동작을 수행함으로써, 체력과 폐활량이 강화되고, 전반적인 지구력이 향상된다.

이처럼 전문호흡법은 단순한 호흡 조절을 넘어, 기술적 수행 능력과 정신적 집중력, 체력의 향상에까지 직결되는 고급 호흡법이다. 따라서 태권도 수련의 심화 단계로 나아가기 위해서는 전문호흡법의 체득이 반드시 필요하다.

3. 기합

1) 기합지성(氣合之聲)의 원리와 수련 효과

기합지성(氣合之聲)은 기(氣)를 합(合)한 소리로써, 신체 조직을 한 곳에 모아서 영(靈)적인 힘을 얻기 위한 정신과 힘의 집중된 것이다.

기합(氣合)은 호흡·에너지·정신을 통합하여 태권도 기술의 완성도를 높이는 핵심 수련 요소다. 단순한 소리를 넘어서, 신체의 기운을 집중시키고 순간적인 힘의 폭발을 이끄는 강력한 수행 도구로 작용한다.

복식호흡과 함께 깊이 숨을 들이마신 후, 복부에 힘을 실어 기합 소리를 내면 내면의 에너지가 한 점으로 모이고, 이 집중된 에너지는 기술의 위력과 정확성을 크게 향상시킨다. 이때 기합은 단순한 외침이 아니라, 의지와 정신력의 발현이며, 수련자의 자신감과 집중력을 동시에 끌어올린다. 기합은 다음과 같은 수련 효과를 지닌다.

*에너지 집중 및 폭발력 강화

기합은 온몸의 근육 수축을 유도하고, 신체 내부의 에너지를 한 점에 모아 강력한 힘을 이끌어낸다. 이는 공격 기술이나 격파 등 결정적인 순간에 기술의 위력을 극대화하는 데 중요한 역할을 한다.

*호흡 조절과 정신 집중

기합은 복식호흡과 연계되어 과도한 긴장을 완화하고, 수련자의 의식을 기술 수행에 집중시킨다. 호흡과 기합이 조화를 이루면 동작 타이밍과 리듬 감각이 정교해진다.

*신체 · 정신 통합과 수련 깊이 향상

기합은 신체의 에너지·근육의 움직임·정신의 의지를 일체화하는 매개체로 작용하며, 이를 통해 태권도 수련의 깊이와 실전 응용력을 함께 향상시킨다.

결론적으로, 기합은 호흡과 정신, 신체 에너지를 하나로 모아 태권도 기술을 극대화하는 수련의 정수이다. 올바른 기합의 습득은 기술적 완성뿐 아니라 수련자의 정신적 성장을 이끈다.

2) 유성기합과 무성기합의 유용성

기합은 태권도 수련에서 호흡과 기운을 조절하는 중요한 수단이며, 크게 유성기합(有聲氣合)과 무성기합(無聲氣合)으로 나눌 수 있다. 유성기합은 소리를 내며 기합을 외치는 방식으로, 복식호흡을 통해 에너지를 집중시킨 후 강한 기합 소리를 내어 순간적인 폭발력을 끌어내는 데 효과적이다. 이러한 기합은 특히 공격 기술을 구사할 때 활용도가 높아, 동작의 위력과 자신감을 동시에 향상시킬 수 있다.

반면 무성기합은 소리를 내지 않고 내면의 기를 모아 정신을 집중하는 방식이다. 소리를 내지 않지만 내면의 호흡을 통해 긴장을 완화하고 마음을 가다듬을 수 있어, 수련 중 정신력을 기르는 데 효과적이다. 특히 품새나 명상 수련 시, 무성기합을 통해 깊은 집중 상태를 유지할 수 있다.

따라서 태권도 수련에서 유성기합과 무성기합은 각각의 목적과 상황에 맞게 선택적으로 활용되어야 한다. 유성기합은 힘의 발산과 기운의 표출에 적합하고, 무성기합은 내면의 수련과 심신의 안정을 위한 방식으로 활용된다. 이처럼 두 기합을 상황에 따라 적절히 조화시킬 때, 태권도 기술의 완성도와 수련의 깊이를 더욱 높일 수 있다.

3) 기합 수련 방법

기합 수련은 태권도에서 기술 수행 능력과 정신력을 동시에 향상시키는 핵심 수련 요소이다. 단순한 외침이 아닌, 에너지 집중과 의지의 표현이자 기술을 완성하는 수단으로 작용하는 기합은, 꾸준하고 올바른 연습을 통해 그 효과를 극대화할 수 있다.

기합 수련의 목적과 효과는 수련자가 평소의 한계를 넘어 순간적인 영(靈)적인 힘을 발휘할 수 있게 해주는 필수적인 수련 방식이다. 기합 발성을 통해 올바른 호흡과 복압 조절 능력을 익히면, 기술의 정확성과 힘을 강화할 수 있다. 이와 함께, 기합은 수련자의 정신 집중력과 자신감을 키워주며, 태권도의 정신 수양 측면에서도 중요한 역할을 한다.

기합 발성의 기본 원리는 기합을 효과적으로 수행하기 위해서는 복식호흡의 정확한 습득이 선행되어야 한다. 복식호흡은 숨을 깊이 들이마시며 복부에 에너지를 집중시키는 호흡법으로, 들숨 시 횡격막이 내려가고 복부가 팽창하는 원리이다.

이때 복부에 기(氣)를 모은 뒤, 날숨과 함께 기합 소리를 내며 복부의 에너지를 발산한다.

주의할 점은 기합 소리가 목에서만 나오는 것이 아니라, 복부 깊은 곳에서 자연스럽게 뿜어져 나와야 한다는 것이다.

기합 수련의 단계와 적응에서 초기에는 기합 발성이 어색하고 어렵게 느껴질 수 있다. 그러나 꾸준한 수련을 통해 점차 호흡과 발성이 자연스러워지고, 기의 흐름과 조절 능력도 향상된다. 이러한 기합의 조절력은 기술 수행 시 힘을 집중해야 하는 순간에 큰 도움이 된다.

가격 부위에 닿는 순간에 짧은 기합   *타격 부위에 연속 기합*

긴 기합: 동작 전 · 동작 후

기합의 유형과 활용은 태권도에서 사용하는 기합은 주로 두 가지 유형으로 구분된다.

긴 기합은 지속적인 힘이 필요한 동작에 사용되며, 강하고 우렁찬 소리가 특징이다. 이를테면, 겨루기 중 상대를 밀어내는 기술이나, 에너지를 장시간 유지해야 하는 동작에서 효과적이다.

짧은 기합은 순간적인 힘의 폭발이 필요한 동작에 적합하다. 날카롭고 강한 기합 소리는 격파나 공격 기술에서 집중력을 극대화하고 타격 효과를 강화하는 데 유리하다.

연속 기합은 짧은 시간 안에 여러 동작을 연속적으로 수행할 때, 호흡과 에너지를 분산시키지 않고 집중력과 리듬을 유지하기 위해 사용하는 기합 방식이다. 일반적으로 두세 동작 이상이 빠르게 이어질 때, 각각의 동작에 짧고 강한 기합을 연속적으로 넣거나, 하나의 호흡 안에서 미세하게 끊어 발성하는 방식으로 활용된다.

기합의 타이밍과 조절은 타격 동작에서는 공격 부위에 정확히 닿는 순간 기합을 외쳐야 효과가 극대화된다. 품새나 연속 동작에서는 리듬에 맞춰 기합을 적절히 조절함으로써, 기술의 흐름과 완성도를 높일 수 있다.

다만, 기합을 과도하게 사용하면 에너지 소모가 증가하고, 오히려 집중력을 흐릴 수 있으므로 주의가 필요하다. 따라서 다양한 기합 유형을 이해하고, 상황에 따라 유기적으로 적용할 수 있는 연습이 필수적이다.

결과적으로 기합 수련은 품새·겨루기·격파 등 태권도의 전 분야에 걸쳐 기술적 수행력과 정신 집중력을 향상시키는 결정적인 수련 요소이다. 기합을 단순한 외침이 아닌, 에너지와 의지를 결집시키는 수행 도구로 인식하고, 호흡·발성·타이밍을 체계적으로 수련해야 한다.

이를 통해 수련자는 자신의 기술을 보다 강력하고 정교하게 표현할 수 있으며, 태권도의 심신 수련이라는 본질적 가치를 더욱 깊이 있게 체득할 수 있을 것이다.

6장
태권도 동작의 원리와 완성

1968

6장. 태권도 동작의 원리와 완성

태권도 동작을 완성하기 위해서는 신체 각 부위를 어떻게 움직여야 하는지, 그리고 전신의 힘을 어떻게 발휘해야 하는지, 신체운용법의 원리를 실천하는 것이다.

태권도 동작 수행 시 완성되는 부분에 대한 개념은 먼저 정신을 고양 시키고, 전체 부분 관절이 갖추게 하며, 비틀림(나선형)으로 운용한다. 이는 한 곳이 움직이면 전신이 함께 움직이도록 모든 관절을 관통하여, 이어서 동작이 서로 연결되어 시종여일 한 기세를 이루도록 한다. 강유(剛柔)가 서로 호응하여 보완하는 운동 속도가 완급(緩急)일 때의 표현 시 호흡(呼吸)도 조절하며 따른다.

1. 동작의 기초 이해

1) 기본자세, 기본동작, 기술동작으로의 확장

태권도 수련을 통해 우리는 정신력과 체력을 단련하고, 자신감과 용기를 기를 수 있다. 이러한 수련의 효과를 극대화하고 태권도의 기술과 동작을 완벽하게 익히기 위해서는 올바른 신체 운용이 필수적이다. 잘못된 자세나 부정확한 움직임은 부상의 위험을 높일 뿐만 아니라, 기술의 정확한 습득을 방해하게 된다.

태권도에서 하나의 동작과 품에도 '품격'이 존재한다. 이는 단순한 움직임을 넘어 신체의 균형과 조화, 수련자의 정신과 태도, 그리고 기술 속에 담긴 철학적 의미가 함께 어우러질 때 비로소 완성된다. 일동일품 개구품격(一動一品皆具品格)이라는 말처럼, 모든 동작에는 품위와 철학이 스며들어야 하며, 그것이 태권도의 진정한 깊이를 드러내는 길이다.

직접막기: 맞대어막기(부딪쳐막기)

기본동작을 수행할 때는 비교적 느린 속도로 동작을 크게 하며, '맞대어막기(부딪쳐막기)'와 같은 '직접적인 막기' 동작을 중심으로 연습한다. 이러한 방식은 수련자가 정확한 자세와 동작을 익히는 데 효과적이며, 기본동작의 핵심 원리를 이해하는 데 중요한 역할을 한다.

기본동작을 완벽하게 숙달하는 과정은 태권도 수련의 기초이자 필수적인 단계이며, 올바른 자세와 정확한 동작은 부상을 예방할 뿐 아니라 고급 기술 습득을 위한 튼튼한 기반이 된다. 따라서 태권도 수련에 있어 기본동작의 정확한 이해와 반복 숙달은 중요하다.

(1) 기본자세 – 동작자세 – 준비자세

태권도의 기본은 창조를 위한 기초단계로 기본자세에 있으며, 기본이 없는 완성은 없다. 기본이 튼튼하여야만 완성을 쉽게 이룰 수 있다. 이처럼, 모든 기술의 근본이 되는 요소는 바로 기본동작이다. 하나의 기술동작은 기본자세와 동작자세로 구성되며, 이 두 가지 자세를 바탕으로 각 동작이 이루어진다.

태권도 수련에서 중요한 것은, 기술을 수행하기에 앞서 기본자세와 동작자세의 준비자세를 정확히 익히는 것이다. 준비자세는 동작을 보다 정확하고 효율적으로 수행할 수 있도록 도와주는 기초이며, 기술의 완성도를 높이는 핵심적인 역할을 한다.

주춤서기 자세　　　　*겨루기 자세*　　　　*격파 자세*

*기본자세와 동작자세의 예시: 주춤서기 자세

· 기본자세

본 동작 전에 갖추어야 할 의식과 몸가짐 – 기본자세 시선은 수평을 향하며, 두 주먹은 하단전에 위치시킨다. 양발은 나란히 정렬하여 곧게 선다. 이 자세는 신체의 균형과 중심을 확보하는 데 중점을 둔다.

· 동작자세

왼발을 옆으로 벌려 양발 사이 간격을 두 발바닥 반 정도로 유지하고, 양 무릎을 자연스럽게 굽힌다. 두 메주먹은 각각 허리의 장골능 부위에 밀착시켜 붙이고, 숨을 천천히 내쉬며 균형과 견고함을 유지한다.

준비자세란 본 동작을 수행하기 전에 신체와 정신을 정돈하고, 집중력을 끌어올리는 예비 동작을 의미한다. 태권도 수련에서 이 자세는 단순한 동작이 아니라 평상심을 바탕으로 한 집중과 자기 조절의 출발점이다.

*준비자세(동작):

· 기본 준비자세

단정하고 공손한 자세로 양손을 자연스럽게 아래로 내리고, 두 발은 나란히 가지런히 선다. 몸은 곧고 단정하게 유지하며, 기(氣)를 단전으로 가라앉힌다. 이때 마음속의 집착과 잡념을 비우고, 경건하고 엄숙한 태도를 유지하는 것이 중요하다.

· 겨루기 시 준비자세

상대와 마주하기 전, 마음을 비우고 감정에 흔들리지 않도록 한다. 기세를 암묵적으로 가라앉히고, 상대의 움직임에 집중할 수 있는 차분한 상태로 전환한다.

· 격파 시 준비자세

의식을 집중하여 목표를 명확히 설정하고, 가상의 시연을 통해 기술의 흐름과 성공 가능성을 미리 그려본다. 이를 통해 실제 격파 시 집중력과 정확성을 극대화할 수 있다.

이처럼 기본자세·동작자세 그리고 준비자세는 단순한 신체의 움직임을 넘어, 태권도의 정신과 기술적 완성도를 이루는 핵심 요소이다. 각각의 자세를 정확히 이해하고 반복적으로 수련함으로써, 태권도의 깊은 의미와 가치를 체득할 수 있다.

(2) 기본자세와 기본동작

태권도는 수련자의 기본자세와 기본동작을 매우 중요하게 여긴다. 이 두 요소는 태권도 기술의 기초가 되는 핵심 구성요소이며, 이를 정확히 익히는 것이 향후 실력 향상의 결정적인 관건이 된다.

태권도의 기본자세 중 대표적인 예는 주춤서기 자세이다. 이 자세는 품(생긴 모양)의 안정적인 자세를 유지하도록 만들어, 태권도 수련의 기초 자세로 널리 활용된다.

기본동작은 태권도의 표준이 되는 동작으로, 기술 수행의 직전 동작으로 기준을 명확히 제시하는 역할을 한다. 초보 수련자에게 특히 강조되는 기본동작은 정확성과 정형화된 자세가 요구되며, 이는 기술 수행 직전에 취하는 표준화된 품(品)의 조합으로 구성된다.

기본동작은 공격과 방어 상황 모두에서 신중한 생각과 함께 올바른 자세를 유지한 상태로 수행해야 하며, 동작 속도는 비교적 느리게 진행된다. 방어 동작은 맞대어막기(부딪쳐막기)와 같은 직접적인 방식의 막기 동작을 기본 원리로 삼는다. 이러한 수련을 통해 수련자는 균형, 정확한 자세, 그리고 신체 조정력을 기를 수 있으며, 이는 고급 기술 동작 수행의 기초가 된다.

결론적으로, 기본동작을 철저히 익히는 과정은 태권도 실력 향상의 토대를 마련하는 가장 중요한 수련 단계이며, 태권도 수련의 모든 기술은 이 위에서 쌓아올려진다고 할 수 있다.

(3) 기본동작에서 기술동작으로의 확장

태권도의 기술동작은 기본동작을 바탕으로 발전한 결과물이다. 기본동작을 올바르게 수행하지 않으면 결코 기술동작으로 자연스럽게 나아갈 수 없다. 즉, 기술동작은 단순한 동작의 응용이 아니라, 기본기를 얼마나 충실히 익혔는가에 따라 그 완성도가 결정된다.

옆차기 구분 동작으로 연습

옆차기 연속 동작으로 정확성 연습

옆차기 속도와 힘으로 완성

기본동작의 숙련은 모든 동작 발달의 기초이며 핵심이다. 다양한 기술을 효과적으로 구사하기 위해서는 우선 기본동작 능력을 확실히 다져야 한다. 이를테면, 옆차기를 제대로 익히기 위해서는 그 전에 앞서기, 앞굽이 등의 자세와 기본동작을 정확히 이해하고 숙달해야 한다. 이후 옆차기의 기본동작을 반복적으로 연습하고, 점차 속도와 힘을 조절함으로써, 기술동작으로 자연스럽게 발전시켜야 한다.

이처럼 태권도는 단계적인 수련을 중시한다. 기초가 탄탄하게 쌓인 수련자는 보다 정교하고 강력한 기술을 구사할 수 있으며, 이는 곧 실력의 차이를 만든다. 반대로, 기초동작에 대한 충분한 연습 없이 상위 기술을 시도할 경우, 동작의 정확성과 완성도가 현저히 떨어질 수 있다.

따라서 태권도의 막기·치기·차기와 같은 기술동작은 기본동작이 충분히 숙달된 이후에야 비로소 제대로 발전할 수 있다. 이 과정에는 끊임없는 연습과 반복이 반드시 동반되어야 한다.

결국 태권도의 기술 숙달은 기본에 충실한 연습, 체계적인 단계별 수련, 그리고 지속적인 노력이 함께할 때 비로소 가능하다. 태권도는 단기간의 습득 보다는, 기본에 대한 철저한 이해와 꾸준한 실천을 통해 깊이 있는 수련을 요구하는 무예인 것이다.

(4) 기술동작 접근법

상대의 힘을 공허하게 만드는 방어

기술동작은 기본동작을 바탕으로 발전된 숙련된 동작으로, 수련자의 숙련도와 표현 능력을 바탕으로 수행되는 전문적인 기술이다. 이는 단순한 형태를 넘어, 기법적 요소, 특수기술, 응용 동작 등을 포함한 효율적인 공격과 방어의 결합으로 구성된다. 이러한 기술동작은 작은 자세 속에서 동작들이 긴밀하게 연결되며, 유기적인 흐름을 통해 상대에게 강한 동작을 발현한다.

기술동작의 특징 중 하나는 빠른 운동 속도이다. 이는 상대의 반응을 늦추거나 혼란스럽게 만들 수 있으며, 제쳐막기·눌러막기·흘려막기와 같은 간접적인 방어 기술과 피하기 동작을 효과적으로 활용하여 대응한다. 공격과 방어는 별개의 동작이 아니라, 하나의 연속된 흐름 속에서 작고 정교하게 연결되어 수행된다. 이러한 전문화된 기술을 숙련하기 위해서는 단계적인 접근이 필수적이다.

우선, 기본동작을 정확히 익히고 안정적으로 수행할 수 있어야 하며, 그 기반 위에서 점진적으로 속도를 높이면서 간접적인 방어 기술을 도입한다. 이후에는 다양한 공격과 방어 기술을 상황에 따라 자연스럽게 연결하는 수련이 필요하다.

기술동작은 단순히 정형화된 형태를 반복하는 것이 아니라, 실제 상황에서 유연하고 빠르게 대응할 수 있는 순발력과 적응력이 요구된다. 따라서 반복적이고 체계적인 연습을 통해, 기술을 체화하고 자연스럽게 반응할 수 있는 수준으로 끌어올리는 것이 중요하다.

결론적으로, '기술과 능력이 없으면 고생한다'는 말처럼, 기술 동작은 단순히 흉내 내는 수준을 넘어, 기본 동작의 철저한 숙달을 바탕으로 단계적이고 지속적인 수련을 통해 정교하게 다듬어져야 한다.

이러한 과정을 통해 기술은 점차 정확성과 효율성을 갖추고, 실전에서도 효과적으로 적용될 수 있는 힘을 가지게 된다.

2) 동작 발달 단계와 수행 능력의 심화

라반의 동작 이론은 태권도 수련자들이 각 동작의 본질과 원리를 보다 체계적이고 깊이 있게 이해하는 데 기초를 제공한다. 이를 통해 수련자는 기술을 정교하게 숙련하고, 수행 능력을 효과적으로 향상시킬 수 있다. 라반 이론은 단순한 이론적 지식을 넘어, 태권도 동작의 심층적 분석과 실천적 적용에 중요한 역할을 하며, 수련의 효율성과 질적 성과를 높이는 데 기여한다.

동작 발달은 크게 반사적 동작, 초보적 동작, 기본적 동작, 전문화 동작의 네 가지 단계로 나눌 수 있다. 각 단계는 신체 운동 능력의 발전과 의식적인 운동 수행에 따라 구분되며, 각 단계의 특징은 다음과 같다.

반사적 동작: 본능적 동작   *초보적 동작: 방어를 위한 동작*

*반사적 동작(본능적 동작) 이 단계는 신생아에게서 나타나는 최초의 동작으로, 반사적이고 본능적인 운동이 특징이다. 대표적인 예로 빨기 반사와 같은 본능적인 동작이 있으며, 이는 생존을 위한 기초적인 신체 기능을 수행하는 단계이다.

*초보적 동작(의식적 동작) 이 단계에서는 의도적인 신체운동이 시작된다. 수련자는 신체를 의식적으로 움직이며, 기본적인 동작을 연습하기 시작한다.

태권도 수련 초기에 해당하는 단계로, 기본 막기·치기·차기 등의 동작이 이 시기에 해당한다. 이때 동작은 아직 서툴고, 기술적인 정밀도보다는 의식적 노력이 중요하다.

기본적 동작: 정확도 동작

전문화 동작: 응용된 동작, 신기술

*기본적 동작(정확도 동작) 이 단계에서는 다양한 기본동작을 성숙하게 수행할 수 있는 능력이 발달한다. 태권도의 경우, 준비서기·막기·치기·차기 등의 복합적인 동작을 정확하게 구사할 수 있는 수준에 이른다. 기술적으로는 동작의 정확도가 중요한 요소가 되며, 신체적 능력과 기술이 함께 성장하는 시기이다.

*전문화 동작(표현력 동작) 이 단계는 일반적인 운동능력에서 벗어나 세분화된 운동과 응용기술로 발전하는 시기이다.

태권도에서는 시범에서 보여주는 화려한 연기 동작이나 고급 기술이 이 단계에 해당한다. 동작의 숙달성과 예술성이 발휘되며, 동작의 표현력과 미적 가치가 중요한 요소로 자리 잡는다.

이러한 발달 단계는 태권도뿐만 아니라 다양한 운동에서도 공통적으로 나타나는 과정이다. 각 단계를 거치며 수련자는 동작을 정확하게 습득하고, 궁극적으로 표현력 있는 동작으로 발전하게 된다.

3) 동작 습관화와 무의식적 수행

태권도 수련에서 동작을 완전히 숙달하기 위해서는 반복 수련을 통해 동작이 '습관화'되고, 결국에는 무의식적으로도 정확하게 수행될 수 있는 수준에 도달해야 한다. 이러한 과정은 단순히 기술을 익히는 차원을 넘어, 뇌와 신체에 운동 기억이 각인되는 생리적 · 심리적 변화와 깊이 연결되어 있다.

동작 회로가 뇌와 신체에 저장

초기에는 모든 동작을 의식적으로 인지하고 반복 수행해야 하며, 이때 형성되는 것이 바로 동작 회로(Motor Circuit)다. 이는 특정 동작이 뇌와 신체에 자동 반응으로 저장되는 신경계 기반의 운동 기억 체계로, 시간이 지남에 따라 보다 정교하고 자연스러운 기술 수행으로 발전한다. 이러한 반복은 근육 기억(Muscle Memory)으로 이어져, 신체가 기술 동작을 익숙하게 받아들이고 자유롭게 표현할 수 있게 한다.

또한 반복적인 수련은 운동 감각(Proprioception)을 발달시키며, 이는 몸의 위치·움직임·균형을 감지하고 조절하는 능력이다. 이 감각이 정교해질수록 수련자는 자세의 안정성과 동작의 유연성을 향상시키고, 실전 상황에서의 반응 속도와 기술 응용력 또한 비약적으로 높아진다.

동작이 무의식적으로 수행될 수 있는 단계에 이르면, 수련자는 기술 구사에 있어 더욱 높은 집중력과 일관성을 확보하게 되며, 상황에 따른 동작 조절과 융통성 있는 기술 운용이 가능해진다. 즉, 수련된 기술이 신체의 회로 장치처럼 저장되어, 필요 시 자동적으로 발현되는 경지에 도달하게 되는 것이다.

결론적으로, 태권도의 동작은 단순히 기술적 형식에 머무르지 않고, 반복과 내면화를 통해 신체에 각인되고, 궁극적으로는 무의식적으로 자연스럽고 자유롭게 표현되는 예술적 단계로 발전한다. 이것이 바로 태권도 수련의 본질이자 진정한 목표이며, 이를 실현하기 위해서는 끊임없는 반복 연습과 체계적인 수련, 그리고 몸과 마음에 대한 깊은 이해가 필수적이다.

2. 효과적인 동작 수행을 위한 요소

1) 심신 통합

태권도 수련에서 정확한 동작은 실력을 가늠하는 핵심 요소이며, 이를 위해서는 신체를 효과적으로 운용하는 방법을 숙지하는 것이 필수적이다. 동작 준비 과정에서부터 신체와 정신을 조화롭게 통합하는 연습이 이루어져야 하며, 이를 통해 수련자는 보다 강력하고 정교한 기술을 구사할 수 있게 된다.

신체운용법은 동작 수행 시 신체 각 부위를 어떻게 조절하고, 전신의 힘을 어떻게 효율적으로 발휘할지를 제시한다. 단순한 동작 수행을 넘어서, 전신의 협응력과 균형 감각을 기르는 과정이며, 이는 기술의 완성도뿐만 아니라 부상 예방과 체력 향상에도 긍정적인 영향을 미친다.

또한 태권도는 정신력과 집중력의 수련을 함께 요구한다. 동작을 시작하기 전, 편안한 자세로 몸과 마음을 이완시키고, 머릿속으로 동작의 흐름을 이미지화하여 그려보는 연습은 집중력을 높이고 실전 수행력을 향상시킨다. 이는 심신의 일체감을 이루는 효과적인 방법이다.

특히, 호흡법 수련은 심신 통합을 실현하는 데 매우 중요한 역할을 한다. 깊고 안정된 심호흡은 기(氣)를 몸 안에 모으고 순환시키며, 정신을 안정시켜 동작의 힘과 정확성을 극대화한다. 호흡·신체·의식이 일치될 때, 수련자는 단순한 기술적 수행을 넘어 자기 조정력과 내면의 집중력까지 함께 기를 수 있다.

결국, 태권도 동작의 완성은 단순한 근력이나 기술 습득에 있는 것이 아니라, 몸과 마음이 하나로 통합된 상태에서 이뤄지는 유기적인 수련 과정을 통해 비로소 가능해진다. 따라서 수련자는 기본적인 동작 준비부터 심신의 조화에 집중하고, 의식적인 수련과 호흡 수련을 병행함으로써, 보다 완성도 높은 태권도를 실현할 수 있을 것이다.

2) 탄성력

태권도에서 순간적인 폭발력은 매우 중요한 요소이다. 기술을 수행할 때 짧은 시간 안에 최대의 힘을 발휘해야 하므로, 강한 폭발력을 기르는 것은 수련의 핵심 중 하나다. 이를 위해서는 전신의 통합력을 향상시키고, 순간 집중력을 극대화하는 수련이 필요하다. 특히, 호흡 조절과 정신 집중 수련을 병행하면 신체와 정신을 일치시켜, 더욱 강력한 에너지를 단시간에 발산할 수 있다.

이와 함께, 탄성력 역시 태권도 동작의 효율성과 파괴력을 높이는 데 필수적인 요소다. 탄성 있는 움직임은 동작의 속도와 반응력을 높이며, 부상 위험을 줄여 보다 안정적이고 강력한 기술 구사가 가능하게 만든다. 탄성력을 기르기 위해서는 근육 강화 운동과 함께, 탄력적인 움직임을 유도하는 특수 수련을 병행해야 한다. 이 과정을 통해 수련자는 근육의 수축과 이완을 자유롭게 조절할 수 있는 능력을 갖추게 된다.

결과적으로, 폭발력과 탄성력은 태권도 동작의 완성도를 결정짓는 핵심 요소다. 폭발력은 힘의 순간적인 발현을, 탄성력은 동작의 연속성과 유연한 반응을 가능하게 한다. 이 두 요소를 균형 있게 연마함으로써, 수련자는 더욱 강력하고 완성도 높은 태권도 동작을 구사할 수 있게 된다.

따라서 태권도 수련 과정에서는 단순한 기술 연습뿐 아니라, 체력적 요소인 탄성력과 폭발력 강화 수련을 체계적으로 병행하는 것이 중요하다. 꾸준한 수련을 통해 이 두 가지 능력이 조화롭게 향상될 때, 비로소 태권도 본연의 강력하고 유기적인 움직임이 완성된다.

3) 민첩성의 강화

태권도 동작의 효율성과 완성도를 높이기 위해서는 전신 이완과 민첩성의 조화로운 수련이 필수적이다.

먼저, 전신 이완은 근육의 긴장을 풀어주고 불필요한 힘의 소모를 줄여, 유연성과 동작의 자연스러움을 향상시킨다. 이를 위해서는 호흡 조절과 함께 신체 각 부위의 근육을 순차적으로 이완하는 연습이 필요하다. 전신이 이완된 상태에서는 몸의 경직이 줄어들어 보다 부드럽고 유기적인 동작 수행이 가능해진다.

한편, 민첩성 향상 수련은 빠르고 정확한 동작 수행에 필수적이며, 특히 다양한 기술을 연결하는 데 중요한 역할을 한다. 민첩성을 기르기 위해서는 균형 감각을 향상시키는 수련·반복적인 발차기 연습·반응 속도 수련 등이 효과적이다. 이러한 수련을 통해 수련자는 동작의 속도·정확성·연결성을 동시에 향상시킬 수 있다.

결국, 전신의 이완과 민첩성은 서로 보완적인 요소로 작용한다. 이완된 몸은 민첩한 반응을 가능하게 하며, 민첩한 움직임은 이완 상태에서 더욱 유연하게 발휘될 수 있다. 이 두 요소가 균형을 이루었을 때, 태권도 동작은 보다 완성도 높고 역동적인 형태로 구현될 수 있다.

따라서 수련자는 동작 수행 전후로 이완 수련과 민첩성 수련을 병행하며, 체계적이고 반복적인 연습을 통해 효율적이고 정확한 태권도 동작을 실현해 나가야 한다.

4) 상황 인식과 적용 목적

태권도 동작을 효과적으로 수행하기 위해서는 상황에 대한 정확한 인식이 필수적이다. 동작의 수행 목적이 실전 공방을 위한 것인지, 건강 증진을 위한 것인지, 또는 시범을 위한 것인지에 따라 동작의 방식과 중점이 달라져야 한다.

이를테면, 공격과 방어를 목적으로 한 실전 상황에서는 동작의 파괴력과 정확성이 중요하게 작용한다. 반면, 건강을 위한 수련에서는 부드러운 움직임과 호흡의 조화를 통한 안정감과 유연성이 강조된다. 격파나 시범의 경우에는 강한 힘과 함께 동작의 예술성과 표현력이 중요하게 평가된다.

이처럼 상황에 따라 동작의 목적과 우선순위가 달라지므로, 수련자는 각 상황을 정확히 인식하고 이에 맞는 수행 방식을 익혀야 한다. 실전 공방·건강 수련·시범 등 다양한 맥락에서 동작이 어떻게 적용되어야 하는지를 이해하고, 그 목적에 부합하는 방식으로 동작을 구사하는 것이 중요하다.

3. 동작의 힘과 속도

1) 힘

태권도에서 '힘'은 신체의 근육과 관절을 활용하여 균형 유지·방어·타격 등의 동작을 수행할 때 발휘되는 에너지로, 속도·무게·방향 등과 결합해 기술의 효과를 극대화한다. 이는 단순한 근력이나 물리적 압력이 아니라, 힘의 구성 요소에서 신체적 요소는 근력·순발력·유연성, 역학적 요소는 관성·가속도·무게중심, 정신적 요소는 기세와 의지 내면의 에너지를 더해 기술의 집중력과 폭발력을 높인다는 통합되어 작용하는 종합적인 에너지이다.

올바른 힘의 사용은 불필요한 에너지 낭비를 줄이고, 경제적인 힘(Numinous Power)이면서도 강력한 기술 구사를 가능하게 한다. 이에 힘과 속도의 조화를 통해 동작의 강도와 리듬이 향상되고, 연계 기술 수행 능력이 강화되며, 실전에서의 적용력이 높아진다.

결론적으로, 태권도의 '힘'은 신체적·기술적·정신적 요소가 조화를 이루는 복합적 에너지이며, 이것이 속도와 만나야 비로소 효과적인 동작이 완성된다. 수련자는 이러한 원리를 깊이 이해하고 체화함으로써, 강하면서도 효율적인 태권도 기술을 구현할 수 있다.

이러한 요소들이 유기적으로 조화를 이루어야 기술의 효율성과 완성도를 높일 수 있다. 효과적인 힘의 전달을 위해서는 다음의 원리가 적용되어야 한다.

지면반발력: 높이 뛰어차기   *지면에서 발생한 힘: 멀리 뛰어차기*

*반발력의 활용: 지면에서 발생한 반발력을 위로 전달하고, 이를 동작의 순간에 집중함으로써 최대의 충격력을 형성한다.

*신체 회전과 신축성: 몸통의 회전과 팔·다리의 신축성은 힘을 생성하고 전달하는 핵심이다.

팔꿈치를 펴며 지르기, 무릎을 펴며 차기는 축(縮)과 신(伸)의 원리를 활용하여 힘을 폭발시킨다.

몸의 회전   *몸의 신축성을 발휘할 때 힘이 발생*

회전의 힘

(1) 힘 적용의 방법

태권도에서는 올바른 힘과 잘못된 힘을 구분하는 것이 중요하다. 올바른 힘(Soft Power)은 부드러움을 바탕으로 하며, 상황에 맞게 적절히 발휘되는 힘이다. 반면 잘못된 힘(Hard Power)은 긴장되고 경직된 힘으로, 무리하게 힘을 내며 부상의 위험이 있다. 이러한 딱딱한 힘은 피해야 한다.

'힘을 빼라'는 의미는 긴장을 풀어라, 경직되지 말라. 힘을 낭비하거나 없애는 것이 아니라, 과도한 힘의 사용은 바람직하지 않다는 의미이다. 지나치게 강한 힘을 내면, 동작이 무겁고 둔해져 속도와 정확성이 떨어진다. 또한 상대방에게 불필요한 피해를 줄 수 있으며, 자신의 신체에도 부담을 줄 수 있다. 따라서 적절한 수준의 힘 조절이 필요하다.

효율적인 힘 발휘를 위해서는, 신체의 이완과 부드러움을 바탕으로 해야 한다. 긴장을 완화시키고 유연성을 기르면 에너지가 원활히 흐르며, 이를 통해 강한 힘을 발산할 수 있다. 또한 상황에 맞게 유연하게 힘의 강도를 조절하는 것이 중요하다. 부드러운 동작에서 강한 동작으로 자연스럽게 전환하는 것이 중요하다. 이를 위해서는 상대방의 상황과 주위 조건을 고려하여 적절한 수준의 힘을 발휘해야 한다. 동작의 강도와 속도는 단순히 개인의 의도뿐만 아니라, 상대방의 반응과 주변 환경에 맞추어 조절해야 최상의 결과를 얻을 수 있다.

이렇게 하면 효과적이면서도 안전한 동작이 가능해진다. 태권도 동작을 완성하기 위해서는 부드러움과 강함의 조화 동작을 구사해야 한다.

(2) 강유(剛柔)의 조화

태권도 동작에서 발휘되는 힘은 강(剛)과 유(柔)의 조화로운 배합에서 비롯된다. 지나치게 강할 경우 기운이 막혀 움직임이 자유롭지 않고, 반대로 너무 부드러우면 기운이 흩어져 동작의 힘이 약해지게 된다. 따라서 강유의 적절한 조화가 필수적이다.

다시 말해 신체 운용에서 강(剛)과 유(柔)는 독립적으로 작용하는 것이 아니라, 동시에 작용하며 '상호 보완적인 관계'를 가지고 있다.

신체의 부드러운 힘   *신체의 딱딱한 힘*

박수의 원리

양손바닥을 마주쳐 힘의 강유를 유지하며, 연속적으로 수행할 수 있는 손뼉 치기가 '박수의 원리'이다. 이를 통해 어깨와 팔 부위는 전혀 부담 없는 동작을 시작할 때는 부드럽고 유연한 자세에서 시작하여 기운을 모아가다가, 동작이 절정에 이르렀을 때 강한 힘을 발휘해야 한다. 이렇게 강유를 적절히 배합함으로써, 기운이 잘 흐르고 동작이 힘차고 완성도 높게 이루어질 수 있다. 그러나 어느 한쪽으로 치우치게 되면, 동작에 균형이 흐트러져 효율적인 힘을 낼 수 없게 된다.

굳세면서도 정체되지 않는 부드러움과 민첩함에 분산되지 않는 안정성으로, 전신을 이완시키어 유연함을 잃지 않아야 한다. 이를 통해 능히 강하여 탄성을 풍부하게 나타내어야 한다. 강한 힘의 전제로 부드러워야 하며, 부드러움을 운용하여 강을 이루도록 한다.

유연성은 동작을 유려하게 만들어주며, 탄력성은 동작에 힘과 강렬함을 더해준다. 부드러움과 강함의 균형적인 발휘는 매우 중요하다. 따라서 상황에 맞게 부드러움과 강함의 조화를 이루는 것이 중요하다. 이는 신체의 운용에서 동작이 진행되는 과정에서는 '강유(剛柔)'의 조화가 발현되며, 목표 지점에서 힘이 발휘된 결과는 '강약(强弱)'의 정도로 나타난다. 여기서 흔히 생기는 오해는 '강유(剛柔)'와 '강약(强弱)'을 동일한 개념으로 혼동하는 것이다. '강유'는 동작이 이루어지는 과정 중의 힘의 성질과 흐름을 말하며, 이는 끊임없는 움직임 속에서 발현된다. 반면 '강약'은 동작이 끝나는 순간, 목표 지점에서 드러나는 힘의 크기나 세기를 의미하며, 이는 정지된 상태 또는 결과로서 나타난다. 즉, '강유'는 움직임 속에서 작용하고, '강약'은 움직임이 없는 결과로 드러난다.

또한, 부드러움이 곧 힘으로 이어질 수 있다는 원리를 이해해야 한다. 유연성을 갖추면 신체가 이완되어 에너지가 원활하게 흐르게 된다. 이렇게 흐르는 에너지가 순간적으로 모아지면 강한 힘으로 발산된다. 따라서 부드러움은 결코 약함과 같지 않으며, 오히려 강한 힘의 근원이 된다.

2) 속도

속도는 힘을 강화시키는 상호작용으로, 빠른 동작은 운동 에너지를 증폭시키고 상대에게 예측 불가능한 타격을 가한다.

그러나 속도만으로는 부족하며, 정확한 방향성과 타이밍이 결합될 때 기술의 위력이 극대화된다.

'속도'는 단순히 빠르게 움직이는 것 이상의 의미를 지닌다. 이를 이해하기 위해 농업용 차량인 경운기와 고속철도 KTX를 비교해볼 수 있다.

경운기는 주로 논과 밭을 오가는 용도로 사용되며, 느린 속도로 울퉁불퉁한 길을 이동한다. 힘은 있지만 정교하지 않으며, 진동이 크고 승차감이 불편하다. 이는 힘이 존재하더라도 그것이 제대로 조절되지 않으면 효율적인 결과를 얻기 어렵다는 것을 보여준다.

반면, KTX는 시속 300km에 이르는 고속으로 달릴 수 있으면서도 흔들림이 적고 승차감이 매우 안정적이다. 이는 단순한 속도 이상의 가치를 보여주는 예로, 속도와 힘이 정밀하게 조화를 이루며 효율적인 이동을 가능하게 한다. 이러한 '속도의 힘'은 고속이면서도 안정적인 결과를 이끌어낸다.

이 두 사례는 태권도 동작에서도 중요한 시사점을 제공한다. 태권도에서 동작이 단순히 빠르다고 해서 항상 효과적인 것은 아니다. 동작의 속도는 힘과 조화를 이루어야 하며, 적절한 완급(緩急) 조절을 통해 유연하고 효율적인 동작이 가능해진다. 속도가 잘 조절된 동작은 강한 힘을 낼 뿐 아니라, 정확성과 안정성도 확보할 수 있다.

결국 태권도에서 속도는 단지 빠름이 아니라, 조정력에 의한 빠름이며, 이는 동작의 효율성과 품질을 결정짓는 핵심 요소라고 할 수 있다.

(1) 완급(緩急)의 조절

태권도 동작의 완성도를 높이기 위해서는 속도의 완급(緩急)·리듬감·기(氣)의 흐름 그리고 체계적인 연습 과정이 핵심 요소로 작용한다.

전환 과정에서의 동작 운용법

속도의 완급은 동작의 부드러운 시작과 강한 마무리를 통해 느림과 빠름을 조화롭게 조절하는 것을 의미한다. 이러한 완급 조절은 리듬감 있게 수행되어야 하며, 기술의 흐름과 기운의 전달을 자연스럽게 연결시킨다. 기의 흐름이 원활하게 유지되면 전신에 기운이 고르게 퍼져, 둔하거나 무거운 자세를 방지하고 보다 유연한 동작을 이끌어낼 수 있다.

동작의 전환 과정에서는 부드럽고 천천히 움직이며 기의 흐름을 유지하다가, 전환 지점을 벗어날 때 빠르게 속도를 높여 목표 지점에 도달하고 정지하는 순환의 흐름을 반복해야 한다. 이러한 흐름은 동작 간의 연결성을 높이고, 태권도의 특유의 리듬과 생동감을 만들어낸다.

태권도 동작에서는 느린 리듬과 빠른 리듬이 조화를 이루는 것이 중요하다. 느린 동작은 정확한 자세와 기술을 세밀하게 익히는 데 효과적이며, 빠른 동작은 힘과 속도를 발휘해 실전에서의 타격력을 높인다. 이 두 가지 리듬을 적절히 결합하면 기술의 완성도가 향상되고, 보다 효과적인 동작 수행이 가능해진다.

또한 부드럽고 느린 동작으로 시작하면 기가 전신에 고르게 흐르게 되고, 강하고 빠른 동작으로 마무리하면 기가 응집되어 강한 힘을 낼 수 있다.

(2) 완급(緩急)의 진화

태권도 동작을 완전히 구사하기 위해서는 체계적인 연습 과정이 필수적이다. 특히 수련 초기에는 동작의 원리를 천천히 익히는 것이 중요하다.

초보자는 속도를 줄이고 동작의 이치를 정확히 습득해야 한다. 동작이 부드럽다고 해서 둔하거나 약해서는 안 된다. 숙련도가 높아진 이후에는 침착하고 빠른 속도로 동작을 수행하면서, 자연스럽게 강한 힘이 발현되도록 해야 한다. 이때 억지로 힘을 주거나 동작이 딱딱하게 굳어서는 안 된다. 속도와 강도는 수련자의 내면에서 자연스럽게 우러나와야 한다.

순조로운 동작   *굳어진 동작*

동작 속도는 수련자의 수준에 맞게 조절되어야 하며, 제대로 하지 않고 무리하게 빠른 속도를 추구하는 졸속 수련은 오히려 기술 습득을 방해할 수 있다. 빠른 동작이라 할지라도 침착하게 수행하며, 동작 사이의 연결이 끊기지 않도록 목표 지점에 매끄럽게 도달해야 한다.

이러한 신체운용법을 체득하기 위해서는 느린 속도의 반복 연습을 통해 기본을 갖춘 후, 점차 속도를 높여가는 단계적 수련이 필요하다. 숙련도가 향상되면 수련자는 자유자재로 속도와 힘을 조절하며 동작을 구사할 수 있게 된다. 이와 같은 체계적인 속도 조절 능력은 태권도 기술의 완성도를 높이는 핵심적인 요소이다.

4. 동작의 완성 요소

1) 조화

(1) 조화의 원리

세상에 존재하는 그 어떤 것도 완전히 독립적으로 이루어지고 홀로 사라지지는 않는다. 모든 것은 대립되는 요소와의 관계 속에서 그 의미와 가치를 드러낸다. 태권도 동작을 완벽하게 수행하기 위해서도 다양한 요소들이 서로 조화를 이루어야 하며, 바로 이 '조화'는 태권도 동작의 핵심 원리 중 하나라 할 수 있다.

조화란 서로 다른 요소들이 균형을 이루며 잘 어우러져 하나의 완전한 전체를 구성하는 상태를 말한다.

조화의 특징은 대립되는 양쪽을 다 긍정하며 조화를 모색하는 반면, 부정하며 조화를 찾는 것이나, 각자의 가치를 인정하며 그 특성을 살려 통합하는 데 있다. 이를 통해 태권도 동작에서 호흡·힘·속도 등 여러 요소들이 서로 보조하고 교대하며, 유기적으로 연결되어 있는 상태를 의미한다.

이와 같은 조화는 '강(剛)과 유(柔)', '완(緩)과 급(急)'의 대립과 통합, 그리고 내재된 기(氣)의 조화로운 운용을 통해 실현된다. 즉, 강한 힘과 부드러운 움직임, 빠름과 느림이 균형을 이루고, 기의 흐름이 그 안에서 자연스럽게 순환될 때 비로소 조화로운 동작이 완성된다.

결국 이러한 조화가 이루어질 때, 태권도 동작은 단순한 움직임을 넘어 예술적 완성도와 실전적 효과를 동시에 갖추게 되며, 태권도 수련의 진정한 의미를 구현할 수 있게 된다.

(2) 호흡과 동작의 조화

태권도에서 호흡과 동작은 서로 밀접하게 연결되어 있으며, 이 둘의 조화는 동작의 완성에 있어 필수적인 요소이다. 호흡은 동작의 리듬과 타이밍을 형성해 주며, 동작은 호흡의 흐름에 맞춰 자연스럽고 유기적으로 이어진다. 이를테면, 옆차기 동작에서는 발을 찰 때 순간적으로 숨을 내쉬어 힘을 실어 주고, 발을 회수(回收)할 때는 숨을 들이마시며 균형을 잡는다.

이러한 호흡과 동작의 조화에는 '강유(剛柔)'와 '완급(緩急)'의 원리가 반영되어 있다. 강유는 강함과 부드러움의 조화를, 완급은 빠름과 느림의 균형을 의미한다. 동작 수행 시 이 두 요소가 적절히 교차되고 통합될 때, 조화롭고 안정적인 균형이 형성된다. 예컨대, 차기 동작에서 발의 움직임은 강하고 빠르게 이루어지지만, 이에 맞서는 호흡은 오히려 부드럽고 느리게 유지되어야 한다.

결국 호흡과 동작이 자연스럽게 어우러질 때, 동작은 보다 안정적으로 이루어지며, 에너지의 흐름도 효과적으로 전달된다. 이러한 조화는 기술 수행의 정확성과 효율성을 높이는 데 중요한 역할을 하며, 태권도 수련의 질적 향상을 이끄는 핵심 요소라고 할 수 있다.

(3) 신체 균형을 유지하기 위한 조화

태권도 동작을 효과적으로 수행하기 위해서는 신체의 균형을 유지하려는 조화가 필수적이다. 상체와 하체가 균형을 이루고, 호흡과 동작이 자연스럽게 어우러져야만 동작이 매끄럽고 안정적으로 완성될 수 있다.

상·하체의 조화로운 균형 동작 완성

특히 상체와 하체의 조화는 신체 균형 유지의 핵심이다. 이를테면, 뒤후려차기 동작에서는 상체가 회전하고, 하체는 한쪽 다리가 강하게 차는 역할을, 다른 다리는 지지대 역할을 하며 균형을 유지해야 한다. 이처럼 상체와 하체가 각 부위의 역할을 수행하면서도 하나의 흐름으로 연결될 때, 동작은 보다 안정적이고 정확하게 이루어진다.

결국 태권도에서의 조화는 신체 각 부위가 서로 보완하며 균형을 유지하는 과정이며, 이는 기술의 완성도뿐만 아니라 수련자의 신체 운용 능력을 향상시키는 데에도 결정적인 영향을 미친다.

(4) 기(氣)를 통한 조화의 미학

태권도에서 내재된 기(氣)의 운용은 조화를 완성하는 데 있어 중요한 역할을 한다. 기는 동작과 호흡을 하나로 연결해주는 내적 에너지로, 이를 통해 동작은 자연스럽고 유연해지며 동시에 힘을 얻게 된다. 태권도 수련에 있어 호흡과 동작, 그리고 기의 조화로운 결합은 필수불가결한 요소라 할 수 있다.

조화롭게 이루어진 태권도 동작에는 유연성과 균형미가 깃들어 있다. 호흡과 기의 흐름에 따라 동작이 자연스럽게 이어지며, 부드러우면서도 힘 있는 기술이 완성된다. 이러한 조화는 단순한 기능적 수행을 넘어서 태권도 동작에 미학적 아름다움을 부여한다.

이 미학적 측면은 태권도가 단순한 격투기를 넘어, 예술성과 철학적 깊이를 지닌 무예임을 보여준다. 호흡·힘·속도 등의 요소가 조화를 이룰 때 동작은 효율적으로 수행되며, 불필요한 힘의 소모를 줄일 수 있다. 이를테면, 차기 동작에서 호흡과 타이밍이 일치하면 차기에 최대의 힘이 실리며, 그 과정 또한 매끄럽게 이어진다.

조화로운 동작은 실전에서도 큰 효과를 발휘한다. 유연하고 균형 잡힌 자세는 상대의 움직임에 민첩하게 반응할 수 있는 기반이 되며, 내면의 기를 통해 동작에 힘과 활력이 더해져 방어와 공격을 보다 효과적으로 수행할 수 있다.

결국 조화는 실전에서 수련자에게 유리한 위치를 제공한다. 뿐만 아니라, 조화로운 수련 과정을 통해 육체와 정신이 하나로 통합되는 내적 성장도 경험할 수 있다. 이것이 바로 태권도가 지닌 무예로서의 심미적 가치이자, 수련의 궁극적인 목표라 할 수 있다.

2) 율동(Rhythm)

태권도 동작은 일정한 시간 간격이나 규칙에 따라 반복되거나 변화하는 동작의 패턴에서, 힘과 속도를 조화롭게 발휘하는 율동적인 특성을 지닌다. 이러한 동작을 효과적으로 수행하기 위해서는 반복과 대비, 강유의 조화 속에서 생겨난다.

전신에 율동을 이루는 동작

이를테면, 팔이 교차되거나 무릎이 접혀지는 시점에서는 잠시 리듬 있게 머물고, 이후 신체가 확장되는 순간에는 에너지를 다이내믹하게 분출하도록 수련한다.

또한 숨을 들이쉴 때는 수축과 준비, 내쉴 때는 발산과 실행의 타이밍(박자)을 맞춘다. 이와 함께 강한 동작과 부드러운 동작을 교차하여 연습하게 함으로써, 율동감 있는 전환을 습득하도록 한다. 이를테면, 한 동작 내에서도 준비동작은 천천히 진행하고, 기술이 폭발하는 순간은 빠르고 강하게 연결하는 방식이다.

3) 흐름(Flow)

태권도 동작에서 관절은 마치 파도처럼, 또는 연결된 고리처럼 서로 이어져 있어야 하며, 동작은 시작부터 끝까지 각 관절이 연쇄적으로 반응하며 자연스럽게 연결되어야 한다. 이러한 관절의 유기적 연결성이 바로 유연한 동작 흐름의 핵심이다.

관절의 움직임은 쓰나미처럼 강하고 연속적인 파도와 같이 하나의 큰 흐름 속에서 조화를 이루어야 하며, 어떤 부위에서든 움직임이 시작되면 전신이 순차적으로 연계되어 움직여야 한다.

관절의 유기적 연결 동작

가장 중요한 것은, 동작 수행 중간에 힘이 끊기거나 흐름이 정지되는 부분이 없어야 한다는 점이다. 처음 동작부터 마지막 동작까지 힘과 움직임이 끊김 없이 이어질 때, 동작은 더욱 유기적이고 강력하게 완성된다. 좋은 동작은 물 흐르듯 부드럽고, 걸림 없이 이어지는 유려한 움직임을 보여준다.

또한, 흐름의 변화는 곡선과 직선, 위아래(수직, 세로), 좌우(수평, 가로), 대각선 방향 등 다양한 궤적을 포함한다. 수련자는 상황에 따라 이러한 움직임의 방향을 유연하게 조절해야 한다. 탄력적인 흐름은 어느 순간이라도 쉽게 정지할 수 있거나 그 상태를 유지할 수 있는 움직임이다. 유연한 흐름은 멈추기 어려운 움직임을 자연스럽게 이어주어, 동작의 완성도를 더욱 높일 수 있다.

4) 표현(表現)

(1) 태권도 수련의 장인정신(匠人精神) 실현

서예가·화가·도예가와 같은 예술 장인들은 하나의 작품을 완성하기 위해 온 마음을 쏟아 몰입하며, 빈틈없는 손놀림과 정성으로 자신의 열정을 작품 속에 담아낸다. 만약 작업 중 마음의 흐트러짐이나 정성의 부족을 느낀다면, 때로는 그 작품을 찢거나 깨트리며 다시 평정심을 되찾고, 예(禮)의 근본을 갖추어 장인정신이 깃든 예술의 세계로 다시 들어가곤 한다.

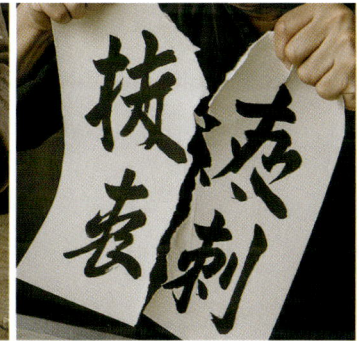

이때의 예(禮)란, 타인을 향한 존경과 배려의 정신일 뿐만 아니라, 자신의 행위에 스스로 예(禮)를 갖추는 자세이기도 하다. 태권도 정신 또한 이러한 예의 개념을 내포하고 있으며, 이는 수련자가 자신의 동작 하나하나에 정성과 품위를 담아야 함을 의미한다.

태권도 수련에서의 장인정신은 내면의 평정심과 외형적 기세의 조화를 통해 실현된다. 이는 단순히 기술을 익히는 데 그치지 않고, 그 기술을 품격 있게 표현하려는 태도에서 비롯된다. 장인정신은 기술적 숙련은 동작을 정확하고 능숙하게 수행하는 능력이며, 전달적 기능은 동작을 통해 내면의 의미·메시지 또는 예술적 감정을 표현하는 능력이다.

이 두 요소가 조화를 이룰 때 비로소 '품격 있는 태권도 동작(一動一品 皆具品格)'이 완성되며, 수련은 단순한 신체 활동을 넘어 정신과 예술이 통합된 표현 행위로 확장된다.

결국 태권도의 동작 하나하나에는 그에 맞는 요건과 정신이 담겨야 하며, 이를 위해 수련자는 심혈을 기울여야 한다. 동작은 단순히 기술적으로 정확할 뿐만 아니라, 기품 있고 우아하게 표현되어야 하며, 이러한 품격이 바로 태권도의 예술성과 정신성을 드러내는 핵심이다.

이처럼 동작의 품격이 표현력을 풍부하게 만들고, 나아가 태권도 정신이 태권도 동작의 품격 속에 자연스럽게 함축될 수 있을 때, 태권도는 진정한 예술의 결정체인 표현에 있다.

(2) 언어적 특성과 의미 전달

태권도 동작에는 언어적 특성이 내재되어 있다. 각각의 동작은 단순한 움직임을 넘어 특정한 의미와 상징성을 지니며, 이를 통해 수련자나 관찰자에게 메시지를 전달한다. 이를테면, 돌려차기 동작은 적극성과 공격성을 상징하며, 이는 수련생에게 보다 능동적이고 진취적인 자세를 요구한다는 의미로 해석할 수 있다. 이처럼 태권도 동작은 언어와 유사한 방식으로 의미를 전달하는 비언어적 표현 수단이라고 할 수 있다.

동작과 언어는 표현 방식은 다르지만, 의미를 전달한다는 점에서 밀접한 관련이 있다. 언어는 말이나 글을 통해 의사를 전달하고 감정을 표현하는 수단이라면, 동작은 신체의 움직임을 통해 태도·감정·의지 등을 표현한다. 특히 태권도 동작은 그 자체로 일정한 상징성과 메시지를 담고 있으며, 이는 언어적 상징 체계와 유사한 구조를 갖는다.

따라서 수련자들은 태권도 동작의 언어적 특성을 인식하고, 동작이 단순한 기술 수행이 아닌 의미와 정신을 표현하는 하나의 언어임을 이해할 필요가 있다. 동작을 통해 의도를 명확히 표현하고, 기술에 담긴 정신적 가치를 체득함으로써 태권도의 깊은 의미를 올바르게 전달할 수 있다.

5) 인식 구성

(1) 신체적·정신적 자세 조절법

태권도에서 동작을 정확하게 수행하고 올바른 자세를 익히는 것은 기술 향상을 위한 필수 조건이다. 하지만 태권도 수련은 단순한 신체적 움직임을 넘어서 정신과 육체의 통합을 중시한다. 이는 격투기 이상의 무도(武道)로서의 태권도 본질을 반영한 것이다.

수련 과정에서 몸과 마음의 일치를 이루는 것은 곧, 진정한 실력 향상으로 이어진다. 정신력을 집중함으로써 신체를 효과적으로 조정할 수 있으며, 이를 통해 동작의 정확성과 완성도를 한층 더 높일 수 있다. 즉, 정신적 태세와 신체적 자세는 서로 밀접하게 연결되어 있으며, 이 두 요소의 조화가 이루어질 때 비로소 완성된 태권도 동작이 나타난다.

따라서 태권도 동작의 수련은 단순한 물리적 반복에 그쳐서는 안 되며, 내면의 집중과 의식적인 자세 조절을 통해 정신과 육체를 유기적으로 운용해야 한다. 이러한 통합적 수련을 통해 수련자는 자신을 보다 깊이 이해하고, 기술과 정신이 하나로 융합된 고차원의 수련 경지에 이를 수 있다.

결국, 정신과 신체의 조화로운 운용은 태권도 수련의 핵심이며, 이는 태권도가 단순한 운동을 넘어 인간의 내적 성장을 지향하는 무도임을 잘 보여준다.

(2) 정신 집중과 신체 긴장 조절

정신이 집중되면 신체의 긴장도를 적절히 조절할 수 있게 되어, 동작에 탄력성과 민첩성이 생긴다. 특히 태권도의 선회 동작인 순사형(앞으로 도는 동작)과 역사형(뒤로 도는 동작)을 활용하면, 빈 공간과 찬 공간을 자유롭게 전환할 수 있다. 이러한 동작의 유연한 변환은 정신과 육체가 하나로 어우러질 때 비로소 가능하며, 이 조화가 이루어져야 완성도 높은 태권도 기술이 발현된다.

신체 긴장은 동작 수행에 있어서 중요한 요소이지만, 과도한 긴장은 동작을 경직되게 만들어 탄력성과 반응 속도를 저하시킨다. 반대로, 지나친 이완은 동작에 필요한 힘이 부족해져 기술의 효과가 떨어질 수 있다. 따라서 수련자는 마음을 통일하고 정신을 집중함으로써, 신체의 긴장 상태를 최적의 수준으로 유지해야 한다.

정신 집중을 통해 조절된 긴장은 동작에 민첩성과 유연성을 부여하며, 결과적으로 태권도 기술의 완성도를 높이는 핵심적인 역할을 한다. 이처럼 정신과 신체의 조화로운 균형은 단순한 기술적 수련을 넘어, 태권도의 본질인 정신적 수양과 신체적 단련의 일체화를 실현하는 중요한 수련 원리이다.

(3) 동·서양의 신체 운용 철학 차이

서양에서는 무용·체육·기계역학 등의 분야에서, 신체 움직임을 분석적으로 접근하며 운동 방법을 체계적으로 연구한다. 이러한 방식은 신체를 물리적 기능적인 관점에서 이해하고, 효율적인 움직임을 구현하기 위해 과학적 분석에 중점을 둔다.

반면, 동양에서는 '기(氣)'라는 내적 에너지를 기반으로, 신체의 흐름과 조화를 중시하는 데 철학적 접근이 발달해 있다. 이처럼 동양의 신체 운용 철학은 내면의 에너지를 활용하여 정신과 육체를 일체화하는 데 중점을 둔다.

태권도는 이러한 동양적 전통을 계승한 무술로서, 정신력의 집중과 기의 운용을 통해 동작의 완성도를 높이는 것을 중요하게 여긴다. 서양의 분석적이고 외형 중심의 접근과 태권도 내면의 수련과 기의 흐름을 통해 기술의 깊이를 더해간다. 이는 태권도만의 고유한 수련 가치이자 전통적 철학적 유산이다.

결국 태권도는 동양의 철학적 기반 위에 서서, 서양의 분석적 운동 이론과 고유의 수련 체계를 유지하고 있다. 이러한 차이를 올바르게 이해하고, 전통을 계승, 발전시키는 것이 태권도 수련의 핵심 가치라고 할 수 있다.

7장
철학과 상징

1968

7장. 철학과 상징

태권도의 상징 체계에는 동양 철학의 핵심 개념인 태극(太極)과 음양(陰陽)의 사상이 깊이 스며들어 있다. 이는 기(氣)의 흐름과 조화를 상징하며, 모든 존재가 상호작용 속에서 균형을 이루는 자연의 이치를 반영한다. 음과 양이 순환하고 조화를 이루는 태극의 원리는 태권도의 동작 하나하나에 자연스럽게 녹아 있으며, 수련자가 이를 일상생활처럼 체득하고 내면화할 수 있도록 이끈다.

이와 함께 태권도에는 상징적인 네 마리 동물이 등장한다. '사수일심(四獸一心)' 즉, 매(鷹)·고양이(猫)·원숭이(猿)·호랑이(虎) '네 마리의 짐승이 하나의 마음으로 움직인다'는 뜻으로, 서로 다른 특성을 지닌 동물들이 조화를 이루며 하나의 흐름을 완성해 나가는 상태를 나타낸다. 이 네 동물은 각각 신체의 특정 부위를 상징하며, 태권도 동작의 기초를 형이상학적으로 설명하는 데 활용된다.

이처럼 태권도의 동작, 그 안에는 깊은 철학과 상징이 담겨 있다. 다시 말해, 태권도는 '상징으로 동작하는 무예'이자 '상징으로 표현하는 예술'이다.

기본 동작인 막기, 치기, 차기 등의 기술은 단순한 공격과 방어를 넘어, 자연과 동물의 원리에서 비롯된 조화로운 움직임으로 이해할 수 있다.

이러한 수련을 통해 수련자는 인간이 자연 및 동물과 어떻게 조화롭게 상생할 수 있는지를 몸과 마음으로 체득하게 된다.

따라서 태권도의 철학은 단지 무술을 익히는 데 그치지 않고, 인간 내면의 성장과 삶의 균형을 추구하는 수련 방식으로 확장된다. 몸과 마음의 조화를 통해 일상 속에서도 태권도의 정신을 실현할 수 있으며, 이것이 바로 태권도가 지향하는 궁극적 가치라고 할 수 있다.

1. 태극(太極)과 팔괘(八卦)

태극의 원리

태권도는 한국의 전통 무술로서, 동양 철학의 핵심 개념인 태극(太極) 사상을 바탕으로 한다. 태극은 우주 만물의 근원이자 생성 원리를 상징하며, 음(陰)과 양(陽)의 상호작용을 통해 조화롭고 균형 잡힌 세상을 구현하고자 하는 철학적 체계를 담고 있다. 태권도는 이러한 태극 사상을 수련을 통해 실천하고, 인간과 자연, 정신과 육체의 균형을 몸으로 체득하는 무술이다.

태극의 개념에는 우주의 생성과 발전 과정을 설명하는 다양한 철학적 단계가 포함되어 있다. 우주가 형성되기 전에 무(無)의 상태를 뜻하는 '태역(太易)'과 '태초(太初)'로, 우주가 최초로 생성되기 시작한 순간을 상징한다. 이어서 '태시(太始)'는 우주와 만물이 본격적으로 시작되는 시점의 본질을 나타내며, '태소(太素)'는 우주를 구성하는 근본적인 원소 또는 질료를 의미한다. 이와 같은 태극의 구조는 우주의 생성과 변화, 순환의 원리를 설명하며, 태권도 수련 속에서도 그 흐름을 느낄 수 있도록 해준다.

뿐만 아니라, 태극은 단지 우주의 구조만을 설명하는 것이 아니라, 인간 삶의 윤리적 지침도 함께 제시한다. 태극은 선(善)을 지키고 악(惡)을 경계하며, 절제와 중용의 삶을 실천할 것을 권고한다. 즉, 극단을 피하고 조화와 균형을 중시하는 삶의 자세를 제시하는 것이다. 이러한 태도는 태권도 수련에서 강조되는 예의·인내 등의 덕목과도 깊이 연결된다.

음과 양이 균형을 이루어야 세상이 평온해지고, 생명과 사물은 제 기능을 다할 수 있다. 따라서 태극은 모든 존재가 조화롭게 공존해야 함을 강조하며, 이는 곧 태권도의 철학적 기반이기도 하다.

결국 태권도는 단순한 격투 기술을 넘어, 태극이 제시하는 우주적 질서와 인간의 삶의 길을 실천하는 철학적 수련 체계로 이해할 수 있다. 음·양의 조화와 중심을 잃지 않는 수련을 통해 태권도인은 내면의 평정과 외면의 균형을 함께 추구해 나가는 것이다.

1) 철학적 의미와 기술적용

태극 철학의 핵심 원리는 태권도의 기본 동작 속에도 깊이 반영되어 있다. 특히 태권도 기술에서는 음(陰)과 양(陽)의 조화와 균형이 매우 중요한 요소로 작용한다. 이를테면 앞차기 동작을 살펴보면, 한쪽 다리는 땅에 단단히 붙어서 중심을 지탱하고 있고, 이는 '음기(陰氣)'를 상징한다. 반면, 앞으로 뻗어 나가는 다리는 '양기(陽氣)'에 해당하며, 적극적인 에너지의 발현을 나타낸다. 이처럼 서로 상반되는 음과 양의 에너지가 조화를 이룰 때, 비로소 동작은 완성도 있게 구현될 수 있다.

또한 태극 원리는 공격과 방어 간의 균형과 전환의 중요성을 강조한다. 태권도에서는 상황에 따라 공격과 방어를 유연하게 전환하는 능력이 필수적이다. 때로는 공격적인 기술을 사용하다가도 곧바로 방어 자세로 전환해야 하며, 이러한 흐름 속에서 음과 양이 서로 조화를 이루어야 한다. 공격은 양(陽)의 에너지를, 방어는 음(陰)의 에너지를 상징하며, 이 둘이 균형을 이루지 못하면 동작은 흐트러지고, 에너지의 효율적인 전달도 어렵게 된다.

나아가 태극 철학은 효율적인 신체 운용과 유연한 기술 구사를 강조한다. 태권도 수련에서는 불필요한 힘을 배제하고, 자연스러운 흐름에 따라 기술을 펼치는 것이 중요하다. 경직된 힘이 아니라, 유연한 움직임과 흐름 속에서 나오는 자연스러운 동작이야말로 진정한 기술로 여겨진다. 이는 태극 사상이 말하는 '만물이 자연스럽게 생성되고 변화한다'는 철학적 원리를 반영한 것이다.

결국, 태권도의 기술은 단순한 신체적 움직임을 넘어서, 태극 철학이 제시하는 자연의 순환과 조화의 원리를 실천하는 하나의 방식이다. 음과 양의 균형 속에서 태권도인은 몸과 마음의 흐름을 조율하며, 기술의 완성도를 높이고 수련의 깊이를 더하게 된다.

2) 팔괘(八卦)의 태권도 내 관계

태극(太極)과 팔괘(八卦)

태권도는 동양 철학의 근본 원리인 태극(太極)과 팔괘(八卦)의 사상을 바탕으로 형성된 전통 무예이다. 태극은 우주 만물의 생성 원리와 음양(陰陽)의 조화를 상징하며, 팔괘는 이 태극의 운동을 여덟 가지 상징으로 구체화한 것이다. 태권도는 이러한 철학적 개념을 단순한 무술로, 기술을 넘어서 수련자의 정신성과 내면 수양에까지 확장하여 구현하고 있다.

팔괘는 건(乾)·곤(坤)·진(震)·손(巽)·감(坎)·이(離)·간(艮)·태(兌)로 구성되며, 각각 하늘·땅·번개·바람·물·불·산·못을 상징한다. 이들 괘는 자연의 근본 원소뿐 아니라 인간의 성정, 행동 양식, 삶의 태도를 상징적으로 표현하며, 태권도의 다양한 기술과 자세에 대응된다.

이를테면, 건(乾) 괘는 하늘과 양(陽)의 기운을 상징하며, 태권도에서는 빠르고 직선적인 공격 기술, 강한 에너지의 발산과 관련된다. 반대로 곤(坤) 괘는 땅과 음(陰)의 기운을 상징하며, 견고하고 안정된 방어 자세와 연관된다. 진(震) 괘는 번개처럼 빠른 움직임을 뜻하여 발기술과 민첩한 동작에 연결되며, 손(巽) 괘는 바람의 흐름처럼 유연한 몸놀림과 기술의 부드러움을 상징한다.

이러한 팔괘의 상징은 태권도 기술의 균형과 조화의 중요성을 구체적으로 설명하는데 도움을 준다. 이를테면, 겉으로는 민첩하고 빠르면서도(震) 속은 단단하고 중심이 잡혀 있어야 하며(坤), 공격은 강렬하고 직접적이어야 하되(乾), 방어는 유연하고 흘려보내는 힘을 지녀야 한다(巽). 이처럼 상반되는 특성들이 조화를 이루는 구조는 태극의 음양철학과도 일맥상통한다.

태극과 팔괘의 철학은 단순히 기술적인 측면에 머물지 않고, 태권도의 정신 수양에도 깊은 영향을 미친다. 수련자는 태극의 조화 원리를 체득하고 팔괘의 상징성을 이해함으로써, 내면의 균형과 조화를 이루고 자기 수양의 깊이를 더할 수 있다. 이는 곧 태권도 정신의 본질인 예의·인내·극기 등의 덕목을 바탕으로 한 삶의 태도와도 직결된다.

나아가, 태극과 팔괘의 철학을 내면화한 태권도인은 단지 기술의 연마를 넘어 삶 속에서 중용을 실천하고, 극단을 경계하며, 조화롭고 절제된 삶을 살아가는 자세를 함양하게 된다. 이러한 태도는 타인에 대한 존중과 공동체 속에서의 조화, 나아가 자연과의 평화로운 공존까지 아우른다.

결국 태극과 팔괘는 태권도의 형식과 내용·기술과 정신·개인과 사회를 하나로 연결하는 철학적 기반이다. 이를 깊이 이해하고 수련에 적용할 때, 태권도는 단순한 무술을 넘어 삶의 철학이 되고, 수련자는 자신의 내면을 갈고닦으며 건강하고 조화로운 삶을 살아갈 수 있게 된다.

2. 음(陰)과 양(陽)

1) 음양의 조화

이 세상 만물은 모두 음(陰)과 양(陽)의 원리에 따라 구성되어 있다. 사람이 그러하고, 예술이 그러하고, 건축이나 생활도구들도 다 음양의 원리로 구성되어야 그 효용 가치를 발휘한다. 반대로, 음양의 균형이 무너지면 존재나 현상 자체가 유지되기 어렵다. 이러한 원리의 조화로운 협응은 곧 태권도의 본질이자 정수(精髓)라고 할 수 있다.

음과 양은 자연계의 모든 현상과 존재의 근본을 이루는 두 가지 상반된 원리로, 서로 대립하면서도 상호 보완적인 관계를 맺는다. 음은 정적이고 수동적인 특성을 가지며, 양은 동적이고 능동적인 성질을 나타낸다. 이 두 요소가 균형 있게 조화를 이룰 때, 자연은 물론 인간 사회도 안정과 발전을 이룰 수 있다.

태권도 또한 이러한 음양의 조화 원리를 핵심 철학이자 기술적 기초로 삼고 있다. 기술 동작에 음양의 개념을 적용함으로써, 보다 자연스럽고 효율적인 에너지의 흐름을 구현할 수 있다. 이를테면, 방어와 공격이 적절히 전환되고, 강한 힘과 부드러운 움직임이 교차하는 동작은 바로 음과 양이 조화를 이루는 기술적 표현이라 할 수 있다.

태권도 수련에 있어 음양의 조화는 신체적 측면뿐 아니라 정신적인 측면에서도 중요하다. 육체적으로는 공격과 방어의 균형을, 정신적으로는 인내와 결단력 사이의 조화를 유지해야 한다. 어느 한쪽으로 치우치게 되면 전체 수련의 균형이 깨져 진정한 수양에 도달하기 어렵다.

예컨대 기술 숙련만을 강조하게 되면 정신적인 수양이 부족해지고, 반대로 정신 수양에만 치중하면 기술적 완성도가 떨어질 수 있다. 따라서 태권도 수련은 신체와 정신, 기술과 철학의 조화로운 수련을 통해 진정한 무도의 길을 걸을 수 있도록 이끈다.

결론적으로, 태권도는 음과 양이라는 상반된 원리가 균형과 통합을 이루는 철학적 기반 위에 세워져 있다. 수련자는 이 원리를 통해 자신의 내면을 성찰하고, 조화롭고 균형 잡힌 삶의 자세를 길러 나가야 한다. 이것이야말로 태권도가 지향하는 궁극적인 수련의 목표라 할 수 있다.

-음(陰)과 양(陽)의 대립적 동작 유형-

위 그림은 음과 양의 대립적 차원이다.

음은 양을 위한 통합을 강조하는 반면, 양은 음을 위한 통일의 상호관계를 강조 한다. 이러한 두 가지 차원의 결합에 의해 네 가지 상호작용의 유형이 결정되는데, 각 유형별로 음(陰) · 양(陽), 동(動) · 정(靜)의 통합 효과성 기준에 대한 상이한 기본 전체를 특징으로 하고 있다. 동작 차원을 정(靜) · 동(動)으로 구분하여 수직축과 수평축을 양극화하여, 안정성·활동성·유지적·지향적의 네 가지 유형으로 개념화 하였다. 이에 따라 대립하는 기를 협응하는 기로서 기를 조화롭게 이루어야 한다.

2) 음양 원리와 수련 적용

태권도는 동양 철학의 핵심 사상인 음양(陰陽) 조화의 원리를 구현하는 예술이다. 모든 태권도 동작은 상호 대립하면서도 균형을 이루는 음과 양의 원리에 기반하며, 수련자는 이를 몸으로 체득하게 된다. 이처럼 태권도는 동양 철학의 정수를 담고 있는 고귀한 무술이며, 육체의 단련을 넘어 정신의 수양을 지향한다. 이를 통해 기술의 흐름 속에서 공격과 방어, 빠름과 느림, 강함과 부드러움은 서로를 보완하며 조화를 이룬다. 이처럼 태권도의 움직임은 대립이 아닌 조화를 지향하며, 그 안에 생명력과 유연성이 존재한다.

동양 철학의 고전인 『주역(周易)』에서도 "일음일양지위도(一陰一陽之謂道)"라 하여, 음과 양의 조화로운 통합이 곧 '도(道)'라고 설파하였다. 이는 곧 우주 만물의 생성과 운행 원리가 음과 양의 상호작용 속에 있다는 의미로, 태권도 역시 이러한 철학적 기반 위에 세워진 수련 체계임을 시사한다.

결국, 태권도는 음양의 원리를 통해 자연과 인간·기술과 정신·외형과 내면의 조화를 실현하고자 하는 수련의 길이다. 이를 올바르게 이해하고 실천할 때, 태권도는 조화롭고 균형 잡힌 삶을 추구하는 철학으로 확장될 수 있다.

3. 동물의 상징과 4치(治)

태권도는 인간의 신체와 정신을 통합적으로 단련하는 무예이다. 이 과정에서 태권도는 자연의 지혜와 생명체의 본능을 상징적으로 차용하여, 수련의 방향성과 철학을 심화시킨다. 특히 매(鷹)-눈, 고양이(猫)-몸통, 원숭이(猿)-팔, 호랑이(虎)-다리 네 마리 동물을 중심으로 한 상징 철학은, 태권도의 신체운용법 4치(治)의 운용 원리를 체계적으로 설명하는 데 중요한 모델로 제시한다. 이를 四獸一心(사수일심)이라 하며, 이는 '네 마리 동물의 본능을 하나의 마음으로 통합한다'는 의미를 가진다.

태권도의 수련은 이처럼 네 가지 동물의 특성을 신체적 움직임과 정신적 자세 속에 통합해 나가는 과정이다. 매의 통찰력·고양이의 유연성·원숭이의 기민함·호랑이의 강인함을 하나로 모아내는 것이 바로 사수일심이다. 이는 곧 신체와 정신, 기술과 철학이 하나로 연결되는 태권도 수련의 궁극적 목표를 상징한다.

1) 매(鷹) - 눈(治眼)

응안신시(鷹眼神視): 매의 눈처럼 신묘한 시선

매는 먼 거리에서도 작은 움직임을 포착하는 뛰어난 시력을 가지고 있다. 태권도에서는 시선과 집중력이 기술의 시작점이다.

상대의 중심과 시선을 읽고, 타이밍을 정확히 판단하는 능력은 매의 관찰력에서 비롯된다. 이는 수련자가 자신의 정신을 집중하고 상황을 꿰뚫는 힘을 기르는데 중요한 기반이 된다.

-태권도 수련 기술 예시-

구분	기술예시	설명
표적 시선 고정	치기 · 차기 전 끝까지 목표 응시	눈의 집중이 기술의 정확도를 높임
복합 시야 수련	수평을 바라보면서 주변 감지, 속임수 동작 간 간파	넓고 깊은 시야 유지
시선 유도, 교란	겨루기 시 상대 시선 끌기 후 반대 방향 공격	눈도 기술의 일부로 활용
눈 – 몸 반응 연결	눈 – 몸, 팔다리 동시에 반응	반사신경 중심 수련
정신 집중력 향상	수련 중 눈 감지 않고 끝까지 집중	시선은 의지력의 표현

-태권도 수련 방법-

- 시선 고정 수련: 거울 앞 자세 유지하며 시선 흔들림 점검
- 반응 속도 수련: 점등, 손동작 등 시각 자극에 빠른 몸 반응
- 멀리 보기 수련: 목표를 정하고 먼 거리에서 집중력 유지
- 마주 보기 수련: 겨루기 시 상대 눈 응시, 상대의 의도 간파

2) 고양이(猫) – 몸통(治身)

묘신유척(猫身柔脊): 고양이의 몸처럼 부드러운 척추

고양이는 유연한 척추 구조를 바탕으로 민첩하게 움직이며, 자유자재로 균형을 유지하고 회피 동작을 수행한다.

태권도 수련자는 이와 같이 척추와 허리의 유연성을 바탕으로, 회전력과 몸의 이동 능력을 향상시켜야 한다. 이는 품새에서의 몸통 회전, 격파에서 착지 시 충격의 흡수, 균형 잡힌 자세 유지 등에 직접적으로 응용된다.

<h2 style="text-align:center">-태권도 수련 기술 예시-</h2>

구분	기술예시	설명
허리 회전 기반	돌려차기, 뒤후려차기	회전력은 척추와 허리에서 생성됨
몸의 이동 기술	앞뒤 중심 전환, 낮추기 후 뛰기	고양이의 웅크림에서 착안한 자세 전환
탄성 반응	몸 숙인 자세, 순간 일어서기	응크렸다가 튀어오르는 고양이의 동작
허리 스냅 응용	손기술 가격 시 몸통 비틀기	단순한 팔이 아닌 몸통의 회전력
균형 유지 수련	눈 감고 한 발 자세 유지	척추의 미세한 조절로 중심 잡기

-태권도 수련 방법-

- 고양이 스트레칭: 고양이 자세로 등과 허리 이완
- 회전 중심 수련: 허리를 기준으로 기술 궤적 조절
- 중심 낮추기 수련: 고양이처럼 유연하게 웅크렸다가 뻗기
- 척추 축 인식 수련: 손·발이 아닌 몸통 중심으로 기술 구현

3) 원숭이(猿) – 팔(治腕)

원완교기(猿腕巧技): 원숭이의 팔처럼 정교한 기술

원숭이는 민첩하고 섬세한 팔 동작으로 나무 사이를 유연하게 오가며, 환경에 빠르게 적응한다.

태권도에서 팔은 공격과 방어, 잡기와 밀기 등 다양한 기술 수행의 매개체로 작용한다. 원숭이처럼 정교하고 기민한 손기술은 막기, 치기, 반격 연결 동작, 근거리 제압 등에서 그 진가를 발휘한다.

-태권도 수련 기술 예시-

구분	기술예시	설명
잡기 / 제압	팔목잡기, 손목 비틀기	원숭이처럼 정확히 상대 관절을 제압
막기, 반격 연결	막고 지르기, 막고 치기	팔 동작을 유기적으로 연결
먼 거리 활용	찌르기	손끝, 거리 조절 중심
가까운 거리 활용	치기	팔꿈치, 거리 조절 중심
팔 기술	팔꿈치 돌려치기+등주먹치기	궤적을 바꾸며 교란하는 팔 기술

-태권도 수련 방법-

- 양손 수련: 반격 = 교차 동작. 한손은 막기, 다른 손은 공격
- 빠른 전환 수련: 반격 = 피하며 공격
- 흉기 팔 수련: 손 기술로 흉기 제압
- 반응 속도 수련: 반응에 의해 빠르게 팔 수행

4) 호랑이(虎) – 다리(治脚)

호각강력(虎脚剛力): 호랑이의 다리처럼 강인한 힘

호랑이의 하체는 사냥 시 폭발적인 추진력과 안정성을 보여준다. 태권도에서 다리는 차기의 위력뿐 아니라 균형 유지와 동작의 근원이 된다.

호랑이의 다리처럼 강인한 하체를 단련하는 것은 민첩한 이동과 안정된 서기, 차기 등 핵심 기술을 완성하는 데 필수적이다.

-태권도 수련 기술 예시-

구분	기술예시	설명
몸의 이동 기반 차기	앞차기, 옆차기, 돌려차기	몸의 이동 후 다리 폭발력 활용
지지력	뒷발로 지지하며 앞발 공격	호랑이의 다리처럼 강력하고 안정되게
지면반발력	제자리에서 점프하며 차기	웅크렸다가 강하게 뻗는 움직임
발 부위 조절	앞꿈치, 뒤꿈치, 발날, 발날등	발의 섬세한 조절 강조
연결 차기	양 다리를 바꿔가며 빠르게 차기	호랑이의 순발력을 표현

-태권도 수련 방법-

- 하체 집중 수련: 스쿼트, 점프 등 낮은 자세 유지
- 속도 및 무게 수련: 차기 시 스텝과 궤적을 동시에 익힘
- 정확도 수련: 표적을 정하고 정확히 차기 연습
- 균형 강화 수련: 한 발로 버티는 자세에서 다양한 기술 시도

– 사수일심(四獸一心) – 4치(治)의 상징 구성 표 –

상징 동물 – 4치(治)	상징 부위	특징
매(鷹) – 치안(治眼)	눈	통찰력과 집중된 시선
고양이(猫) – 치신(治身)	척추 허리	유연성과 몸의 이동
원숭이(猿) – 치완(治腕)	팔	민첩함과 정확한 조정
호랑이(虎) – 치각(治脚)	다리	강력한 추진력과 균형

사수일심(四獸一心)의 통합은 네 동물이 각각 다른 특징을 가진 동작을 수행하는 것이 아니라, 서로 한 의지로 조화를 이루어 한 뜻, 한 흐름으로 움직이는 상태를 상징한다.

태권도 수련에서 동작을 완성하기 위해서는 이처럼, 눈이 먼저 목표를 인지하고, 척추가 방향을 선점하며, 팔과 다리가 하나의 흐름으로 기술을 펼치는 태권도 수련 철학으로서 의미가 깊다.

8장
태권도 수련생을 위한 지도법

1968

8장. 태권도 수련생을 위한 지도법

1. 수련의 변화와 효과

1) 수련 방식의 변화

태권도는 전통적으로 지도자 중심의 수직적 수련 방식을 유지해 왔다. 이 방식은 지도자의 시범과 설명에 대한 의존도를 높여, 수련생들의 창의성과 독립성을 약화시키는 요인이 되었다. 또한, 수련생들이 학습에 능동적으로 참여할 기회를 제한하여 문제 해결 능력을 효과적으로 배양하기 어려웠다.

그러나 시대의 변화에 따라 학습자의 요구가 다양해지면서 새로운 지도 방법론의 필요성이 대두되었고, 과거 지도자 중심에서 학습자 중심의 탐구식 수련 방식으로 변화하였다. 학습자 중심의 탐구식 수련은 수련생들이 스스로 탐구하고 경험하는 과정을 중시하기 때문이다. 이는 수련생들은 독립심과 통찰력을 기를 수 있으며, 문제 상황에 직면했을 때, 능동적으로 해결책을 모색하는 과정에서 문제 해결 능력이 향상될 수 있다.

2) 신체적 · 심리적 · 정신적 · 윤리적 · 인류적 효과

(1) 신체적 효과

태권도는 전신을 사용하는 유산소 및 근력 운동으로, 신체 전반의 기능을 향상시키는 데 매우 효과적인 수련법이다. 꾸준한 태권도 수련을 통해 유연성·근력·심폐지구력 등 다양한 신체 능력을 고루 발달시킬 수 있으며, 이는 일상생활의 활동성과 건강 유지에 직접적인 도움이 된다.

먼저, 태권도의 핵심 동작 중 하나인 차기는, 관절과 근육의 유연성을 높이는 데 중요한 역할을 한다. 다양한 각도와 높이로 반복되는 차기 동작은 하체 관절의 가동 범위를 넓히고, 근육의 긴장을 완화시켜 부상 예방에 기여한다. 유연성이 향상되면 일상에서의 움직임이 한결 자유로워지고, 노화로 인한 신체 기능 저하도 늦출 수 있다.

또한 태권도 수련에서 지속적으로 수행되는 기본 동작과 품새 연습은 근력과 근지구력 강화에 효과적이다. 상체와 하체를 고르게 사용하는 수련은 근육의 균형 발달을 유도하며, 척추와 관절을 지탱하는 코어 근육을 강화해 신체의 전체적인 안정성을 높인다. 이는 운동 능력 향상은 물론, 요통이나 관절 통증 같은 근골격계 질환 예방에도 긍정적인 영향을 미친다.

이와 함께 태권도는 활발한 움직임이 지속되는 지구력 운동으로, 심폐지구력 향상에도 뛰어난 효과를 발휘한다. 수련 중 심박수가 일정 수준 이상으로 유지되기 때문에 심장과 폐 기능이 강화되고, 혈액순환이 활발해져 심혈관계 건강 개선에도 도움이 된다. 이와 같은 전신 유산소 운동은, 체중 조절·체지방 감소·혈압 및 콜레스테롤 수치 개선 등 다양한 건강상의 이점을 제공한다.

실제로 많은 태권도 수련자들이 정기적인 수련을 통해 신체적 변화는 물론, 건강한 생활 습관과 활력 넘치는 일상으로의 전환을 경험하고 있다.

결론적으로, 태권도는 유연성·근력·심폐지구력 등 전반적인 신체 능력을 균형 있게 향상시키는 전신 운동으로, 신체 건강 유지와 증진에 매우 효과적인 수련법이다.

(2) 심리적 효과

태권도 수련은 개인의 심리적 건강에 긍정적인 영향을 미치며, 자아 통합과 균형 잡힌 인격 형성에 도움을 준다. 신체와 정신, 영혼을 통합하는 수련 과정을 통해 수련자는 내면의 조화를 이루고 심리적으로 더욱 성숙해질 수 있다.

특히 태권도는 정신력 강화와 극기 정신을 중시한다. 반복되는 수련과 도전 과정을 통해 수련자는 자신의 한계를 인식하고 이를 극복하려는 의지를 기르게 된다. 이러한 경험은 자아 존중감과 자신감을 향상시키며, 심리적 안정감과 긍정적인 삶의 태도를 형성하는 데 기여한다.

　실제로 수련 과정에서 겪는 작은 성공의 경험들이 쌓이면서, 일상생활에서도 어려움을 긍정적으로 받아들이고 극복하는 힘을 기를 수 있다.

　또한 태권도는 스트레스 해소와 정신 집중력 향상에도 매우 효과적이다. 강도 높은 신체 활동을 통해 자연스럽게 스트레스를 배출할 수 있으며, 호흡 조절과 동작 수행에 집중하는 과정에서 정신이 맑아지고 집중력이 강화된다. 이는 학업이나 직장 생활에서도 업무 효율성을 높이고, 전반적인 삶의 질을 향상시키는 데 도움을 준다.

　결론적으로, 태권도 수련은 단순한 체력 단련을 넘어, 심리적 안정과 자아 성장을 촉진하는 효과적인 수련 방법이다. 자기 자신을 이해하고 극복하는 과정을 통해 수련자는 더 강인하고 성숙한 인간으로 성장할 수 있다.

(3) 정신적 효과

　태권도는 단순한 신체 단련을 넘어 정신적 성장까지 이끄는 종합적인 수련 활동이다. 규칙적이고 지속적인 수련을 통해 수련자는 자신감·집중력·인내심 등 다양한 정신적 역량을 자연스럽게 기르게 된다. 이러한 정신력의 향상은 개인의 삶 전반에 긍정적인 영향을 미친다.

　우선, 태권도 수련은 반복되는 동작과 점진적인 기술 습득 과정을 통해 자신감을 키워준다. 수련자는 매 시간 새로운 동작이나 심신의 한계를 마주하게 되며, 이를 극복하면서 자신에 대한 믿음을 얻게 된다. 또한 일정한 규칙과 절차 속에서 수련을 반복하며 집중력이 강화된다. 이러한 집중력은 단지 수련 시간에만 머무르지 않고, 일상생활과 학업·직장 업무 등 다양한 상황에서도 주의력과 몰입도를 높이는 데 기여한다.

　이와 함께 태권도 수련은 인내심을 기르는 데 탁월한 효과가 있다. 기술을 익히고 성취를 이루기까지 시간이 걸리며, 반복적인 실천과 꾸준한 노력이 필요하다. 이 과정에서 수련자는 좌절하지 않고 끝까지 포기하지 않는 태도를 내면화하게 된다. 이렇게 향상된 정신력은 삶의 질을 실질적으로 높이는 데 기여한다.

　자신감 있는 태도는 사회적 관계를 더욱 원활하게 만들며, 높은 집중력은 업무의 효율성을 높인다. 또한 인내심을 바탕으로 스트레스 상황에서도 차분하게 대응할 수 있어, 전반적인 정신적 안정과 만족도를 높일 수 있다.

실제로 많은 수련자들이 태권도를 통해 마음이 건강해지고 삶에 대한 만족감이 커졌다고 평가하고 있다.

결론적으로, 태권도는 정신력 향상을 위한 효과적인 수련법이며, 그로 인해 수련자는 더 강인하고 균형 잡힌 삶을 살아갈 수 있다.

(4) 윤리적 효과

태권도는 인간의 인격과 윤리 의식을 함께 길러주는 전인적 수련이다. 신체적·정신적 수련과 함께 태권도는 수련생에게 도덕성과 올바른 가치관을 내면화하게 하며, 윤리적인 인간으로 성장할 수 있도록 돕는다.

태권도는 예의와 극기 등의 정신을 핵심으로 삼는다. 수련 과정에서 수련생은 이러한 정신을 몸소 실천하며 도덕성과 윤리 의식을 자연스럽게 배운다. 스승과 선배에 대한 존경심, 수련 중 지켜야 할 규율, 그리고 동료들과의 협력과 배려를 통해 수련생은 바른 품성과 인격을 갖추게 된다.

특히 태권도는 자기 규율과 책임감을 강조하는 수련이다. 반복되는 동작과 엄격한 수련 과정은 수련생에게 높은 수준의 절제력과 인내심을 요구하며, 이를 통해 자기 조정 능력을 기르게 된다. 동시에 자신의 행동에 대한 책임 의식을 갖도록 수련되기 때문에, 수련생은 자신의 말과 행동이 타인과 공동체에 미치는 영향을 자각하게 된다. 이러한 태도는 일상생활에서도 책임 있는 행동과 성숙한 판단력으로 이어질 수 있다.

이와 함께 태권도는 예의범절과 타인 존중의 문화를 바탕으로 한다. 인사를 통한 시작과 끝, 상대방을 존중하는 태도, 심판과 지도자를 향한 경의 표현 등은 수련생이 일상에서도 예의 바른 태도를 유지할 수 있도록 만든다. 동료 수련생들과의 상호 협력과 존중 속에서, 수련생은 공동체 의식과 사회적 윤리를 자연스럽게 익힌다.

결론적으로, 태권도는 수련생에게 윤리적 사고방식과 올바른 행동 습관을 길러주는 효과적인 수련법이다. 자기 절제와 책임감, 예의와 배려를 기반으로 한 태권도 수련은,

수련생을 인격적으로 성숙하고 도덕적인 사람으로 성장시키는 데 중요한 역할을 한다.

(5) 인류적 효과

태권도는 인류애와 세계 평화 증진이라는, 더 큰 가치를 지닌 전 세계적인 문화 수련이다. 태권도의 핵심 정신은 폭력이 아닌 평화, 갈등이 아닌 조화로운 공존을 지향하며, 이를 실천하는 과정에서 수련생은 개인을 넘어 인류 전체에 대한 이해와 존중을 배워나가게 된다.

수련을 통해 배우는 예의·극기 등의 덕목은 단순히 개인의 인격 수양에 그치지 않고, 타인과 함께 살아가는 공동체적 삶의 자세로 확장된다. 특히 태권도는 인종·언어·문화가 다른 사람들과도 상호 존중하는 자세를 강조하며, 이를 통해 문화 간 이해와 평화로운 공존을 가능하게 만든다.

다양한 문화권에서 태권도가 보편적으로 수련되고 있다는 사실은, 태권도가 문화의 경계를 넘어 인류를 하나로 연결하는 다리 역할을 하고 있음을 보여준다.

또한, 태권도는 문화적 다양성을 존중하고 수용하는 능력을 길러준다. 세계 각지에서 수련되고 있는 태권도는 그 지역의 전통과 문화를 반영하면서도, 태권도 고유의 정신과 형식을 유지하고 있다. 이처럼 각기 다른 문화를 포용하고 어우르는 태권도의 특성은, 수련생들이 다양한 문화를 이해하고 받아들이는 데 큰 도움이 된다.

실제로 태권도 교육 및 시범단 활동, 국제 교류전 등은 서로 다른 문화를 가진 사람들이 만나는 장이 되어, 문화 간 소통과 교류를 활성화하고 있다.

더 나아가, 태권도는 지구촌 공동체 의식을 고취시키는 데에도 중요한 역할을 한다. 국기원과 세계태권도연맹(WT)과 같은 국제기구들은 전 세계 태권도 수련생들을 하나의 네트워크로 연결시키며, 국적과 인종·언어의 장벽을 넘어선 교류의 장을 마련해왔다. 이러한 국제적 교류는 수련생들이 자신을 세계 시민으로 인식하게 하며, 전 인류가 하나의 공동체라는 의식을 자연스럽게 형성하도록 돕는다.

결론적으로, 태권도는 인류 전체를 향한 이해와 배려, 평화와 조화의 가치를 실천하는 전 세계적인 무도이다. 태권도를 수련하는 과정은 단순한 무술 수련을 넘어, 인류애를 실현하고 평화로운 지구 공동체를 만들어가는 실천이 된다.

3) 태권도 영역별 수련 효과

(1) 품새 수련의 효과

태권도 수련에서 품새는, 기본 동작과 기술을 체계적으로 익히고 응용할 수 있도록 돕는 핵심적인 수련 방식이다. 품새는 가상으로 정해진 순서에 따라 동작을 수행하는 연기 체계로, 수련자가 기술적 완성도는 물론 신체적·정신적 조화를 이룰 수 있게 한다.

우선, 품새 수련은 신체 기능 향상에 큰 도움을 준다. 반복적으로 정해진 동작을 수행하면서 수련자는 기술을 정확하게 숙달할 수 있으며, 이 과정에서 근육의 유연성·관절의 안정성 그리고 균형 감각이 자연스럽게 발달하게 된다.

또한 올바른 자세와 움직임을 반복적으로 익히기 때문에, 자세 교정에도 효과적이며 동작에 맞춰 호흡을 조절하면서 신체의 리듬감과 조화를 기를 수 있다.

품새는 단순히 동작 수행에 그치지 않고, 정신력과 인성 함양에도 긍정적인 영향을 미친다. 동작 하나하나를 정확하게 익히기 위해서는 높은 수준의 집중력과 인내심이 필요하며, 이를 통해 수련자는 자기 조정력과 끈기를 자연스럽게 습득하게 된다. 아울러 태권도의 기본 정신인 예의와 존중 등의 가치를 바탕으로 품새를 수련함으로써, 수련자는 올바른 인성과 품행을 함양할 수 있다.

결국, 품새 수련은 단순한 기술 연습을 넘어, 신체적 능력과 정신적 자질을 함께 향상시키는 종합적인 수련 방법이라 할 수 있다. 체계적인 동작 습득과 함께 인격 수양까지 도모할 수 있는 품새는, 태권도 수련의 중심축으로서 매우 중요한 의미를 지닌다.

(2) 겨루기 수련의 효과

태권도 수련의 핵심 요소 중 하나인 겨루기는, 실제 대련(對鍊) 상황을 가정하여 상대와 기술을 주고받는 수련 방식이다. 겨루기는 단순히 기술을 시험하는 것을 넘어, 수련자의 신체적 능력과 정신적 역량을 동시에 향상시키는 데 효과적인 수련법이다.

우선 겨루기는 공격과 방어 기술을 실전처럼 익히는 과정으로, 기술의 실용성과 응용력을 높이는 데 매우 유익하다. 다양한 상황에서 상대의 움직임을 예측하고 빠르게 대응해야 하기 때문에, 수련자는 자연스럽게 신속한 판단력과 순발력, 공간 지각 능력을 기르게 된다. 또한 상대의 전략을 분석하고 적절한 대응을 모색하는 과정에서 전략적 사고 능력과 기회 포착 능력도 함께 발달하게 된다.

겨루기의 효과는 신체적인 영역을 넘어 정신적인 측면에서도 두드러진다. 실전 상황과 유사한 긴장된 분위기 속에서 겨루기를 경험함으로써, 수련자는 긴장감을 극복하는 자신감과 도전 의식, 그리고 용기를 기를 수 있다. 이러한 경험은 다양한 사회적 상황에서도 침착함과 자신감을 유지할 수 있도록 도와준다.

이와 함께 겨루기는 단순한 경쟁이 아닌, 상대방을 존중하고 예의를 지키는 태도를 배우는 수련이기도 하다. 정정당당한 태도로 겨루기에 임하고, 상대의 실력을 인정하며 예의를 갖추는 과정을 통해 수련자는 배려심과 인성을 함양하게 된다. 이는 태권도의 핵심 정신인 예의와 존중의 가치를 몸소 실천하는 과정이라 할 수 있다.

결론적으로, 태권도 겨루기 수련은 기술 향상뿐만 아니라 판단력·용기·전략적 사고력·인성 함양 등 다양한 측면에서, 수련자의 전인적 성장을 이끄는 효과적인 수련 방법이다.

실전 감각을 익히면서도 인간다운 품성과 태도를 기를 수 있다는 점에서, 겨루기는 태권도 수련의 매우 중요한 부분이라 할 수 있다.

(3) 격파 수련의 효과

태권도 수련에서 격파는, 일정 수준 이상의 기술이 숙련된 수련자에게 주어지는 고난도 수련 방식으로, 주먹이나 발 등 신체의 특정 부위를 사용해 목재판·벽돌 등 고형(고체 상태) 물질을 부수는 수련이다.

격파는 단순한 힘과 재주 부리는 자랑이 아니라, 기술의 정확한 자세 정확한 가격 부위에 대한 이해, 그리고 적절한 속도와 타이밍의 조화, 이 과정을 반복하면서 수련자는 기술의 세부적인 동작까지 세심하게 다듬게 되고, 이를 통해 가격의 정확성과 파괴력이 크게 향상된다. 그리고 정신적 도전 의식을 함양하는 데 중요한 역할을 한다.

또한 격파는 신체의 힘을 효과적으로 운용하는 능력을 배양한다. 특정 지점에 최대한의 힘을 순간적으로 집중해야 하기 때문에, 수련자는 신체 각 부분의 협응력과 에너지 전달 방식을 체득하게 된다. 이는 실전에서의 기술 응용력은 물론, 근력과 근지구력의 발전에도 기여한다.

신체적 효과뿐만 아니라, 격파 수련은 정신적 성장에도 깊은 영향을 미친다. 격파는 수련자에게 큰 심리적 도전을 안겨주며, 이를 극복하고 성공할 때마다 자신감과 성취감이 크게 향상된다. 특히 반복적인 실패를 통해 인내심과 끈기를 배우고, 다시 도전하는 과정에서 강한 정신력과 도전 정신이 길러진다.

결론적으로, 격파는 태권도 수련 중 가장 강렬하고 직접적인 체험을 제공하는 수련법으로, 기술의 정확성·신체의 힘 운용·정신적 자신감 등 다양한 면에서 수련자의 전인적 성장에 기여한다.

2. 태권도 지도법

1) 태권도 지도법의 이해

(1) 태권도 지도법의 개념

태권도 지도법은 태권도를 수련자에게 효과적으로 전달하고 가르치기 위한 원리와 방법을 의미한다. 이는 단순히 기술을 전수하는 것을 넘어, 수련자의 신체적 능력과 정신적 태도와 인격까지 함께 길러낼 수 있도록, 체계적인 교육 과정을 설계하고 실행하는데 목적이 있다.

다양한 분야의 학자들은 지도법에 대해 연구하면서 각각의 학문적 배경과 교육적 관점에 따라 정의를 내리고 있으나, 이들이 공통적으로 강조하는 요소는 바로 의도성과 목표 지향성이다. 즉, 태권도 지도는 단순한 기술 전수가 아닌, 명확한 교육적 목표를 바탕으로 계획적으로 이루어져야 한다는 것이다. 지도자가 어떤 목표를 가지고 어떤 방식으로, 어떤 수련자에게 접근하느냐에 따라 지도 효과는 크게 달라질 수 있다.

따라서 태권도 지도법은 태권도의 기술적 요소뿐만 아니라 교육학적, 심리학적 원리까지 통합적으로 이해하고 적용해야 하는 복합적인 개념이다. 이는 수련자의 수준과 특성에 따라 다양한 지도 전략을 구사함으로써, 태권도의 본질적인 가치와 정신을 효과적으로 전달하고, 수련자의 전인적 성장까지 이끌어내는 데 필수적인 요소라 할 수 있다.

(2) 태권도의 지도법의 특징

태권도 지도법은 수련생의 인성 함양과 전인적 성장을 목표로 하는 교육적 접근이다. 이러한 관점에서 태권도 지도법은 신체 기술과 정신 수양을 아우르는, 전인교육 중심의 지도 철학을 기반으로 하며, 다음과 같은 특징을 지닌다.

태권도 지도법의 첫 번째 특징은 지도자의 권위와 리더십을 중시한다는 점이다. 태권도 지도자는 수련생에게 존경과 신뢰를 받을 수 있는 존재로서, 그 자체가 하나의 교육적 본보기여야 한다. 지도자의 말과 행동은 수련생의 태도와 가치관 형성에 직접적인 영향을 미치며, 이는 곧 도덕성과 인성 교육으로 이어진다.

지도자의 권위는 단순한 통제력이 아니라, 수련생에게 동기를 부여하고 목표를 제시하는 리더십의 기반이 된다.

지도자는 수련생이 수련의 어려움을 극복하고 꾸준히 성장해 나갈 수 있도록 격려하고 비전을 제시하는 역할을 수행해야 한다. 이러한 리더십은 수련생의 학습 의욕을 자극하고, 수련에 대한 몰입도와 지속성을 높이는 데 기여한다.

두 번째 특징은 합리적인 지도 방식이다. 효과적인 태권도 지도는 수련생의 수준·연령·특성을 고려한 맞춤형 접근이 필요하며, 이를 위해 지도자는 과학적 원리와 경험적 기록에 기반한 지도법을 활용해야 한다.

일률적이고 권위적인 지도보다는, 개별 수련자의 신체적·정신적 상태에 맞춘 합리적 지도가 더 큰 교육적 효과를 낳는다. 이는 수련생의 성취감과 학습 효율성을 높이는 데 중요한 요소이다.

세 번째 특징은 지도법의 실현 가능성이다. 아무리 이상적인 지도 방안이라도, 현실적인 조건이므로 수련생이 실제로 따라갈 수 있는 단계적이고 체계적인 학습 경로를 제공하며, 지도자에게도 교육의 방향성과 실행력을 확보해준다.

또한 수련 장소와 도장의 환경 등을 고려하지 않으면 효과적으로 실행되기 어렵다. 따라서 현장의 여건과 수련생의 실제 상황을 충분히 반영해야 하며, 실질적으로 적용 가능한 방식을 택해야 한다.

결과적으로 태권도 지도법은 단순한 기술 교육이 아니라, 수련생의 인격과 삶의 태도를 함께 길러내는 통합적 교육 방법이다. 권위 있는 리더십과 과학적이고 합리적인 접근, 현실에 기반한 실현 가능성이라는 세 가지 특징은, 효과적인 태권도 교육을 위한 핵심 요소이다. 이와 같은 지도법을 통해 수련생은 기술뿐 아니라 태권도의 정신과 가치를 내면화하며, 전인적 성장을 이룰 수 있다.

(3) 태권도 지도법의 접근법

태권도 지도법은 수련생의 기술 습득은 물론, 인격과 가치관 형성을 동시에 목표로 하는 교육 방식이다. 이에 따라 효과적인 지도를 위해서는 다양한 교수 전략이 필요하며, 다음과 같이 세 가지의 주요 접근법으로 구분할 수 있다.

첫 번째, 기술 중심 접근법이다. 태권도의 기본 동작·품새·겨루기·격파 등 실기 능력 향상에 중점을 두는 지도 방식이다. 이 접근은 동작의 정확한 습득과 반복적인 수련을 통해 수련생이 기술을 완전히 체득하도록 하는 데 효과적이다.

지도자는 주로 시범을 통해 동작을 보여주고, 수련생은 이를 반복적으로 연습함으로써 숙련도를 높인다.

이러한 방식은 특히 초보자나 실기 역량 강화를 원하는 수련자에게 적합하며, 단기간 내 기술적 성취감을 제공할 수 있다는 장점이 있다. 다만 기술 중심 지도만으로는 태권도의 정신적 가치까지 충분히 전달하기 어렵다는 한계가 있다.

두 번째는 이론 중심 접근법인데, 태권도의 원리·역사·철학·정신 등 이론적 측면에 중점을 둔 지도 방식이다. 수련생은 태권도의 유래와 발전 과정·무예 철학·예절과 정신 수양의 의미 등을 배우면서 단순한 신체 활동을 넘어 태권도의 본질과 가치를 이해하게 된다.

이 접근은 수련생이 기술 수행의 의미와 목적을 인식하고, 자기 수련에 대한 동기와 정체성을 확립하는 데 도움을 준다. 특히 고급 수련자나 지도자 교육 과정에서는 이론 중심 지도법의 중요성이 더욱 부각된다.

세 번째에서는 통합적 접근법으로, 기술 중심과 이론 중심의 교육을 균형 있게 공진화(共進化)하는 지도 방식이며, 최근 태권도 교육에서 가장 이상적인 접근으로 평가된다. 수련생은 실기 능력과 함께 태권도의 철학과 가치를 동시에 익히며, 이를 통해 기술과 인성, 지식이 조화롭게 성장하게 된다.

이 방식은 전인적 태권도 교육을 실현하는 데 매우 효과적이며, 특히 끊임없는 수련을 통해 태권도 정신을 삶에 적용하고자 하는 수련생에게 적합하다. 지도자는 실기 수련과 이론 교육을 유기적으로 연결하여, 수련생이 태권도인의 자세와 태도를 내면화할 수 있도록 지도해야 한다.

결국 태권도 지도법은 수련자의 특성과 교육 목표에 따라, 다양한 방식으로 적용될 수 있다.

기술 중심 접근법은 동작 숙련에, 이론 중심 접근법은 태권도의 이해에, 통합적 접근법은 전인적 성장에 각각 강점을 지닌다. 따라서 지도자는 수련자의 단계와 상황에 따라 이 세 가지 접근법을 적절히 조화시켜, 효과적이고 균형 잡힌 태권도 교육을 실현해야 한다.

(4) 태권도 지도법의 실천 방안

태권도 지도법이 효과적으로 작동하기 위해서는, 이론적인 지도 원리를 실제 교육 현장에 적절히 적용할 수 있는 실천 전략이 필요하다. 수련생의 전인적 성장을 이끌어내기 위해서는 단순한 기술 전수나 수련의 반복을 넘어, 체계적인 교육과정, 수련생 중심의 지도, 그리고 지속적인 평가와 피드백이 유기적으로 연결되어야 한다. 이를 위한 실천 방안은 다음과 같다.

첫째, 체계적인 교육과정의 구성이다. 수련 단계에 따라 난이도와 내용을 체계적으로 구조화한 커리큘럼을 마련해야 한다. 초급·중급·고급으로 이어지는 연계성 있는 수련 내용은, 수련생이 단계적으로 성장할 수 있도록 도와주며, 학습의 방향성과 목표를 명확히 제시해준다.

또한 각 단계별로 기술·이론· 인성 교육이 균형 있게 포함된 커리큘럼을 개발함으로써, 단편적인 기술 교육을 넘어서 태권도의 전인적 가치를 효과적으로 전달할 수 있다.

둘째, 실천 방안은 수련생의 자발적인 참여와 내적 동기를 이끌어내는 것이다. 지도자는 수련생의 노력과 성취를 인정하고 칭찬함으로써 자신감과 열정을 북돋아야 한다. 긍정적인 피드백은 수련생의 학습 의욕을 고취시키고, 더 나은 수련 태도를 이끌어낸다.

또한 수업 방식에 수련생의 의견을 반영하거나, 흥미롭고 창의적인 수련 방법을 적용하면 학습 몰입도를 높일 수 있다. 이와 같은 참여 중심 지도는 수련생의 지속적인 성장 동력을 확보하는 데 효과적이다.

셋째, 공정하고 객관적인 평가와 피드백 시스템의 구축이 필요하다. 수련 과정은 단순한 반복이 아닌, 지속적인 진단과 개선의 연속이 되어야 한다. 이를 위해 지도자는 수련생의 현재 수준을 정확히 파악할 수 있는 명확한 평가 기준을 설정하고, 정기적인 피드백을 제공해야 한다.

이러한 피드백은 수련생이 자신의 강점과 부족한 점을 인식하고, 스스로 개선 방향을 설정하는 데 도움을 준다. 또한 피드백은 지도자와 수련생 간의 신뢰를 형성하고, 상호 소통의 기반이 되기도 한다.

결국 태권도 지도법의 효과적인 실천을 위해서는 단순한 기술 지도에 머무르지 않고, 체계적인 교육 설계, 수련생 중심의 참여 유도, 수련은 평가와 피드백이 수반되어야 한다는 세 가지 핵심 전략이 종합적으로 이루어져야 한다. 이를 통해 수련생은 기술적 능력은 물론, 정신적 성장과 인성 함양까지 이룰 수 있으며, 태권도의 본질적 가치를 깊이 있게 체득할 수 있다.

2) 지도자의 자질 및 철학

(1) 태권도 지도자의 자질과 역할

태권도는 개인의 신체적·정신적 성장과 함께, 사회와 인류 공동체에 긍정적인 영향을 미칠 수 있는, 교육적 가치와 철학을 지닌 무도이다. 이러한 태권도의 가치 실현은 지도자의 자질과 역할에 크게 좌우된다. 따라서 태권도 지도자는 단순한 기술 전달자가 아니라, 수련생의 인성과 역량을 함께 이끌어내는, 교육자이자 모범적 리더로서의 역할을 수행해야 한다.

태권도 지도자에게 가장 기본적이고 중요한 자질은 첫째, 태권도에 대한 전문성이다. 지도자는 기본 동작에서부터 고급 기술까지, 정확하고 모범적인 시범이 가능해야 한다. 더 나아가 태권도의 역사·철학 등 이해와 지식의 깊이를 갖추고 있어야 한다. 이를 바탕으로 지도자는 수련생에게 신뢰감 있는 교육을 제공할 수 있다.

또한 신뢰받는 리더십은, 지도자가 수련생들에게 존경받고 따를 수 있는 인품을 갖추는 데 필수적이다. 지도자의 태도와 품행은 수련생에게 직접적인 영향을 미치므로, 올바른 언행과 공정한 지도 자세는 매우 중요하다.

둘째, 지도자의 열정은 수련생들에게 학습 동기를 부여하는 원동력이 된다. 열정적인 지도자는 수업에 활력을 불어넣고, 수련생들이 적극적으로 수련에 임하도록 만든다. 지도자는 수련생들의 노력과 성장을 격려하고, 수련생 각자의 특성과 상황을 고려해 맞춤형 조언과 긍정적 피드백을 제공해야 한다. 이를 통해 수련생들은 성취감을 느끼고 자신감을 키워갈 수 있다. 나아가 지도자는 태권도의 정신적 가치와 수련의 즐거움을 지속적으로 강조함으로써, 수련생들이 수련에 대한 흥미와 열정을 꾸준히 유지할 수 있도록 도와야 한다.

셋째, 태권도 지도자는 수련생에게 기술뿐 아니라, 인성과 예절을 가르치는 사람이다. 그러므로 지도자 스스로 모범적인 인성과 윤리의식을 갖추고, 이를 몸소 실천하는 자세가 요구된다. 지도자의 행동 하나하나는 수련생에게 영향을 미치므로, 지도자는 항상 책임감 있는 자세로 태권도 정신을 실천하며, 수련생의 도덕적 성장을 이끄는 본보기가 되어야 한다.

넷째, 시대가 변함에 따라 교육 방식과 수련생의 특성도 변화하기 때문에, 태권도 지도자는 끊임없이 전문성을 개발하고 최신 교육 방법을 습득해야 한다. 새로운 교수법·스포츠 과학·심리학 등 다양한 분야의 지식을 지속적으로 탐구함으로써, 수련생들에게 보다 효율적이고 현대적인 교육 환경을 제공할 수 있다.

이러한 자기 계발 노력은 지도자의 자질을 한층 높이는 동시에, 수련생들에게도 평생 학습과 성장의 가치를 자연스럽게 전달하는 계기가 된다.

결론은, 태권도 지도자는 단순한 무술 교사가 아니라, 수련생의 전인적 성장을 이끄는 리더이자 교육자이다. 이를 위해 전문적인 기술 역량·신뢰받는 리더십·열정적인 태도·윤리적 모범 그리고 지속적인 자기 계발이 필수적이다. 이러한 자질과 역할을 충실히 수행하는 지도자야말로, 태권도의 가치를 전파하고 수련생들에게 긍정적인 삶의 방향을 제시할 수 있다.

(2) 지도 철학과 원칙의 정립

태권도 지도자는 단순한 기술 전달자가 아닌, 수련생의 전인적 성장을 이끄는 교육자로서의 정체성을 가져야 한다. 이를 위해 가장 핵심적인 출발점은 지도 철학과 교육 원칙의 확립이다.

태권도의 본질과 가치를 반영한 철학은 수련생이 신체적 · 정신적으로 조화롭게 성장할 수 있도록 돕는 명확한 방향성과 교육적 기준을 제시한다.

지도자는 태권도의 기술뿐 아니라 정신적 가치(예의 · 인내 · 존중 · 책임감 등)를 강조하며, 이를 행동과 언행으로 일관되게 실천해야 한다.

수련생 개개인의 성격 · 수준 · 배경을 존중하는 열린 태도가 지도 철학의 중요한 축(軸)이며, 위계보다는 신뢰와 존중 기반의 관계를 지향해야 한다.

지도자는 각 수련생이 자신의 속도와 방식으로 성장할 수 있도록 격려자이자 조력자의 자세를 유지해야 한다.

자신만의 지도 철학과 원칙이 확립되어 있지 않으면, 지도 방향은 "갈지(之)자"처럼 이리저리 흔들리며 일관성을 잃게 된다. 이는 수련생에게 혼란을 주고, 지도자의 신뢰를 떨어뜨리는 결과를 초래할 수 있다. 이를 극복하기 위한 핵심 원칙이 바로 이간지리(易簡之理)이다.

이간지리(易簡之理)란 '가장 쉽고 간단한 방법으로 가르치고, 그것을 통해 완성에 이르게 한다'는 지도 철학을 의미한다.

훌륭한 지도자는 복잡한 이론이나 어려운 설명보다는 수련자가 가장 쉽게 이해할 수 있는 방식으로 가르치고, 그 내용을 명확히 인식시켜 의심이나 혼란이 남지 않도록 확실하게 주지시킬 수 있어야 한다.

또한 유능한 책임자는 가장 간결하고 명료한 방법으로 일을 계획하고 실행하여, 책임 있는 자세로 완성하고 종결할 수 있어야 한다.

이처럼 지도자의 철학은 단순한 지식 전달을 넘어서, '어떻게 가르칠 것인가'에 대한 명확한 기준과 원칙으로서 기능해야 한다. 이간지리는 그 중심에 있는 실천적 기준이다.

(3) 지도자의 지도 방법론

지도 철학이 실제 교육 현장에서 실현되기 위해서는, 체계적이며 유연한 지도 방법론이 반드시 수반되어야 한다.

*기본 동작의 정확한 습득을 중심으로, 수련 단계에 따른 점진적 난이도 조절이 필요하다.

*기술의 반복이 목적이 아닌 이해 기반의 수련 설계가 중요하며, 수련의 맥락과 목표를 분명히 인식시켜야 한다.

*수련생의 이해도를 높이기 위한 적절한 피드백 제공, 부족한 부분에 대한 보완 지도가 핵심이다.

*단순 반복보다는 목적 중심의 수련, 피드백 중심의 학습이 학습 효과를 극대화한다.

신체 보호 장비의 철저한 착용, 수련 전후의 준비운동 및 정리운동, 부상 예방 수칙 준수 등을 통해 수련생의 신체적 안전을 최우선으로 고려해야 한다.

지도자는 안전을 위해 공간, 도구, 지도자의 언행까지 모두 관리할 책임이 있다.

3) 연령별 · 단계별 지도 전략

태권도 지도에서 가장 중요한 요소 중 하나는 수련생의 발달 단계에 맞춤형 지도법을 적용하는 것이다. 수련생은 유년기부터 성인기까지 다양한 신체적·정신적 변화를 겪는다. 이에 따라, 지도자의 가변성은 전통과 혁신의 균형을 각 발달 단계에 적합한 지도 방법을 적용하는 것이 효과적인 수련을 이끄는 중요한 전략이다.

유년기 수련생은, 신체 발달이 아직 미완성 상태에 있으며, 집중력과 주의력이 부족할 수 있다. 따라서 이 시기의 지도법은 기본기를 다지는 데 초점을 맞추고, 수련을 즐겁고 흥미롭게 이끌어가는 것이 중요하다.

반복적인 기본 동작을 통해 신체의 균형감각과 기초 체력을 강화하고, 게임이나 역할극을 활용하여 흥미를 유발하는 것이 효과적이다. 이를 통해 수련생은 자연스럽게 태권도의 기초를 익히고, 긍정적인 경험을 쌓게 된다.

놀이 형식으로 수련을 진행하면서, 신체의 기초 능력뿐만 아니라 사회적 상호작용과 예의범절·기본적인 규율을 배우게 된다.

청소년기 수련생은, 신체적으로 급격한 변화가 일어나고, 정신적인 성숙도 또한 빠르게 이루어진다. 이 시기에는 개인의 차이가 크기 때문에 맞춤형 지도법이 필요하다. 이 시기의 수련생은 기술적인 향상 뿐만 아니라, 자기 통제력과 자신감을 기르는 것이 중요하다. 지도자는 수련생의 능력에 맞춰 점진적으로 기술을 난이도별로 제시하고, 적극적인 피드백을 통해 긍정적인 강화를 해주어야 한다.

인성 교육도 중요한 부분이다. 이 시기의 수련생은 도전적인 환경 속에서 자아를 형성하고 있기 때문에, 예의와 극기 정신과 같은 태권도 정신을 함양하는 것이 필요하다. 또한, 긍정적인 동기 부여와 목표 설정을 통해 수련생들이 성장하는 방향성을 제시하는 것이 중요하다.

성인기 수련생은, 이미 신체적인 발달이 이루어져 있으며, 기술적인 수준도 상당히 높다. 이 시기에는 전문성과 실전 대비에 초점을 맞춘 지도법이 필요하다. 난도 높은 기술을 지도하고, 체력과 기술 수준을 한층 더 끌어올리는 방향으로 수련을 진행한다. 이때 이론과 실기를 균형 있게 교육하여, 수련생이 태권도의 이론적 깊이와 실전 기술을 모두 습득할 수 있도록 해야 한다.

또한, 심화 수련과 실전 준비를 위한 수련을 진행하면서, 멘탈 수련과 심리적 준비도 함께 이끌어가는 것이 중요하다. 성인기 수련생은 목표가 명확하고, 자기 주도적인 성향을 가지기 때문에 체계적인 피드백을 통해, 자신이 설정한 목표를 향해 나아가도록 유도해야 한다.

결과적으로, 각기 다른 발달 단계에 있는 수련생에게 적합한 지도법을 적용하는 것은 태권도 교육에서 중요한 전략이다.

유년기 수련생에게는 재미와 기본기를 강조하고, 청소년기 수련생에게는 기술 향상과 인성 교육을 병행하며, 성인기 수련생에게는 고급 기술과 실전 대비를 중심으로 지도해야 한다.

이렇게 각 연령대와 발달 수준에 맞춘 지도법을 적용함으로써, 수련생들은 자신들의 신체적·정신적 능력을 고루 발달시킬 수 있다. 이와 같은 맞춤형 지도 전략은 수련생들의 성장과 발전을 극대화하는 데 핵심적인 역할을 한다.

4) 수련 영역별 지도법 비교

태권도는 품새·겨루기·격파라는 세 가지 주요 영역으로 나뉘며, 각각의 수련 방식은 서로 다른 목적과 지도법을 필요로 한다. 지도법은 수련 대상의 수준과 목적에 따라 달라지며, 각 영역별로 초점이 맞춰진 지도 방식이 존재한다. 이들 각기 다른 지도법의 특성과 장단점을 비교하고, 어떻게 통합적으로 접근하여 지도 할 수 있는지 제시한다.

*품새 지도법은, 태권도의 기본 동작과 정신력을 기르는 중요한 수련 방법이다. 이를 통해 기본 동작과 순서를 정확하게 익히고, 정신력을 단련하는 데 주안점을 둔다. 이 지도법은 주로 다음과 같은 특징을 가진다.

기초 동작을 반복하여 수행함으로써, 정확한 동작 습득과 신체의 조화로운 움직임을 기를 수 있다. 또한 품새를 수련하는 과정에서 집중력과 극기 정신을 배운다.

동작 시 리듬과 흐름에서는 순서가 정해져 있어, 그 흐름을 따라가며 규칙적인 수련을 통해 체계적인 사고와 감각을 기를 수 있다.

그러나 실전 대응력 부족이라는 한계가 있을 수 있다. 기본적인 동작을 잘 익히는 것에는 강점이 있지만, 실제 상황에서의 대응 능력, 즉 상대와의 상호작용에 대한 수련이 부족할 수 있다.

*겨루기 지도법은, 태권도의 실전적인 측면을 강화하는 수련이다. 공격과 방어 기술을

익히고 실전 대응 능력을 향상시키는 데 중점을 둔다. 이 지도법은 주로 다음과 같은 특성을 가진다.

실전에 대비한 겨루기는 상대방과의 직접적인 대결을 통해 공격과 방어 기술을 숙련하며, 실제 상황에서 빠르게 대응할 수 있는 능력을 기른다. 겨루기는 빠른 판단력과 순간적인 반응을 요구하므로, 순발력을 키울 수 있다.

상대의 움직임에 맞춰 전략을 세우고, 상대방을 분석하며 기술을 사용하는 수련이 이루어진다.

하지만 기본 동작의 정확성을 희생할 가능성이 있다. 지나치게 실전적인 접근에 집중하다 보면 기본 동작이나 자세가 흔들릴 수 있어, 기술의 정확성이 떨어질 위험이 있다.

*격파 지도법은, 태권도의 기술적 위력과 파괴력을 증명하고, 정신력을 단련하는 데 중점을 둔다. 격파 중심의 지도법은 다음과 같은 특징을 가진다.

격파를 성공적으로 수행하기 위해서는 강한 의지와 높은 집중력이 요구되며, 이를 통해 정신적인 단련이 이루어진다. 또한 격파 수련은 기술의 파괴력을 향상시키고, 힘을 집중하여 정확히 가격하는 능력을 기르는 데 효과적이다. 이러한 과정을 통해 수련자는 자신감을 높이고, 새로운 도전에 대한 용기와 정신력을 함양할 수 있다.

*품새·겨루기·격파의 통합 지도법

태권도의 본질을 제대로 체득하고 모든 측면에서 발전하기 위해서는, 품새·겨루기·격파를 균형 있게 수련하는 것이 매우 중요하다. 각 영역은 서로 다른 특성을 가지므로, 이를 통합적으로 접근하는 것이 필요하다.

품새를 통해 기본기를 확립하고, 격파를 통해 기술의 강력한 실행을 수련함으로써, 기술의 정확성과 파괴력을 동시에 기를 수 있다.

겨루기 수련을 통해 상대방과의 상호작용 속에서 실전 대응 능력을 기를 수 있다. 품새와 격파 수련을 통해 정신력을 단련하고, 겨루기에서 실전 경험을 통해 자신감을 얻을 수 있다.

결과적으로 태권도 지도법은 품새·겨루기·격파라는 세 가지 주요 요소를 균형 있게 접근하는 것이 매우 중요하다. 각 지도법의 장점과 한계를 이해하고, 이를 유기적으로 결합함으로써, 수련생은 기본기·실전 능력·정신력을 고루 갖춘 태권도인이 될 수 있다. 이를 위해서는 지도자가 각 요소의 특성을 충분히 이해하고, 각 영역을 잘 연결시켜 지도할 수 있어야 한다.

3. 지도법의 발전 전략

태권도 지도법은 시대의 변화와 함께 지속적으로 발전해왔다. 초기의 태권도 지도는 주로 개별 사범의 경험과 지식을 바탕으로 한 주관적인 방식이 중심을 이루었다. 이러한 전통적인 지도법은 태권도의 오랜 역사와 문화에 뿌리를 두고 있어, 수련생의 정신적 수양과 예절 교육에 있어 탁월한 효과를 보여주었다.

그러나 전통적 지도법은 수련생 개인의 특성을 충분히 반영하기 어렵고, 동작에 대한 객관적 분석이나 과학적 피드백이 부족하다는 한계가 있었다. 이에 따라 태권도 지도법은 점차 운동역학·스포츠과학·교육학 등 다양한 학문 분야의 이론과 기법을 수용하며 변화를 모색하기 시작했다.

이러한 변화의 흐름 속에서 등장한 것이 바로 첨단 기술과 교육 방법을 접목한 혁신적 지도법이다. 이를테면 동작 분석 시스템을 활용하면 수련생의 기술을 보다 정밀하게 평가하고, 올바른 자세와 동작을 빠르게 교정할 수 있다.

더 나아가, 태권도의 세계적 확산과 함께 지도법 역시 각국의 문화적 특성과 교육 환경에 맞게 다양화되고 있다. 이는 단순한 기술 전수에서 벗어나, 문화적 소통과 창의적인 지도 접근으로의 전환을 의미하며, 태권도가 세계 스포츠로서 자리매김하는 데 중요한 역할을 하고 있다.

결국, 오늘날의 태권도 지도법은 전통적 가치와 현대 과학기술의 융합을 통해 더욱 체계적이고 효과적인 방향으로 발전하고 있다. 이러한 혁신적 접근은 수련생의 역량을 극대화할 뿐 아니라, 태권도의 교육적 가치를 한층 더 높이는 데 기여하고 있다.

1) 과학적 지도법

태권도 기술 숙련도를 효과적으로 향상시키기 위해서는 과학적 지도법의 도입이 필수적이다. 이를테면 운동역학의 원리를 활용하면 수련생의 동작 패턴을 분석하여 보다 효율적인 자세와 기술을 개발할 수 있다. 이는 에너지 소모를 최소화하면서도 최대한의 기술 효과를 낼 수 있는 방법을 제시해 준다. 또한 생리학적 지식은 수련생의 체력 수준과 회복 능력을 파악하는 데 유용하며, 이를 기반으로 맞춤형 수련 프로그램을 설계하면 부상 위험을 줄이고 체력 향상을 도모할 수 있다.

과학적 지도법의 핵심은 수련 과정을 체계적으로 기록하고 분석하는 것이다. 수련 내용과 결과를 지속적으로 기록하면, 기술적 약점이나 개선이 필요한 영역을 객관적으로 파악할 수 있으며, 이를 바탕으로 한 정밀한 피드백은 수련생의 기술 향상에 크게 기여한다. 이렇게 반복적인 피드백과 수정 과정을 통해 수련생의 기술 숙련도는 점진적으로 향상된다.

이와 함께 지도법의 체계화와 표준화는 지도 내용의 일관성을 유지하고, 다양한 지도자 간의 수준 차이를 줄이는 데 도움이 된다. 지도자의 전문성과 열정이 뒷받침될 때, 수련생은 보다 높은 동기와 목표 의식을 가지고 수련에 임할 수 있으며, 이는 기술 발전을 가속화하는 중요한 요소가 된다.

결국 태권도 기술 숙련도를 높이기 위한 지도는, 단순한 반복 수련이 아니라 과학적 원리와 기술을 기반으로 한, 체계적이고 전략적인 접근이 되어야 한다. 이러한 과학적 지도법은 수련생의 잠재력을 최대한 끌어내고, 보다 정교하고 완성도 높은 기술 습득을 가능하게 할 것이다.

2) 타 무술에서 배우는 시사점

태권도 지도법의 혁신을 위해서는 내부의 발전 노력뿐만 아니라, 타 무술 분야의 지도법에서 유의미한 시사점을 도출하는 것이 중요하다. 다양한 무술들은 저마다 고유한 철학과 수련 방식, 지도 원칙을 갖고 있으며, 이러한 요소들은 태권도 지도법을 보다 풍부하고 입체적으로 발전시키는 데 기여할 수 있다.

이를테면 일본의 가라테와 중국의 전통 권법에서는 정신 수양과 예의범절을 매우 중시한다. 이는 무술이 단순한 신체 단련을 넘어, 인간의 품성과 태도를 함양하는 수단임을 강조하는 부분으로, 태권도 수련에서도 수련생의 행실·책임감·도덕성 등을 기르는 데 있어 참고할 만한 가치가 있다.

또한 중국의 태극권에서는 호흡 조절과 기(氣)의 운용법에 중점을 둔다. 이 같은 수련 방식은 태권도 수련에서도 자력(自力)으로 에너지 조절 능력·집중력 향상·심신의 균형을 도모하는 데 응용될 수 있다. 특히, 고강도 수련 속에서 체력과 정신력을 조화롭게 유지할 수 있는 방법으로서 큰 의미가 있다.

이처럼 다른 무술의 지도법을 열린 시각으로 수용하고 참고함으로써, 태권도 지도법에 새로운 아이디어와 접근 방식을 도입할 수 있다. 전통적인 가치를 지키면서도 현대적 요소와 외부의 긍정적인 영향을 조화롭게 결합한다면, 태권도 수련은 더욱 효과적이고 균형 잡힌 방향으로 발전할 수 있다.

결론적으로, 태권도 지도법의 혁신은 단절이 아닌 융합을 통해 이루어져야 한다. 다양한 무술로부터 배울 점을 수용하고 이를 태권도의 철학과 실천에 맞게 융합함으로써, 전통과 현대, 신체와 정신, 기술과 인성을 아우르는 통합적 지도법으로 나아가는 것이 바람직하다.

3) 실천적 혁신 방안 모색

태권도 지도법의 발전을 위해서는 다각적인 노력이 요구된다. 무엇보다도 지도자의 자질과 역량 강화가 핵심이다.

첫째, 지도자는 단순한 기술 전수자가 아니라 교육자이자 리더로서의 역할을 수행해야 하며, 이를 위해 높은 수준의 기술력뿐만 아니라 교육적 소양·리더십·윤리 의식 등 다양한 자질을 갖추어야 한다. 이러한 역량 강화를 위해 정기적인 연수 및 재교육 프로그램을 체계적으로 운영하고, 우수 지도자에게는 인센티브를 제공하는 등 제도적인 뒷받침이 필요하다.

둘째, 학습자 중심의 지도법을 적극 도입해야 한다. 과거에는 지도자 중심의 일방적 수련 방식이 일반적이었지만, 현대 교육에서는 수련생 개개인의 특성과 능력을 고려한 맞춤형 지도가 강조되고 있다. 수련생의 흥미를 유도하고 동기를 부여함으로써, 자기 주도적이고 능동적인 학습을 이끌어내는 것이 중요하다.

셋째, 과학기술을 접목한 지도법의 혁신이 필요하다. 동작 분석 시스템이나 실시간 피드백 기술을 활용하면, 수련생의 기술을 정밀하게 평가하고 보완할 수 있다.

나아가 온라인 교육 플랫폼을 통해 시간과 장소의 제약 없이 교육을 제공함으로써, 지도의 접근성과 효율성을 동시에 높일 수 있다.

이와 함께 태권도 지도자는 이론과 실천의 균형을 갖추어야 한다. 학계에서는 지속적인 연구를 통해 새로운 지도법과 교육 기법을 제시하고, 현장에서는 이를 실험하고 검증하는 과정이 수반되어야 한다. 이처럼 이론과 실천, 연구와 현장 간의 유기적인 피드백이 이루어질 때, 태권도 지도법은 더욱 정교하고 실효성 있는 방향으로 발전할 수 있다.

태권도 지도법의 발전은 단지 기술 향상에만 그치지 않고, 수련 문화 전반의 질적 향상을 이끌어내는 데 기여할 수 있다. 효과적이고 균형 잡힌 지도법은 수련생의 만족도와 성취감을 높일 뿐만 아니라, 태권도의 대중화와 국제적 위상 강화에도 긍정적인 영향을 미칠 것이다.

따라서 태권도 지도자들은 끊임없는 자기 개발과 교육적 혁신을 통해, 변화하는 시대에 부응하는 지도법을 모색해야 하며, 전통과 현대, 이론과 실천이 조화를 이루는 통합적 지도체계를 구축해 나가야 할 것이다.

부 록

1968

지도자 매뉴얼 요약

태권도 동작 완성을 위한 신체운용법

1. 호흡과 기합의 원리

태권도에서 호흡은 동작과 불가분의 관계이다.

올바른 호흡은 신체의 움직임과 정서·정신을 통일시켜주며, 그 정점에서 나오는 기합(기합지성氣合之聲)은 단순한 소리가 아닌, 몸과 마음을 하나로 모아 영(靈)적인 힘까지 끌어올리는 기를 합한 소리 도구이다.

*지도 핵심: 동작마다 호흡의 흐름과 기합의 타이밍을 함께 수련시켜, 에너지의 흐름을 자연스럽게 연결시키는 것에 중점을 둔다.

2. 회전이 없는 동작은 태권도 동작이 아니다.

태권도의 모든 동작은 회전을 기반으로 한다.

회전은 힘을 증폭시키고, 몸의 균형과 중심을 잡는 핵심 메커니즘이다.

*지도 핵심: 손목, 어깨, 고관절, 무릎 등 주요 관절의 회전을 유도하며, 회전 없이 나온 기술은 원천적으로 수정해야 한다.

3. 동작의 품격

하나의 동작과 품에도 '품격'이 존재한다(一品動作皆具品格).

이는 단순히 잘 수행된 기술이 아니라, 내면의 집중과 자세 . 태도가 반영된 완성도 높은 표현이다.

*지도 핵심: 기술을 외형으로만 반복하지 말고, 자세와 눈빛·숨결까지 조화된 '예술'로 발전시키는 것을 목표로 한다.

4. 신체에 새겨지는 동작 회로

반복 수련은 동작을 '신체의 회로장치'처럼 신경계와 근육에 저장한다.

결국 동작은 생각 없이도 나올 정도로 자연스러워져야 하며, 이는 '무의식적 정확성'을 향한 여정이다.

*지도 핵심: 반복은 기계적인 것이 아니라, 의식적인 정확성과 감각을 함께 심는 방향으로 이끈다.

5. 세 가지 원리: 걷기, 박수, 동그라미

-걷기 원리 (Walking Principle):

상체와 하체가 자연스럽게 조화를 이루며 움직인다. 걷는 것처럼 리듬과 균형이 흐름의 기본이다.

-박수 원리 (Clapping Principle):

박수는 가볍게 모아지다가 순간적으로 터지는 힘을 지닌다. 마찬가지로 동작도 부드럽게 시작해 기운을 모으다가 절정에 이르렀을 때 강하게 힘을 발휘한다.

-동그라미 원리 (Circular Principle):

모든 관절은 끊어짐 없이 유기적으로 연결되어 동작을 완성 한다.

*지도 핵심: 세 가지 원리를 각 동작에 적용하며, 유연성과 탄력을 동시에 개발한다.

6. 시선의 원리

시선은 가까운 '나무'만이 아니라, '숲'과 '산'까지 함께 보는 감각을 키워야 한다.

이는 마치 운전할 때 정면을 보면서도 백미러·룸미러를 동시에 확인하듯, 전방과 주변을 함께 인식하는 수련이다.

*지도 핵심: 시선 고정이 아닌 '시선 운용'을 지도하며, 집중과 조망을 동시에 길러낸다.

7. 몸으로 말하라

검찰은 수사로, 정치인은 연설로 진실을 드러낸다.

태권도인은 몸으로 자신의 정신과 기(氣)를 표현한다. 이를 *신기표현(身氣表現)*이라 한다.

*지도 핵심: 무의미한 동작 반복이 아닌, 내면의 기세와 의지를 몸짓에 담도록 유도한다.

8. 속도 . 힘의 품질

KTX는 시속 300km로 달리면서도 안정적이다.

태권도의 기술도 빠를수록 불안정해지기 쉬우나, 진정한 고속은 균형과 통제가 함께할 때 완성된다.

*지도 핵심: 무조건 빠르게 하기보다, 빠르되 흔들림 없는 '속도의 품격'을 지도한다.

9. 기세와 기의 존재

바닷물에는 물의 기운이, 햇빛에는 태양의 기운이 있다.

주먹에도 기운이 담겨 있으며, 맞서는 대상 또한 기(氣)를 지니고 있다.

이 둘의 충돌은 단순한 물리적 접촉이 아닌 '기운의 대면'이다.

*지도 핵심: 타격 수련 시, 물체를 치기보다는 에너지를 전달한다는 개념을 강조한다.

10. 장인정신으로 수련하라

서예가, 도예가, 화가와 같은 예술 장인들처럼 한 동작에 혼을 담아야 한다.

태권도 수련은 하나의 예술이며, 내 몸과 정신을 가장 아름답고 강하게 표현하는 수단이다.

*지도 핵심: 한 번의 동작과 품을 '작품'이라 여기고 수련에 임하도록 격려한다.

11. 조화의 원리

세상의 모든 존재는 독립되어 있지 않고, 상호작용 속에서 존재한다.

대립되는 요소를 부정하거나 억제하지 않고, 인정하며 조화를 이루는 것이 태권도의 정신이다.

*지도 핵심: 힘과 부드러움, 빠름과 느림, 움직임과 정지 등의 조화를 지도한다.

12. 음(陰) 양(陽)의 원리

자연과 인간, 도구와 예술이 음과 양의 원리에 따라 구성 되듯 태권도 또한 剛-陽과 柔-陰, 動-陽과 精-陰 등이 조화를 이루는 가운데 가장 효과적인 움직임이 탄생한다.

*지도 핵심: 힘을 쓰는 순간과 힘을 안 쓸 때, 긴장과 이완의 흐름을 자연스럽게 연결시키는 연습을 반복한다.

13. 사수일심(四獸一心) - 신체통제의 비유

`매(鷹)의 눈 - 시각 통제 (治眼)

멀리 보되 정확히 보라. 예리한 시선을 통해 상황을 먼저 읽는다.

`고양이(猫)의 척추 - 몸통 통제 (治身)

유연하고 민첩하며, 어떠한 움직임도 중심을 잃지 않는다.

`원숭이(猿)의 팔 - 팔 통제 (治腕)

자유롭고 정교한 손과 팔의 활용은 기술의 핵심이다.

`호랑이(虎)의 다리 - 다리 통제 (治脚)

강인하면서도 탄력적인 다리는 기술의 토대다.

*지도 핵심: 네 가지 동물의 특성을 통해 시선, 중심, 손기술, 발기술을 통합적으로 통제하는 능력을 개발한다.

-영상 찾기표-

순	쪽	내 용
1	134	몸의 한 부분이 움직이면 온 몸이 움직이는 형태
2	135	몸통의 회전을 운용하는 자세
3	137	품새 수련 시 몸통의 운용
4	138	겨루기 수련 시 몸통의 운용
5	139	격파 수련 시 몸통의 운용
6 7	145	– 회전이 있는 동작 – 회전이 없는 동작
8 9	146	– 원거리에서 손 기술 – 근거리에서 팔꿈치 기술
10	150	안정성과 민첩성의 유기적 동작
11 12 13	151	– 고관절 이완 – 무릎 이완 – 발목 이완
14	154	효율적인 이동을 위한 편심력
15	157	모든 관절이 일관되게 연결된 동작
16	159	상·하반신의 협응 동작
17	160	상체는 가볍게, 하체는 굳건하게
18	168	무릎과 팔꿈치를 접을 때 응축, 무릎과 팔꿈치를 펼 때 발현
19 20	170	– 주먹(기氣)---기와(기氣) = 완파(기세氣勢) – 발(기氣))----송판(기氣) = 완파(기세氣勢)
21	171	기세의 흐름도
22 23	178	– 느리게 팔꿈치를 구부려 손을 모을 때 흡(吸), 빠르게 펼 때 호(呼) – 느리게 무릎을 구부려 발을 모을 때 흡(吸), 빠르게 펼 때 호(呼)
24 25 26	179	– 팔: 호흡과 동작을 하나로 연결 – 다리: 호흡과 동작을 하나로 연결 – 구분 동작으로 호흡
27	181	단일 호흡으로 연속 동작을 수행
28 29 30	184	– 가격 부위에 닿는 순간에 짧은 기합 – 타격 부위에 연속 기합 – 긴 기합: 동작 전·동작 후